VOYAGES
IMAGINAIRES,
ROMANESQUES, MERVEILLEUX, ALLÉGORIQUES, AMUSANS, COMIQUES ET CRITIQUES,
SUIVIS DES
SONGES ET VISIONS,
ET DES
ROMANS CABALISTIQUES.

CE VOLUME CONTIENT:

Les Métamorphoses ou l'Ane d'Or d'Apulée, Philosophe Platonicien;

Le Démon de Socrate.

VOYAGES

IMAGINAIRES,

SONGES, VISIONS,

ET

ROMANS CABALISTIQUES.

Ornés de Figures.

TOME TRENTE-TROISIÈME.

Troisième classe, contenant les *Romans Cabalistiques.*

A AMSTERDAM,
Et se trouve à PARIS,
RUE ET HÔTEL SERPENTE.

M. DCC. LXXXVIII.

LES MÉTAMORPHOSES
OU
L'ANE D'OR
D'APULÉE,
PHILOSOPHE PLATONICIEN;
ET LE DÉMON
DE SOCRATE,
DU MEME AUTEUR.

AVERTISSEMENT
DE L'ÉDITEUR.

Jusqu'a présent nous n'avons ceſſé non-ſeulement de faire errer nos lecteurs dans des terres inconnues, mais nous leur avons encore fait franchir l'eſpace immenſe qui les ſépare des planètes, & nous les leur avons fait parcourir les unes après les autres. Nous les avons enſuite ramenés ſur notre globe pour les conduire juſques dans ſes entrailles, & par-tout nous leur avons fait voir des merveilles dignes de piquer leur curioſité. Les voyageurs dont nous avons ſuivi les pas, ont été le jouet de la fortune, & expoſés aux aventures les plus bizarres: géans chez les Lilliputiens, nains chez

AVERTISSEMENT

les peuples de Brobdingnag, bêtes de somme dans le pays des Houynhmms, esprits légers & superficiels auprès des Hommes-Plantes chez lesquels a voyagé Klimius, esprits lourds & paresseux dans la région des Hommes-Volans qu'a visité Wilkins : il est peu de formes sous lesquelles ils ne se soient montrés.

Après ces courses étranges, nous leur avons procuré d'agréables promenades qui n'ont pas été néanmoins stériles pour leur imagination; nous les avons entretenus, pendant leur séjour à la campagne, de contes, d'historiettes & de nouvelles qui ont dû les délasser de leur fatigues; & si en les berçant de ces charmantes bagatelles, ils se sont laissé aller au sommeil, nous leur avons envoyé des songes qui ne leur

DE L'ÉDITEUR.

ont pas permis de regretter le tems de leur réveil.

Nous allons les tirer de cet état, pour leur procurer un nouveau spectacle & leur faire connoître des peuples nouveaux; mais nous nous y prendrons d'une autre manière pour leur faire faire ce voyage. Ces découvertes n'exigent point que nos lecteurs quittent leurs foyers; il nous suffira de défiller leurs yeux, & soudain ils seront entourés d'une multitude d'êtres dont ils ne soupçonnoient pas l'existence. Leurs regards perceront les entrailles de la terre, & iront y découvrir les Gnomes; ils verront l'air rempli de Sylphes; du milieu des flammes, ils apercevront s'élever les Salamandres, & le sein des eaux ne cachera plus pour eux les Ondins & les Nymphes. Ce n'est pas tout; l'avare

AVERTISSEMENT

Acheron laissera échapper sa proie, les morts sortiront de leurs tombeaux, leurs ames viendront converser avec nous, & nous dévoiler des mystères qui semblent hors de la portée des foibles mortels.

Tel est le reste de la tâche que nous avons à remplir. Les romans cabalistiques & de magie que nous allons donner, tiennent de très-près aux Voyages imaginaires, & se trouvent naturellement à leur suite.

Ce ne sont pas les traités que l'on a faits sérieusement sur ces matieres que nous donnerons à nos lecteurs, rien ne seroit plus étranger à notre plan; nous leur présenterons seulement un choix de romans où l'on suppose l'existence des magiciens, des enchanteurs, des

DE L'ÉDITEUR.

lutins, des revenans & du peuple élémentaire.

L'ANE D'OR D'APULÉE par où nous commençons, est sans contredit le roman de magie le plus ancien que l'on connoisse ; il prouve que dans tous les tems les hommes ont été avides du merveilleux, & que la meilleure maniere de leur présenter des traités de morale & des leçons de vérité, a toujours été de les revêtir des ornemens de la fiction.

LA fable d'Apulée est l'une des plus ingénieuses qui existent. Sous les dehors de l'invraisemblance & même de la folie ; on y trouve une critique fine & les préceptes de la morale la plus saine. Il paroît que du tems d'Apulée les vices les plus horribles & les plus

AVERTISSEMENT

honteux, se montrèrent avec effronterie, & nous devons admirer la hardiesse avec laquelle l'auteur les attaque & les livre au ridicule.

L'AUTEUR de la vie d'Apulée rapporte que ses ennemis ne pouvant autrement lui nuire, s'avisèrent de l'accuser de magie, genre d'attaque qui, dans les siècles de barbarie & d'ignorance, a communément servi utilement la vengeance & la haine. Apulée a eu le bonheur de repousser ces attaques; il a même osé employer la plaisanterie contre ses ennemis; on cite avec éloge les fragmens d'un discours qu'il fit pour sa justification, mais qui maintenant nous paroîtroit du plus mauvais goût. Apulée plaisante plus agréablement les magiciens dans son livre de l'Ane d'Or, & se venge

DE L'ÉDITEUR.

en dévoilant leurs fourberies & se divertissant de leurs extravagances, du mal que la magie avoit voulu lui faire.

Nous donnons la traduction de l'Ane d'Or faite par Compain de Saint-Martin, qui est la meilleure que nous connoissions; nous conservons la vie qu'il a donnée d'Apulée, mais nous supprimons les remarques qu'il a mises à la suite de chaque livre; ces remarques contiennent des recherches qui font honneur à l'érudition de l'auteur, mais elles seroient déplacées dans notre recueil où il nous suffit d'inférer la fiction.

LE charmant épisode des amours de Psyché & de Cupidon, est un des principaux ornemens de ce roman; on sait comment il a été étendu, développé, embelli par l'inimitable la Fontaine. Après lui plusieurs de nos conteurs ont puisé dans la même source; cet épisode a donné à madame d'Aulnoy l'idée de son conte *du Serpentin-Vert*, & a fourni à madame de Villeneuve celui de *la Belle & la Bête*, mis sur le théâtre de la comédie Italienne, sous le titre de *Zémir & Azor*. (*V*. le Serpentin-Vert, conte de Mme d'Aulnoy, tome III du Cabinet des Fées; & la Belle & la Bête, *ibid.* tome XXVI).

PRÉFACE
DU TRADUCTEUR.

L'Ane d'Or d'Apulée eſt un ouvrage ſi célèbre, que ceux qui ne peuvent le lire en latin, ne laiſſent pas de prendre plaiſir à lire une mauvaiſe traduction qui en fut faite, il y a environ cent ans, & qui par conſéquent eſt en vieux langage. Si elle n'avoit que ce ſeul défaut, je me garderois bien de la mépriſer; ce même défaut, qui n'en étoit pas un alors, n'a point effacé dans la ſuite le mérite & les vraies beautés de pluſieurs autres ouvrages du ſiècle paſſé. Le Plutarque d'Amiot n'eſt peut-être pas moins eſtimé préſentement qu'il l'étoit du tems de Henri III.

Mais pour l'Ane d'Or en vieux

françois, il n'y a personne qui ne convienne, qu'il est d'ailleurs très-mal écrit, & que souvent il est impossible d'y rien comprendre. Cependant il y a tant d'esprit répandu dans l'original, & il est plein de choses si brillantes, qu'elles se font entrevoir, & qu'elles percent quelquefois l'obscurité qui les enveloppe dans cette ancienne traduction.

VOILA ce qui fait sans doute que bien des gens ne laissent pas de la lire, faute d'une meilleure; & c'est ce qui m'a persuadé, que si on en faisoit une nouvelle, qui pût donner l'idée qu'on doit avoir du mérite de cet auteur, elle seroit bien reçue du public. J'y ai donc travaillé avec beaucoup de soin; mais quelque peine que j'y aie prise, je ne suis pas assez vain pour me flatter d'y avoir parfaitement réussi. Je sais qu'il est très-difficile de conserver dans une traduction toute la force & les graces qui sont dans l'original.

LE génie des langues est différent; & comme la beauté d'une pensée dépend souvent de la force & de la propriété des mots, qui servent à l'exprimer en latin, il arrive quelquefois que cette même pensée mise en françois, paroît moins animée, parce qu'elle a perdu la vivacité des termes qui en faisoit tout l'éclat. A la vérité, il y a aussi bien des endroits où un ancien Auteur ne doit rien perdre de ses avantages en parlant notre langue. Le jugement du public m'apprendra si j'en ai donné quelques preuves dans cette traduction.

APULÉE a affecté dans cet ouvrage un certain style poétique & beaucoup d'expressions extraordinaires qui le rendent un peu obscur. C'est ce qui a engagé plusieurs savans à faire de très-amples commentaires pour l'éclaircir. J'ai consulté ceux de Beroald, de Priceus, de Colvius, & ce que plusieurs autres ont écrit ; mais aucun ne m'a tant servi que celui qu'a fait M. Fleuri à l'usage de Monseigneur le Dauphin. Ce savant homme a une si grande connoissance de l'antiquité, & est si profond en tout genre d'érudition, que rien n'a échappé à ses lumières sur les passages les plus obscurs de cet auteur, & j'avoue que son travail m'a été d'un fort grand secours.

J'AI retranché quelques endroits qui sont trop sales dans le texte, & j'ai adouci ceux qui sont trop libres. Notre langue est beaucoup plus chaste que la grecque ou la latine. Les beaux esprits de l'antiquité & même plusieurs grands philosophes ont écrit bien des choses, dont la simple lecture offenseroit les oreilles des honnêtes gens de ce tems-ci, & même de ceux qui font profession de galanterie.

J'AI suivi mon auteur dans tout le reste le plus scrupuleusement que j'ai pu, sans pourtant m'attacher trop servilement à le rendre toujours mot à mot, mais aussi sans jamais perdre de vue sa pensée. J'ai omis quelques épithètes qui peuvent avoir leurs graces dans le latin, & qui me sembloient en françois rendre le discours languissant, & ne rien ajouter à l'expression. Voilà toutes les libertés que j'ai prises.

CET ouvrage est une satyre continuelle des désordres dont les magiciens, les prêtres, les impudiques & les voleurs remplissoient le monde du tems d'Apulée. Outre ces sujets, qui sont divertissans, on y voit avec plaisir les mœurs & les coutumes des anciens, & l'on trouve dans l'onzieme livre quantité de choses fort curieuses sur leur religion. Ceux qui cherchent la pierre philosophale, prétendent que ces métamorphoses contiennent les mystères du grand œuvre; c'est ce que j'ai bien de la peine à croire, & il n'y a gueres d'apparence qu'Apulée sut faire de l'or.

LA VIE
D'APULÉE.

LUCIUS APULÉE, philosophe Platonicien, vivoit sous les Antonins. Il seroit difficile de marquer précisément le tems de sa naissance. On conjecture assez vraisemblablement, qu'il vint au monde sur la fin de l'empire d'Adrien, vers le milieu du deuxième siècle. Il étoit de Madaure (1), ville d'Afrique & colonie romaine, sur les confins de la Numidie & de la Getulie. Sa famille étoit considérable, & il paroît par plusieurs endroits de ses ouvrages, qu'il ne se fait pas beaucoup de violence pour parler de la grandeur de sa maison.

SON père, nommé Théfé, avoit exercé à Madaure la charge de Duumvir, qui étoit la premiere dignité d'une colonie, & Savia, sa mère, originaire de Thessalie,

_____

(1) Aujourd'hui Madaro, petit bourg du royaume de Tunis.

étoit de la famille du fameux Plutarque. Il fut parfaitement bien élevé. On lui fit faire ses premières études à Carthage, ensuite il alla à Athènes, où les beaux arts & les sciences florissoient encore. Il s'y appliqua à la poésie, à la musique, à la dialectique & à la géométrie. Comme il étoit né avec un génie merveilleux, il fit en peu de tems de grands progrès dans toutes ces sciences; mais celle où il s'attacha particulièrement, & où il se donna tout entier, ce fut la philosophie. Il choisit celle de Platon, qui, dès sa première jeunesse, lui avoit paru préférable à toutes les autres, & il devint un de ses plus fameux sectateurs.

IL quitta Athènes pour aller à Rome, où il apprit la langue latine, par le seul usage & sans le secours d'aucun maître. Il y étudia la jurisprudence, & y plaida plusieurs causes avec un fort grand succès. Mais une insatiable curiosité de tout savoir l'engagea à parcourir le monde, & à se faire même initier dans plusieurs

mystères

myſtères de religion pour les connoître à fond.

Il retourna à Rome, ayant preſque conſumé tout ſon bien dans ſes études & dans ſes voyages; en ſorte que ſe voulant faire recevoir prêtre d'Oſiris, il ſe trouva fort embarraſſé, & fut obligé de vendre, pour ainſi dire, juſqu'à ſes habits, pour fournir aux frais de ſon initiation. Il s'attacha enſuite au barreau, où ſon éloquence lui acquit une fort grande réputation, & lui donna le moyen de vivre commodément.

Au bout de quelque tems il retourna en Afrique, apparemment que l'envie de revoir ſa famille, & de ramaſſer le peu qui lui reſtoit de ſon patrimoine, lui fit faire ce voyage. Il y tomba malade dans Oëa (1), ville maritime. Un nommé Pontianus, qui l'avoit connu à Athènes, l'en-

---

(1) Aujourd'hui Tripoli, ville capitale du royaume de ce même nom.

gagea de venir loger avec lui chez fa mère, où il efpéroit qu'étant mieux foigné que par-tout ailleurs, fa fanté fe rétabliroit plus aifément.

CETTE femme nommée Pudentilla, étoit une veuve fort riche, & n'avoit que deux enfans. Pontianus l'aîné fachant bien qu'elle avoit envie de fe remarier, follicita Apulée de fonger à l'époufer. Il aimoit mieux qu'il devînt fon beau-pere, que quelqu'autre qui n'auroit pas été fi honnête homme que lui. Quoi que dife fur cela notre philofophe dans fon apologie, il y a apparence que voyant le mauvais état de fes affaires, il accorda affez volontier à fon ami cette marque d'amitié qu'il exigeoit de lui.

PUDENTILLA, de fon côté, ne fut pas long-tems fans être touchée du mérite de fon hôte. Elle trouvoit en lui un jeune homme parfaitement bien fait de fa perfonne, un philofophe dont les mœurs &

les manières n'avoient rien de sauvage, & qui avoit tout l'agrément & la politesse des gens du monde. Elle fut bientôt déterminée en sa faveur, & elle résolut de l'épouser, dès qu'elle auroit marié son fils, qui avoit jeté les yeux sur la fille d'un nommé Ruffin.

Le mariage de Pontianus ne fut pas plutôt achevé, que Ruffin regardant par avance la succession de Pudentilla comme le bien de son gendre & de sa fille, crut qu'il devoit mettre tout en usage pour la leur conserver entière, en rompant le mariage d'Apulée. Il changea donc entièrement les dispositions de l'esprit de Pontianus, qui avoit lui-même engagé cette affaire, & il le porta à faire tous ses efforts pour en empêcher la conclusion. Mais ce fut en vain qu'il s'y opposa; sa mère n'écouta que son inclination; elle épousa Apulée dans une maison de campagne près d'Oëa.

Peu de tems après Pontianus mourut.

Son oncle nommé Emilianus fe joignit à Ruffin pour concerter les moyens de perdre Apulée. Ils publièrent qu'il avoit empoifonné Pontianus, qu'il étoit magicien, & qu'il s'étoit fervi de fortilèges pour captiver le cœur de Pudentilla. Ils ne fe contentèrent pas de répandre ces calomnies dans le monde; Emilianus les fit plaider par fes avocats dans un procès, qu'il avoit contre Pudentilla.

APULÉE demanda qu'il eût à fe déclarer fa partie dans les formes, & à figner ce qu'il avançoit. Emilianus preffé fur cela, n'ofa le faire fous fon nom, parce que les faux accufateurs étoient condamnés à des peines proportionnées à l'importance de leur accufation; mais il le fit fous le nom du fecond fils de Pudentilla, nommé Sicinius Pudens, que fa grande jeuneffe mettoit à couvert de la rigueur des loix.

APULÉE fut donc déféré comme un magicien, non pas devant des juges chrétiens, comme l'a dit S. Augustin (1), mais devant Claudius Maximus, proconsul d'Afrique & payen de religion. Il se défendit merveilleusement bien. Nous avons le discours qu'il prononça pour sa justification ; c'est une très-belle pièce d'éloquence, & toute pleine de traits admirables.

Ses ennemis n'osèrent dans leur accusation le charger de la mort de Pontianus ; ils se retranchèrent à l'accuser d'être magicien. Ils s'efforçoient de le prouver par quantité de choses qu'ils rapportoient, mais principalement parce qu'il s'étoit emparé de l'esprit & du cœur de Pudentilla, & qu'il n'étoit pas naturel qu'une femme à son âge (2) fût susceptible d'une passion amoureuse, & songeât à se remarier, comme s'il y avoit un âge où le cœur des femmes fût si bien fermé à la tendresse,

---

(1) De la Cité de Dieu, liv. 8, chap. 19.
(2) L'accusateur soutenoit qu'elle avoit soixante ans ; mais Apulée prouva qu'elle n'en avoit guère plus de quarante.

qu'on eût besoin de recourir à la magie pour les rendre sensibles. « Vous vous » étonnez, disoit Apulée à ses accusateurs, » qu'une femme se soit remariée après » treize ans de viduité; il est bien plus » étonnant qu'elle ne se soit pas remariée » plutôt ».

Ils lui objectoient qu'il cherchoit des poissons rares & extraordinaires pour les disséquer; ils ignoroient apparemment que cette curiosité fait partie de l'emploi d'un physicien. Ils lui reprochoient encore qu'il étoit beau, qu'il avoit de beaux cheveux, de belles dents & un miroir, choses indignes d'un philosophe, disoient-ils, comme s'il étoit de l'essence d'un philosophe d'être d'une figure disgraciée, & d'y joindre la malpropreté.

Apulée répond à tous ces reproches avec tout l'esprit & toute l'éloquence possibles. Il ne manque pas même, par une infinité de traits vifs & ingénieux, de faire tomber le ridicule de ces accusations sur ses accusateurs. A l'égard de son miroir, il prouve par plusieurs raisons, qu'il pourroit s'en servir sans crime. Il n'ose cependant avouer qu'il le fasse; ce qui fait voir que la morale, par rapport à l'extérieur, étoit beaucoup plus rigide en ce tems-là qu'elle ne l'est aujourd'hui.

On l'accusoit encore d'avoir dans sa maison quelque chose dans un linge, qu'il cachoit avec soin, & qui sans doute lui servoit à ses sortilèges; d'avoir fait des vers trop libres, & de plusieurs autres bagatelles qui ne valent pas la peine d'être rapportées. Apulée se justifia parfaitement bien sur tout ce qu'on lui reprochoit, peignit Ruffin & Emilianus, ses accusateurs, avec les couleurs qu'ils méritoient l'un & l'autre, & fut renvoyé absous.

Il passa le reste de sa vie tranquillement & en philosophe; il composa plusieurs livres, les uns en vers, les autres en prose, dont nous n'avons qu'une partie. Il a traduit *le Phedon de Platon*, & *l'Arithmétique de Nicomachus*. Il a écrit *de la République*, *des Nombres & de la Musique*. On cite aussi *ses Questions de table*, *ses Lettres à Cerellia*, qui étoient un peu libres; *ses Proverbes*, *son Hermagoras* & *ses Ludicra*. Tous ces ouvrages ne sont point venus jusqu'à nous; il ne nous reste de lui que *ses Métamorphoses ou son Ane d'Or*, *son Apologie*, *ses Traités de la Philosophie morale*, *du Syllogisme*, *du Démon de Socrate*, *du Monde*, & *ses Florides*, qui sont des fragmens de ses déclamations.

Il est aisé de juger par les différens sujets qu'Apulée a traités, qu'il avoit un grand génie, & propre à toutes sortes de sciences. Son éloquence, jointe à sa profonde érudition, le faisoit admirer de tous ceux qui l'entendoient, & il fut en si grande estime, même de son vivant, qu'on lui éleva des statues à Carthage, & dans plusieurs autres villes.

A l'égard de son Ane d'Or, il a pris le sujet de cette métamorphose de Lucien ou de Lucius de Patras, qui étoit avant Lucien, & qui en est l'original; mais il l'a infiniment embelli par quantité d'épisodes charmans, surtout par la fable de Psiché, qui a toujours passé pour le plus beau morceau de l'antiquité en ce genre-là; & tous ces incidens sont si ingénieusement enchaînés les uns aux autres, & si bien liés au sujet, qu'on peut regarder l'Ane d'Or comme le modèle de tous les romans.

Il est plein de descriptions & de portraits admirables, & l'on ne peut nier qu'Apulée ne fut un fort grand peintre; ses expressions sont vives & énergiques; il hasarde à la vérité quelquefois certains termes qui n'auroient pas été approuvés du tems de Ciceron, mais qui ne laissent pas d'avoir de l'agrément, parce qu'ils expriment merveilleusement bien ce qu'il veut dire.

Quantité de savans dans tous les siècles ont parlé d'Apulée avec beaucoup d'estime, & lui ont donné de grands éloges. Saint-Augustin, entr'autres, en fait mention (1) comme d'un homme de naissance, fort bien élevé & très-éloquent.

Mais une chose surprenante, & qui fait bien voir l'ignorance & la superstition des peuples de ces tems-là, c'est que bien des gens prirent l'Ane d'Or pour une histoire véritable, & ne doutèrent point qu'Apulée ne fût très-savant dans la magie (2). Cette opinion ridicule se fortifia en vieillissant, & s'augmenta tellement dans la suite, que les payens soutenoient qu'il avoit fait un si grand nombre de miracles (3), qu'ils égaloient, ou même

---

(1) Saint-Augustin, épître 5.

(2) Saint Jérôme sur le *Pseaume* 81. Lactant. *Instit. Divin.* l. 3, chap. 5, Marcellin à Saint Augustin.

(3) Saint Augustin, épître 5.

qu'ils surpassoient ceux de Jesus-Christ.

On auroit de la peine à croire qu'une telle impertinence eût été en vogue, si des personnages dignes de foi ne l'attestoient, & si nous ne voyions pas qu'on pria Saint Augustin de la réfuter (1).

Ce grand saint se contenta de répondre qu'Apulée (2), avec toute sa magie, n'avoit jamais pu parvenir à aucune charge de magistrature, quoiqu'il fût de bonne maison, & que son éloquence fût fort estimée; & qu'on ne pouvoit pas dire que ce fût par un mépris philosophique qu'il vivoit hors des grands emplois, puisqu'il se faisoit honneur d'avoir une charge de prêtre, qui lui donnoit l'intendance des jeux publics, & qu'il disputa avec beaucoup de chaleur contre ceux qui s'opposoient à l'érection d'une

---

(1) Marcellin à Saint Augustin, épître 4.
(2) Saint Augustin, épître 5.

ſtatue, dont les habitans d'Oëa le vou-loient honorer; outre qu'on voit par ſon apologie qu'il ſe défendit d'être magicien, comme d'un grand crime.

LES MÉTAMORPHOSES
OU
L'ANE D'OR
D'APULÉE,
PHILOSOPHE PLATONICIEN.

LIVRE PREMIER.

JE vais tâcher d'attirer votre attention par le récit de plusieurs aventures divertissantes, pourvu que vous ne dédaigniez pas de lire un ouvrage écrit dans le style enjoué des auteurs Egyptiens. Vous y verrez les métamorphoses surprenantes de plusieurs hommes changés en différentes formes,

& remis enfuite dans leur état naturel. Je vais commencer; mais auparavant apprenez en peu de mots qui je fuis.

Ma famille tire fon ancienne origine d'Himène dans l'Attique, de l'Ifthme de Corinthe & de Ténare, dans le territoire de Sparte, provinces fertiles & délicieufes que les plus fameux auteurs ont célébrées dans leurs ouvrages immortels. Ce fut en ce pays-là, dans la ville d'Athènes, où je commençai d'étudier la langue grecque; étant enfuite allé à Rome, j'y appris celle du pays avec une peine & un travail incroyables, n'étant guidé par aucun maître. Ainfi je vous prie de m'excufer, s'il m'arrive de faire quelques fautes en parlant une langue qui m'eft étrangère, que je préfère cependant à la mienne, parce que ce changement de langage reffent déjà, en quelque façon, les divers changemens dont je vais vous parler. Ecoutez avec attention, voici l'hiftoire de ce qui m'eft arrivé en Grèce, elle vous fera plaifir.

J'allois pour quelqu'affaire en Theffalie, d'où je tire auffi mon origine, ayant l'honneur de defcendre, du côté de ma mère, du fameux Plutarque & du philofophe Sextus, fon petit-fils. Après avoir traverfé de hautes montagnes, de profondes vallées, des prés & des plaines, monté fur un cheval blanc de ce pays-là, qui étoit fort fatigué auffi bien que moi; je mis pied à terre pour me délasser un peu en marchant quelque tems. Je débridai mon cheval, qui étoit tout en sueur; je le frottai soigneusement, & le menai au pas. Pendant qu'en chemin faisant il arrachoit de côté & d'autre quelques bouchés d'herbe le long des prés par où nous passions, je joignis deux hommes, qui, par hasard, marchoient un peu devant moi, & prêtant l'oreille à leurs discours, j'entendis que l'un dit à l'autre en éclatant de rire : de grace, cesse de me faire des contes aussi ridicules & aussi outrés, que ceux que tu me fais. Ces mots excitant ma curiosité, je vous prie, leur dis-je, de vouloir bien me faire part de votre entretien : ce n'est point par aucune envie d'apprendre vos secrets, que je vous le demande, mais par le desir que j'ai de m'instruire; & même l'agrément de la conversation aplanira, pour ainsi dire, ce côteau, & diminuera la fatigue que nous avons à le monter.

Celui qui venoit de parler continuant son discours : ce que tu me contes, dit-il, est aussi vrai que si on disoit que par des paroles magiques, on peut forcer les rivières à remonter vers leur source, rendre la mer immobile, enchaîner les vents, arrêter le soleil, forcer la lune à jeter de l'écume, arracher les étoiles des cieux, faire cesser le jour & suspendre le cours de la nuit. Alors je repris la parole avec plus de hardiesse : je vous prie, dis-je à l'un, vous qui avez commencé ces premiers discours, ne vous rebutez pas de les continuer. Ensuite m'adressant à l'autre : & vous, lui dis-je, qui vous opiniâtrez à rejeter ce qui est peut-être très-véritable, vous ignorez apparemment que beaucoup de choses passent pour fausses mal-à-propos, parce que l'on n'a jamais entendu ni vu rien de pareil, ou parce qu'on ne peut les comprendre; & si on les examine avec un peu de soin, on les trouve non-seulement véritables, mais même fort aisées à faire. Car je vous dirai qu'un soir, soupant en compagnie, comme nous mangions, à l'envie les uns des autres, d'un gâteau fait avec du fromage, j'en voulus avaler un morceau un peu trop gros qui s'attacha à mon gosier, & m'ôtant la respiration, me mit à deux doigts de la mort; cependant j'ai vu depuis à Athènes, de mes propres yeux, & de fort près, un charlatan devant le portique Pecile, qui avaloit une épée par la pointe, & dans le moment, pour très-peu de chose qu'on lui donnoit : il s'enfonçoit par la bouche un épieu jusqu'au fond des entrailles, en sorte que le fer lui sortoit par les aînes, & la hampe par la nuque du cou, au bout de laquelle paroissoit un jeune enfant beau & gracieux, qui, comme s'il n'eût eu ni os, ni nerfs, dansoit & se plioit de manière, que tous ceux qui étoient présens, en étoient dans l'admiration. Vous auriez cru

voir

voir ce fameux serpent qui s'entortille & se joue autour du bâton d'Esculape. Mais vous, camarade, continuez, je vous prie, ce que vous aviez commencé : si celui-ci ne veut pas croire ce que vous direz, pour moi je vous promets d'y ajouter foi; & par reconnoissance du plaisir que vous me ferez, je payerai votre écot à la première hôtellerie.

Je vous remercie, dit-il, & vous suis obligé de l'offre que vous me faites. Je vais reprendre le commencement de ce que je racontois; mais auparavant je jure, par ce Dieu de la lumière qui voit tout, que je ne vous dirai rien qui ne soit très-vrai & très-certain, & vous n'aurez pas lieu d'en douter un moment, si vous allez dans cette prochaine ville de Thessalie, où cette histoire passe pour constante parmi tout ce qu'il y a d'habitans, la chose étant arrivée au vu & su de tout le monde. Mais afin que vous sachiez auparavant qui je suis, quel est mon pays & mon trafic, je vous dirai que je suis d'Egine, & que je parcours ordinairement la Thessalie, l'Etolie, & la Béotie, où j'achete du miel de Sicile, du fromage, & d'autres denrées propres aux cabarets. Or ayant appris qu'à Hipate, ville la plus considérable de la Thessalie, il y avoit des fromages nouveaux, excellens, & à bon marché, j'y courus à dessein d'acheter tout ce que j'y en trouverois; mais étant parti sous de mauvais auspices, je me trouvai

C

fruſtré, comme il arrive aſſez ſouvent ; du gain que j'eſpérois faire ; car un marchand en gros, nommé Lupus, avoit tout enlevé la veille que j'y arrivai. Me ſentant donc fort fatigué du voyage précipité & inutile que je venois de faire, je m'en allai le ſoir même aux bains publics.

Là j'aperçois un de mes camarades, nommé Socrate, aſſis par terre, à moitié couvert d'un méchant manteau tout déchiré, pâle, maigre & défait, comme ſont d'ordinaire ces pauvres malheureux rebuts de la fortune qui demandent l'aumône au coin des rues. Quoiqu'il fût mon ami, & que je le reconnuſſe fort bien, cependant l'état miſérable où je le voyois fit que je ne m'approchai de lui qu'avec quelqu'incertitude. Hé ! lui dis-je, mon cher Socrate, qu'eſt-ceci ? en quel état es-tu ? quelle honte ! ta famille a déjà pris le deuil de ta mort qu'on croit certaine, le juge de ta province a donné des tuteurs à tes enfans, & ta femme, après tes funérailles, fort changée par ſon affliction, & ayant preſque perdu les yeux à force de pleurer, eſt contrainte par ſes parens à faire ſuccéder à la triſteſſe de ta maiſon, les réjouiſſances d'une nouvelle noce ; pendant qu'à notre grande confuſion tu parois ici plutôt comme un ſpectre, que comme un homme. Ariſtomène, me dit-il, apparemment tu ne connois pas les détours trompeurs, l'inconſtance, & les étranges revers de la fortune. Après ces mots il cacha la rougeur de son visage avec son méchant haillon rapetassé, de manière que la moitié du corps lui demeurât découverte; & moi ne pouvant soutenir plus long-tems la vue d'un si triste spectacle, je lui tends la main, & tâche de le faire lever. Mais ce pauvre homme ayant toujours le visage couvert, laisse, me dit-il, laisse jouir la fortune tout à son aise de son triomphe sur un malheureux. Enfin je fais en sorte qu'il se lève, & dans le moment je dépouille un de mes vêtemens & je l'en habille, ou pour mieux dire je l'en couvre; ensuite je le fais mettre dans le bain, je prépare moi-même l'huile & les autres choses nécessaires pour le nettoyer. Je le frotte avec soin: lorsqu'il fut bien net & bien propre, tout las que j'étois, j'aide à marcher à ce misérable qui ne pouvoit se soutenir, & je le mène à mon hôtellerie avec bien de la peine. Je le fais coucher, je le fais manger & boire, & je tâche de le rejouir par d'agréables discours.

La conversation commençoit déjà à se tourner du côté de la plaisanterie; nous étions en train de dire de bons mots, & de railler, lorsque tirant du fond de sa poitrine un soupir douloureux, & se frappant le visage, malheureux que je suis, s'écria-t'il, pour avoir eu la curiosité d'aller à un fameux spectacle de gladiateurs, je suis tombé dans le déplorable état où vous m'avez trouvé;

car vous favez qu'étant allé en Macedoine pour y gagner quelque chofe, comme je m'en revenois avec une affez bonne fomme d'argent, après dix mois de féjour que j'y avois fait, un peu avant que d'arriver à Lariffe pour voir le fpectacle dont je viens de vous parler, je fus affailli dans un certain chemin creux & écarté, par une troupe de voleurs, qui ne me laifsèrent aller qu'après m'avoir pris tout ce que j'avois. Ainfi réduit à la dernière néceffité, j'allai loger chez une cabarerière nommée Meroé, femme qui n'étoit plus jeune, mais qui étoit encore affez agréable. Je lui contai le fujet de mon voyage, & la trifte aventure qui venoit de m'arriver; elle me reçut & me traita avec toute forte de bonté, me donna bien à fouper, & gratuitement; enfuite livrée aux tranfports d'une paffion déréglée, elle me fit part de fon lit, & depuis ce fatal moment je me fuis trouvé comme enforcelé par cette malheureufe, jufqu'à lui donner mes habits, que les honnêtes voleurs avoient bien voulu me laiffer, & tout ce que je gagnois en exerçant le métier de frippier, pendant que je me portois bien. C'eft ainfi que ma mauvaife fortune, & cette bonne perfonne m'ont enfin réduit dans l'état où vous me voyez.

En vérité, lui dis-je, vous méritez ce qu'il y a de plus cruel au monde, fi toutefois quelque chofe peut l'être davantage que ce qui vous est arrivé, d'avoir préféré un infame plaisir, une vieille débauchée, à votre femme & à vos enfans. Mais Socrate portant son doigt sur sa bouche: Taisez-vous, me dit-il, d'un air surpris & effrayé, taisez-vous; & regardant de tous côtés, comme un homme qui craint que quelqu'un ne l'écoute: gardez-vous bien, continua-t'il, de parler mal d'une femme qui a un pouvoir divin, de crainte que vous ne vous attiriez quelque chose de funeste. Comment, lui dis-je, quelle sorte de femme est-ce donc que cette personne si puissante, cette reine qui tient cabaret ? C'est, dit-il, une magicienne à qui rien n'est impossible, qui peut abaisser les cieux, élever le globe de la terre, endurcir les eaux, rendre les montagnes fluides, arracher les ombres des enfers, & les Dieux même du plus haut de l'Olympe, obscurcir les astres, éclairer le Ténare.... Je vous prie, lui dis-je, quittez ce style tragique, baissez la toile, & parlez un langage ordinaire.

Voulez-vous, me dit-il, entendre une ou deux des choses qu'elle a faites, ou même un plus grand nombre ? car de vous dire que non-seulement les gens du pays l'aiment éperdument, mais encore les Indiens, les Æthiopiens, en un mot les peuples de l'un & l'autre hémisphère, c'est un des moindres effets de son art, c'est une bagatelle, au prix

C iij

de ce qu'elle fait faire : écoutez ce qu'elle a exécuté aux yeux de plusieurs personnes.

Elle avoit un amant, qui, pour avoir fait violence à une autre femme dont il étoit amoureux, fut d'un seul mot changé en castor, afin qu'il lui arrivât la même chose qu'à cet animal, qui, pour se délivrer des chasseurs, se coupe lui-même ce qui fait qu'on le poursuit. Elle a transformé en grenouille un cabaretier de son voisinage, qui tâchoit de lui ôter ses pratiques, & présentement ce vieillard nage dans un de ses tonneaux, & s'enfonçant dans la lie, invite d'une voix rauque ses anciens chalans, le plus officieusement qu'il peut.

Pour se venger d'un avocat qui avoit plaidé contr'elle, elle l'a changé en bélier, & tout bélier qu'il est, il avocasse encore. Et parce que la femme d'un de ses amans avoit tenu d'elle quelques discours pleins de raillerie & de mépris, lorsque cette femme fut prête d'accoucher, elle l'empêcha de se délivrer, & la condamna à une perpétuelle grossesse. L'on dit que depuis huit ans que cette pauvre malheureuse est en cet état, elle a le ventre aussi gros & aussi tendu, que si elle devoit accoucher d'un éléphant.

Enfin cette magicienne irrita l'indignation & la haine du public au point qu'il fut résolu qu'on la lapideroit le lendemain ; mais elle fut fort bien s'en garantir par la force de son art : & comme Médée, qui avoit obtenu de Créon la permission de différer son départ d'un jour, le brûla dans son palais avec sa fille qu'il alloit marier à Jason ; de même cette magicienne ayant fait ses enchantemens autour d'une fosse, (ainsi qu'elle même étant ivre me l'a conté depuis peu) elle enferma si bien tous les habitans de la ville dans leurs maisons par la force de ses charmes, que pendant deux jours entiers il leur fut impossible d'en enfoncer les portes, d'en rompre les murs, ni même de les percer, jusqu'à ce qu'enfin il s'écrièrent tous d'une voix triste & suppliante, lui protestant avec serment qu'ils n'attenteroient rien contre sa personne, & même que si quelqu'un avoit quelque mauvaise intention contr'elle, ils la protégeroient & la secoureroient de tout leur pouvoir. Ainsi étant appaisée, elle remit toute la ville en liberté ; mais pour celui qui étoit le premier auteur de l'assemblée qui s'étoit tenue contr'elle, elle le transporta pendant la nuit avec sa maison entière, savoir, le terrein, les murailles, les fondemens, enfin telle qu'elle étoit, à cent milles de-là, en une ville située sur le haut d'une montagne fort élevée, & qui par conséquent, manquoit des commodités de l'eau ; & comme les maisons des habitans étoient si serrées qu'il n'y avoit point de place pour celle-là, elle la planta devant la porte de la ville, & se retira chez elle.

En vérité, lui dis-je, mon cher Socrate, vous me contez là des choses bien surprenantes & bien terribles; le scrupule où vous m'avez jeté, me donne de l'inquiétude, ou plutôt une grande crainte que cette vieille, par le secours de son art & de ses esprits, ne sache ce que nous avons dit; c'est pourquoi couchons-nous de bonne heure, & après avoir un peu reposé, fuyons de ces lieux avant le jour, & nous en éloignons autant qu'il nous sera possible. Comme j'achevois de donner ce conseil, le bon Socrate qui étoit fatigué, & qui avoit bu un peu plus qu'à l'ordinaire, dormoit déjà, & ronfloit de toute sa force. Pour moi, ayant fermé les verroux, & rangé mon lit contre la porte, je me jetai dessus; la peur m'empêcha quelque tems de dormir; enfin je m'assoupis environ sur le minuit.

A peine étois-je endormi, que la porte s'ouvre avec plus de fracas, que si des voleurs l'avoient enfoncée; les gonds même se brisent & s'arrachent de manière qu'elle tombe par terre. Mon lit qui étoit fort petit, dont un des pieds étoit rompu & pourri, est renversé par la violence de cet effort, & je me trouve dessous, étendu sur le plancher. Alors je sentis qu'il y a de certaines passions qui produisent des effets qui leur sont contraires; & comme il arrive souvent qu'on pleure de joie, de même au milieu de l'extrême frayeur dont j'étois saisi, je ne pus m'empêcher de rire, me voyant changé d'Aristomène en tortue.

Etant donc ainsi tout de mon long par terre, le lit renversé sur mon dos, regardant de côté la suite de cette aventure, je vois entrer deux vieilles femmes : la première portoit un flambeau allumé, & l'autre une éponge & un poignard. En cet état elles s'approchent de Socrate, qui dormoit profondément. Celle qui tenoit le poignard commença à dire : « Voici mon cher Endimion, ma sœur Panthie; voici mon Ganimède, qui jour & nuit a abusé de ma jeunesse; voici celui qui, méprisant mon amour, non-seulement me diffame par ses discours, mais médite encore sa fuite; & moi, malheureuse, abandonnée comme Calipso par la fourberie de cet Ulisse, je passerai le reste de ma vie dans les regrets & dans les pleurs ».

Me montrant ensuite à sa sœur avec sa main « Pour Aristomène, dit-elle, ce bon donneur de conseils, qui le pousse à cette fuite, que voilà présentement à deux doigts de la mort, étendu par terre sous son lit, d'où il regarde tout ceci, croit-il qu'il m'aura offensé impunément ? Je vais faire en sorte tantôt, que dis-je, dans un moment, &

même tout à l'heure, qu'il se repentira de la manière dont il a parlé de moi, & de la curiosité avec laquelle il nous regarde ».

Je ne l'eus pas plutôt entendue parler ainsi, qu'il me prit une sueur froide, avec un tremblement si violent, que le lit, qui étoit sur mon dos, en étoit tout agité. Que ne commençons-nous donc, ma sœur, dit la bonne Panthie, par mettre celui-ci en pièces à la manière des Bacchantes, ou après l'avoir lié comme il faut, que ne lui faisons nous le même traitement que Cybèle fit à Atis? Sur cela Meroé prit la parole, car je voyois bien par des effets que c'étoit celle-là même dont Socrate m'avoit tant parlé. Non, dit-elle, laissons au moins vivre celui-ci, afin qu'il couvre d'un peu de terre le corps de ce misérable; ensuite ayant penché la tête de Socrate, elle lui plonge son couteau dans la gorge jusqu'au manche, & recueille le sang qui en sortoit, dans un petit vase, avec tant de soin, qu'il n'en paroissoit pas une seule goutte. Voilà ce que j'ai vu de mes propres yeux.

La bonne Meroé ne voulant même, comme je crois, oublier aucune des cérémonies qui s'observent aux sacrifices, met sa main droite dans la blessure de mon pauvre camarade, & la plongeant jusqu'au fond de ses entrailles, elle lui arrache le cœur, pendant qu'il sortoit par cette plaie une voix, ou plutôt des sons mal articulés, & que ce malheureux rendoit l'esprit avec les bouillons de son sang.

Panthie boucha cette ouverture, qui étoit fort grande, avec une éponge, en disant : « Et toi, » éponge, née dans la mer, garde-toi de passer » par la rivière ». Cela fait, elles ôtèrent le lit de dessus moi, & les jambes écartées sur mon visage, elles m'inondèrent entièrement.

A peine furent-elles sorties, que la porte se relève, & se remet à sa place, les gonds rentrent dans leurs trous ; les barres qui étoient derrière se rapprochent ; les verroux se referment, & moi étendu comme j'étois par terre, foible, nu, froid, & tout mouillé, comme si je n'eusse fait que de sortir du ventre de ma mère, demi-mort, ou plutôt survivant à moi-même, & comme un homme destiné au dernier supplice, que sera-ce de moi, disois-je, quand on trouvera demain matin cet homme égorgé ? Qui pensera que ce que je dirai, quelque vrai qu'il puisse être, soit seulement vraisemblable ? Ne devois-tu pas au moins appeler du secours, me dira-t-on, si tu n'étois pas capable, grand & fort comme tu ès, de résister à une femme : on égorge un homme à tes yeux, & tu ne dis mot ! Mais pourquoi n'as-tu pas eu le même destin que lui ? Pourquoi la cruauté de cette femme a-t-elle laissé la vie à un homme, qui étant témoin du crime, pouvoit en révéler l'auteur ? Ainsi puisque tu as échappé la mort dans cette occasion, il faut que tu meures maintenant.

Voilà ce que je songeois en moi même. Cependant la nuit se passoit ; c'est pourquoi je jugeai n'avoir rien de mieux à faire que de me dérober de ce lieu avant la pointe du jour, & de gagner pays du mieux que je pourrois. Je prends mon petit paquet, j'ôte les verroux, & mets la clef dans la serrure, je la tourne & retourne, & ne puis enfin qu'avec beaucoup de peine ouvrir cette bonne & sûre porte qui s'étoit overte d'elle même à minuit. Hola ! dis-je, où es-tu ? ouvre moi la porte de l'hôtellerie, je veux partir avant le jour. Le portier qui étoit couché à terre auprès de la porte, me répond à moitié endormi : Eh quoi ! ne sais-tu pas que les chemins sont remplis de voleurs ? toi qui veux partir pendant la nuit ; ho, ho ! vraiment si tu cherches la mort, parce que tu te sens coupable de quelque crime, nous n'avons pas des têtes de citrouilles à donner pour la tienne. Il fera jour dans un moment, lui dis-je; de plus, qu'est ce que les voleurs peuvent prendre à un pauvre passant tel que moi ? ne sçais-tu pas, maître fou, que dix hommes, même des plus forts, ne sauroient venir à bout d'en dépouiller un qui est tout nu. Ce valet accablé de sommeil, se tournant de l'autre côté : Que sais-je, me dit-il à demi-endormi, si tu ne cherches point à te sauver, après avoir coupé la gorge à l'homme avec qui tu vins hier au soir! Je crus dans ce moment que la terre s'ouvroit sous mes pieds jusqu'au fond des enfers, & que je voyois Cerbère prêt à me dévorer. Je connus bien alors que ce n'étoit pas par compassion que la bonne Meroé ne m'avoit pas égorgé, mais plutôt par cruauté, afin que je mourusse par la main du bourreau.

Etant donc retourné dans ma chambre, je délibérois tout troublé, de quelle manière je pourrois me donner la mort; mais comme la fortune ne me présentoit d'autres armes pour cet effet que celles que mon lit pouvoit me fournir : Mon cher lit, lui dis-je, toi qui as tant souffert avec moi, qui as vu tout ce qui s'est passé cette nuit, & qui dans mon malheur es le seul témoin de mon innocence, prête-moi quelque arme favorable pour descendre promtement aux enfers. Aussitôt je détache une corde dont il étoit entrelacé, & l'ayant jetée par un bout sur un petit chevron qui avançoit au-dessus de la fenêtre, après l'avoir bien attaché, je fais un nœud coulant à l'autre bout, & pour tomber de plus haut, je monte sur le lit, & passe ma tête dans la corde ; mais comme d'un coup de pied que je donne sur ce qui me soutenoit, je m'élance en l'air, afin d'être étranglé par mon propre poids, la corde qui étoit vieille & pourrie se rompt ; je tombe sur Socrate, (car son lit étoit proche du mien) & je roule à terre avec lui.

Dans cet instant le portier entre brusquement, criant de toute sa force : Où es-tu, toi, qui avois si grande hâte de partir de nuit, & qui dors encore. Alors, soit par ma chûte, soit par le bruit qu'avoit fait ce valet en m'appelant, Socrate s'éveille & se lève le premier : En vérité, dit-il, ce n'est pas sans raison que ces valets d'hôtellerie sont haïs de tous ceux qui y logent ; car cet importun entrant avec trop de curiosité dans notre chambre, pour dérober, je crois, quelque chose, m'a réveillé par ses cris, comme je dormois d'un profond sommeil. Ces paroles me ressuscitent, pour ainsi dire, & me remplissent d'une joie inespérée. Eh bien ! dis-je, portier si fidèle, voilà mon camarade, mon père & mon frère tout ensemble, que dans ton ivresse tu m'accusois cette nuit d'avoir assassiné : en même tems j'embrassois Socrate, & le baisois de tout mon cœur ; mais lui, frappé de la vilaine odeur dont ces sorcieres m'avoient infecté, me repousse rudement : Fi dit-il, retire-toi plus loin, tu m'empoisonnes ; &

dans le moment il me demanda en riant, qui m'avoit ainsi parfumé; mais je tournai la conversation sur autre chose, par quelques mauvaises plaisanteries que je trouvai sur le champ, & lui tendant la main: Que ne partons-nous, lui dis-je, & que ne profitons-nous de la fraîcheur du matin? Ensuite je prends mon paquet, je paye l'hôte, & nous nous mettons en chemin.

Nous n'avions pas beaucoup marché, que le Soleil commença à paroître & à répandre ses premiers rayons. Je regardois avec soin la gorge de mon camarade, à l'endroit où je lui avois vu enfoncer le couteau, & je disois en moi-même: Extravagant que tu es, le vin dont tu avois trop bu t'a fait rêver d'étranges choses! Voilà Socrate entier, sain & sauf. Où est cette plaie? où est cette éponge? & enfin, où est cette cicatrice si grande & si récente? Et m'adressant à lui: Ce n'est pas sans raison, lui dis-je, que les habiles medecins tiennent que l'excès de boire & de manger cause des songes terribles; car pour avoir un peu trop bu hier au soir, j'ai rêvé cette nuit des choses si cruelles & si effroyables, qu'il me semble encore, à l'heure qu'il est, être tout couvert & souillé de sang humain. Sur quoi Socrate souriant: On ne t'a pas, dit-il, arrosé de sang, mais bien d'urine: cependant je te dirai aussi que j'ai cru cette nuit qu'on m'égorgeoit; car j'ai senti de la douleur au gosier : il m'a semblé encore qu'on m'arrachoit le cœur, & même dans ce moment, je me trouve mal, les jambes me manquent, j'ai peine à me soutenir, & je voudrois bien avoir quelque chose à manger pour reprendre des forces. Voilà, lui dis-je, ton déjeûner tout prêt ; & tirant ma besace de dessus mes épaules, je lui présente du pain & du fromage. Asseyons-nous contre cet arbre, lui dis-je. Cela fait, je me mets aussi à déjeûner ; & comme je le regardois manger avec avidité, je le vois pâlir à vue d'œil ; enfin sa couleur naturelle changea au point que mon imagination me représentant ces furies que j'avois vues la nuit, la peur fit que le premier morceau de pain, quoique petit, que j'avois mis dans ma bouche, s'arrêta dans mon gosier. Ce qui augmentoit encore ma frayeur, étoit la quantité des gens qui passoient par-là : en effet, qui pourroit croire que de deux hommes qui font chemin ensemble, l'un soit tué sans qu'il y ait de la faute de l'autre ? Enfin, après que Socrate eut beaucoup mangé, il commença à avoir une soif-extraordinaire ; car il avoit dévoré avec avidité une bonne partie d'un excellent fromage. Assez près de l'arbre sous lequel nous étions, un agréable ruisseau couloit lentement, & formoit une espèce de marais tranquille, dont les eaux étoient brillantes comme de l'argent ou du cristal.

Tenez,

Tenez, lui dis-je, raſſaſiez votre ſoif de cette eau claire & nette. Il ſe lève; & couvert de ſon petit manteau, il ſe met à genoux à l'endroit le plus uni du bord du ruiſſeau pour boire à ſon aiſe.

A peine avoit-il touché l'eau du bout des lèvres, que la plaie de ſa gorge s'ouvre profondément; l'éponge qui étoit dedans tombe avec un peu de ſang, & ſon corps privé de vie alloit tomber dans l'eau, ſi le retenant par un pied, je ne l'euſſe retiré ſur le bord avec aſſez de peine; où ayant pleuré mon pauvre camarade, autant que le tems me le permettoit, je le couvris de ſable, & le laiſſai pour toujours dans le voiſinage de cette rivière. Quant à moi, tout tremblant & ſaiſi de frayeur, j'allai chercher les endroits les plus ſolitaires pour me cacher; & comme ſi j'euſſe été coupable d'un meurtre, je me ſuis banni volontairement de ma maiſon & de mon pays, & me ſuis établi en Etolie, où je me ſuis remarié. Voilà ce qu'Ariſtomène nous raconta.

En vérité, dit celui qui avoit paru ſi incrédule dès le commencement, rien n'eſt plus fableux que ce conte; rien n'eſt plus abſurde que ce menſonge. Et vous, continua-t-il, ſe retournant de mon côté, qui par votre figure & vos manières me paroiſſez un honnête homme, vous donnez dans une fable de cette nature? Pour moi, dis-je je crois, qu'il n'y a rien d'impoſſible, & que toutes choses arrivent aux hommes de la manière que les destins l'ont ordonné. Car il nous arrive quelquefois à vous & à moi, & à tous les hommes, plusieurs choses extraordinaires & inouies, qu'un ignorant à qui on les conteroit ne croiroit jamais : mais je ne doute nullement de tout ce qu'il vient de nous dire, & je le remercie de tout mon cœur du plaisir que son agréable récit nous a fait. Enfin, ce rude & long chemin que nous venons de faire, ne m'a ni fatigué, ni ennuyé; il semble même que mon cheval ait eu part au plaisir que nous venons d'avoir, puisque sans le fatiguer je suis arrivé à la porte de cette ville, moins porté sur son dos, que suspendu par l'attention que mes oreilles prêtoient à ses discours.

Ainsi finit notre conversation & le chemin que nous faisions ensemble; car ces deux hommes prirent à gauche pour gagner quelques métairies qui n'étoient pas loin. Pour moi, si-tôt que je fus entré dans la ville, je m'arrêtai au premier cabaret que je rencontrai, & je demandai à l'hôtesse qui étoit une vieille femme : Est-ce ici Hipate? Oui, me répondit-elle. Connoissez-vous Milon, l'un des premiers de la ville, lui dis-je ? Elle se mit à rire. Il est vrai, dit-elle, qu'on peut dire que Milon est le premier d'ici, puisqu'il demeure à l'entrée de la ville, hors l'enceinte des murailles. Ma bonne mère, lui dis-je, sans plaisanterie, je vous prie de me dire quel homme c'est, & où est sa maison. Voyez-vous, me dit-elle, ces dernières fenêtres, qui d'un côté ont vue sur la campagne, & de l'autre sur cette prochaine petite rue; c'est-là que demeure ce Milon, qui est puissamment riche, & qui a beaucoup d'argent comptant; mais qui est d'une avarice extrême; qui prête beaucoup à usure sur de bons gages d'or & d'argent, & qui, toujours veillant sur son trésor, se tient renfermé dans sa petite maison avec sa femme, qui passe sa vie aussi sordidement que lui. Ils n'ont pour tout domestique qu'une jeune servante; & pour lui, il paroît dans les rues toujours habillé comme un gueux.

Sur cela je me mis à rire; en vérité, dis-je, mon ami Déméas a bien de la bonté & de la prévoyance, de m'avoir adressé à un homme chez qui je puis prendre le droit d'hospitalité, sans craindre la fumée ni l'odeur de la cuisine. Ensuite j'avançai quelques pas, & m'approchai de sa porte, que je trouvai bien barricadée; j'y frappai de toute ma force, en appelant quelqu'un. Après un peu de tems parut une jeune servante. Hola! dit-elle, vous qui avez frappé si rudement à notre porte, sur quoi voulez-vous emprunter. Seriez-vous bien le seul qui ne le sût pas, que nous ne prêtons que sur des gages d'or & d'argent? Ayez meilleure opinion de moi, lui dis-je; dites-moi plutôt si votre maître est au logis. Oui, dit-elle; mais pourquoi me le demandez-vous? J'ai, lui dis-je, des lettres à lui rendre de la part d'un ami qu'il a à Corinthe, nommé Déméas. Pendant que je vais l'avertir, dit-elle, attendez-là : aussitôt elle rentra dans la maison, & referma la porte aux verroux. Un moment après l'ayant rouverte, elle me dit que son maître me prioit de monter : j'entre & le trouve couché sur un petit grabat (1), prêt à souper. Sa femme étoit assise à ses pieds, & il n'y avoit encore rien sur la table. Si-tôt qu'il me vit : Voici, dit-il, où vous logerez, s'il vous plaît. Je vous suis fort obligé, lui dis-je; en même-tems je lui présentai la lettre de Déméas. Après qu'il l'eut lue fort vîte : je sai le meilleur gré du monde, dit-il, à mon ami Déméas, de m'avoir adressé un hôte de votre mérite. En même tems il fait retirer sa femme, & me prie de m'asseoir à sa place; & comme, par honnêteté, j'en faisois difficulté, me tirant par mon habit : asseyez-vous là, me dit-il; car la peur que nous causent les voleurs, fait que nous n'avons pas ici de chaises, ni même les meubles qui nous seroient nécessaires. Je me mis donc auprès de lui.

Je jugerois aisément, continua-t-il, à votre bonne mine & à cette honnête pudeur que je vois répandue sur votre visage, que vous êtes de bonne maison, quand même mon ami Déméas ne m'en assureroit pas dans sa lettre. Je vous demande donc en grace de ne point mépriser ce méchant petit

---

(1) Coutume ancienne.

logis; vous coucherez dans cette chambre prochaine, où vous ne serez pas mal. N'ayez point de répugnance de loger chez nous; car l'honneur que vous ferez à ma maison, la rendra plus considérable, & ce ne sera pas une petite gloire pour vous, si vous imitez les vertus du grand Théfée, dont votre père portoit le nom, qui ne dédaigna point de loger dans la petite maison de la bonne femme Hecale. Ensuite ayant appelé sa servante : Fotis, dit-il, prends soin des hardes de notre hôte; serre-les dans cette chambre; porte-lui promptement de l'essence pour se frotter, avec du linge pour s'essuyer, & tout ce qui lui sera nécessaire, & conduis-le aux bains prochains; il doit être fatigué du long & fâcheux chemin qu'il a fait.

Alors je fis réflexion sur l'avarice de Milon; & voulant me concilier encore mieux ses bonnes graces : je n'ai pas besoin, lui dis-je, de toutes ces choses que j'ai soin de porter toujours avec moi dans mes voyages, & l'on m'enseignera aisément les bains; le principal est que mon cheval, qui m'a porté gaiement, ait ce qu'il lui faut : tenez, dis-je, à Fotis, voilà de l'argent; achetez lui du foin & de l'orge.

Cela fait, & mes hardes serrées dans ma chambre, en allant aux bains, je jugeai à propos de passer au marché, & d'y acheter quelque chose pour mon souper. J'y trouvai quantité de beaux poissons, & en ayant marchandé, on me fit cent deniers ce qu'on me donna ensuite pour vingt (1). Comme je sortois du marché, Pithias, mon ancien camarade du tems que nous faisions nos études à Athenes, ayant été quelque tems à me reconnoître, vint m'embrasser avec toute la tendresse & la cordialité possibles : Mon cher Lucius, me dit-il, il y a bien longtems que je ne vous ai vu, nous ne nous sommes point rencontrés depuis que nous avons quitté nos études, quel est le sujet de votre voyage? Je vous l'apprendrai demain, lui dis-je; mais qu'est-ceci? Je vous félicite, car je vous vois vêtu en magistrat, & des huissiers avec des faisceaux marchent devant vous? Je suis édile, me dit-il, & j'ai cette année inspection sur les vivres : si vous avez quelque chose à acheter, je peux vous y rendre service. Je le remerciai, ayant suffisamment de poissons pour mon souper. Mais Pithias apercevant mon panier, & l'ayant secoué pour mieux voir ce qui étoit dedans; combien, dit-il, avez-vous acheté ce fretin? A peine, lui dis je, ai-je pu l'avoir pour vingt deniers. Alors me prenant par la main, & me ramenant au marché : Qui vous a vendu, me dit-il, cette mauvaise drogue? Je lui montrai un vieillard qui étoit assis dans un coin. Aussitôt il se met à le reprimander avec beaucoup d'aigreur, suivant l'autorité que lui donnoit sa charge.

---

(1) Vingt deniers, environ huit livres de notre monnoie.

Vraiement, dit-il, vous n'avez garde d'épargner les étrangers, puisque vous écorchez ainsi nos amis! Pourquoi vendez-vous si cher de méchans petits poissons? Vous rendrez cette ville, qui est la plus florissante de la Thessalie, déserte & inhabitable par la cherté de vos denrées; mais vous en serez puni : car tout présentement je vais vous apprendre, comme pendant le tems de mon exercice, ceux qui font mal sont châtiés. Et renversant au milieu de la place les poissons qui étoient dans mon panier, il commanda à un de ses huissiers de marcher dessus & de les écraser. Mon brave Pithias content d'avoir ainsi montré sa sévérité, me conseilla de me retirer : Il me suffit, mon cher Lucius, continua-t-il, d'avoir fait cet affront à ce petit vieillard. Tout surpris & consterné d'avoir perdu mon soupé & mon argent, par le bel exploit de mon sage & prudent camarade, je m'en vais aux bains; ensuite je m'en retournai au logis de Milon, & me retirai dans ma chambre.

Je n'y fus pas plutôt que Fotis vint me dire que Milon me demandoit : mais ayant déja bien reconnu combien cet homme étoit avare, je lui répondis, que je le priois de m'excuser, ayant plus besoin de me reposer que de manger, fatigué comme j'étois du voyage que je venois de faire : ce qui lui ayant été rapporté, il vint lui-même, & me prenant par la main, il tâchoit de me tirer hors de ma chambre, en me faisant des honêtetés ; & comme je m'en défendois le plus civilement que je pouvois, je ne vous quitterai pas, me dit-il, que vous ne veniez avec moi ; & accompagnant cela d'un serment, je fus contraint, malgré que j'en eusse, de céder à son opiniâtreté & de le suivre jusqu'à son petit grabat, où, étant assis : Comment se porte, me dit-il, notre ami Déméas, sa femme, ses enfans ? Comment va son ménage ? Je lui rendis compte de tout exactement ; ensuite il s'informa plus particulièrement du sujet de mon voyage ; & l'ayant satisfait pleinement sur cela, il commença à me demander en détail des nouvelles de mon pays, de ceux qui en étoient les plus considérables ; & enfin de celui qui en étoit le gouverneur ; mais s'apercevant que j'étois fatigué du voyage, & de cette longue conversation, que je m'endormois, que la moitié des paroles me demeuroit à la bouche, & que n'en pouvant plus je bégayois à chaque mot, il me permit enfin de m'aller coucher. Ainsi accablé de sommeil, & non de bonne chère, je me sauvai du repas imaginaire de cet avare vieillard, qui ne m'avoit régalé que d'un entretien fort ennuyeux, & retournant dans ma chambre, j'y pris le repos que je souhaitois depuis long-tems.

Fin du premier Livre.

LIVRE SECOND.

Sitôt que la nuit fut passée, & que le soleil parut, je m'éveillai & sortis de mon lit, l'esprit fort occupé, & brûlant d'envie de voir ce qu'il y avoit de rare & de merveilleux en cette ville, d'autant plus que j'étois dans le milieu de la Thessalie, d'où l'on croit par tout le monde que l'art magique a tiré son origine : & repassant en moi-même le conte que le bon Aristomène m'avoit fait à l'occasion de cette ville où nous venions, j'y considérois toutes choses avec une curiosité & une application extraordinaires. Je m'imaginois que ce qui s'offroit à mes regards étoit autre chose qu'il ne me paroissoit, & que par la force des enchantemens, tout y étoit métamorphosé ; que les pierres que je rencontrois étoient des hommes pétrifiés ; que les oiseaux que je voyois avoient été des hommes, aussi bien que les arbres qui étoient le long des murs de la ville ; & que les fontaines étoient des corps humains, que la magie avoit fondus en eau. Je croyois que je devois voir marcher les statues & les figures des tableaux, que les murailles devoient parler ; que les bœufs & autres bêtes alloient prédire l'avenir, & même que du haut des cieux le corps radieux du soleil prononceroit tout d'un coup quelque oracle. Ainſi attentif, & l'eſprit tout occupé par le violent deſir que j'avois de voir quelque choſe de ſurnaturel, & n'en voyant aucun indice, ni la moindre apparence; j'allois & venois de tous côtés, enfin, marchant de rue en rue, comme auroit pu faire un homme ivre & égaré, je me trouvai ſans y penſer dans la place du marché.

J'y vis arriver une dame, ſuivie d'un grand nombre de valets. Je m'approchai d'elle avec empreſſement. La magnificence de ſes habits brodés d'or, & ſes pierreries faiſoient aſſez connoître que c'étoit une femme de qualité. Elle avoit à côté d'elle un homme fort avancé en âge. Dès qu'il m'eut aperçu: vraiment, dit-il, c'eſt Lucius lui-même; & dans le moment il vint m'embraſſer. Ayant enſuite dit quelques mots à l'oreille de cette dame: que n'approchez-vous, me dit-il, & que ne ſaluez-vous une perſonne que vous pouvez regarder comme votre mère. Je n'oſe prendre cette liberté, lui dis-je, n'ayant pas l'honneur de connoître madame; & le rouge me montant au viſage, je reſtai les yeux baiſſés à la place où j'étois. Mais elle, me regardant fixement: voilà, dit-elle, le même air de bonté de Salvia, ſa très-vertueuſe mère, outre que leurs figures ſont ſi conformes, qu'ils ſemblent être faits tous deux ſur le même modèle, ſa taille eſt d'une belle grandeur, & d'un embonpoint raisonnable; son teint est vif, sans être trop coloré; ses cheveux sont blonds & frisés naturellement; ses yeux sont bleus, cependant ils sont vifs & brillans comme ceux d'un aigle, & leurs regards sont pleins de charmes : enfin de quelque côté qu'on l'examine, il n'a aucun défaut, & sa démarche est noble & n'a rien d'affecté. Lucius, ajouta-t-elle, je vous ai élevé de mes propres mains, mais vous n'en devez pas être surpris, nous sommes non-seulement parentes, votre mère & moi, mais nous avons été élevées ensemble; car nous descendons l'une & l'autre de la famille de Plutarque. Nous avons eu toutes deux la même nourrice, & la même éducation a fortifié en nous les liens du sang. Il n'y a d'autre différence entre elle & moi, que l'état présent de nos conditions, parce qu'elle fut mariée à un homme de grande qualité, & moi à un particulier. Je suis cette Birrhène que vous avez peut-être ouï souvent nommer parmi ceux qui vous ont élevé, venez donc hardiment prendre un logement chez moi, ou plutôt chez vous-même.

Sur cela le rouge qui m'étoit monté au visage s'étant dissipé, aux dieux ne plaise, Madame, lui dis-je, que je quitte mon hôte Milon sans qu'il m'en ait donné sujet; mais certainement je ne manquerai à rien à votre égard, de tout ce qui se pourra faire sans contrevenir aux devoirs de l'hospitalité, & toutes les fois que j'aurai occasion de venir en ce pays-ci : il n'arrivera jamais que je prenne un logement ailleurs que chez vous.

Pendant ces contestations d'honnêteté & quelques autres semblables, & après avoir marché quelque peu de tems, nous arrivâmes à la maison de Birrhène. Le vestibule en étoit magnifique ; il étoit orné de colonnes aux quatre coins, sur lesquelles on voyoit des statues de la déesse Victoire. Elles avoient les aîles déployées, un pied appuyé sur une boule, d'où elles paroissoient vouloir s'élever ; & quoiqu'elles y fussent attachées, il sembloit qu'elles ne tenoient à rien, & qu'elles alloient voler. Dans le milieu de la place étoit une statue d'une beauté parfaite, qui représentoit Diane. Ses habits paroissoient agités par le vent : il sembloit qu'elle courût avec vivacité, & qu'elle venoit à la rencontre de ceux qui entroient, avec un air cependant qui imprimoit du respect. Elle avoit à ses côtés des chiens qui étoient aussi de marbre, ils avoient les yeux menaçans, les oreilles droites, les naseaux ouverts, la gueule béante & prête à dévorer ; & si l'on entendoit aboyer quelques chiens des lieux voisins, on croyoit que c'étoient ceux-ci. Mais une chose en quoi l'excellent sculpteur avoit donné une grande marque de son habileté, c'est que ces chiens n'étoient portés que sur les pieds de derrière ; que ceux de devant étoient en l'air, ainsi que leurs corps qui sembloient s'élancer en avant. Derrière la statue de la déesse, on voyoit un rocher qui formoit une grotte pleine de mousse, d'herbes vertes & de feuillages, & de côté & d'autre il sortoit des pampres & des arbustes fleuris. La statue étoit d'un marbre, si blanc & si poli, que le fond de la grotte en étoit éclairé. Aux extrémités du rocher pendoient des grappes de raisin, & des fruits que l'art qui imite la nature avoit copiés si parfaitement, que vous auriez cru pouvoir les cueillir & les manger quand l'automne leur auroit donné la couleur & la maturité ; & si l'on se baissoit pour les voir dans l'eau de la fontaine qui sort des pieds de la Déesse, ils paroissoient agités comme de vrais fruits & de vrais raisins attachés à leurs branches. Entre les feuillages on découvroit la statue d'Acteon, qui, pour avoir eu la curiosité de voir Diane se baigner dans la fontaine de cette grotte, commençoit à prendre la forme d'un cerf.

Comme je regardois exactement & avec grand plaisir ces singularités : tout ce que vous voyez ici, me dit Birrhène, est à vous. Dans le même tems elle fit signe à ses gens de se retirer. Si-tôt qu'ils eurent disparu : je jure par cette déesse, mon cher Lucius, dit-elle, que je crains terriblement pour vous, & que vous ne me caufez pas moins d'inquiétude que fi vous étiez mon propre fils. Gardez-vous, mais gardez-vous bien des maudits artifices & des déteftables attraits de Pamphile femme de Milon, chez qui vous dites que vous logez ; elle paffe pour être la plus grande magicienne & la plus dangereufe qui foit dans la Theffalie. Par le moyen de certaines herbes, de certaines petites pierres & de quelques autres bagatelles de cette nature, fur lefquelles elle fouffle, elle peut précipiter la lumière des aftres jufqu'au fond des enfers, & remettre le monde dans fon premier chaos ; & fi-tôt qu'elle voit quelque jeune homme beau & bien fait, elle en eft éprife & y attache fon cœur. Elle l'accable de careffes, s'empare de fon efprit l'arrête & pour jamais dans fes liens amoureux. Mais indignée contre ceux qui lui réfiftent, d'un feul mot elle change les uns en pierres, ou en différens animaux, & fait mourir les autres, cela me fait trembler pour vous. Je vous en donne avis, afin que vous foyez fur vos gardes ; car cette femme eft toujours amoureufe, & vous lui convenez fort, jeune & bien fait comme vous êtes.

Voilà ce que me dit Birrhène, fort inquiète fur ce qui me regardoit. Mais fi-tôt que j'eus entendu parler de cet art magique, pour lequel j'avois une curiofité extraordinaire, tant s'en faut que j'eusse dessein de me garder des ruses de Pamphile, que je fus transporté de joie, voulant me livrer entièrement à la connoissance de cette science, quoi qu'il m'en pût coûter, & me jeter à corps perdu dans cet abîme. Ainsi, sans y faire davantage de réflexion, je me dégageai le plutôt que je pus des mains de Birrhène, comme d'une chaîne importune; & prenant congé d'elle brusquement, je gagnai au plus vîte le logis de Milon. Pendant que j'y courois comme un insensé : courage, Lucius, disois-je en moi-même, sois vigilant & attentif. Voici l'occasion que tu as tant souhaitée; tu pourras désormais rassasier ta curiosité des choses extraordinaires ; il n'appartient qu'aux enfans d'avoir peur : embarque-toi dans cette affaire le plutôt que tu pourras, mais garde-toi d'être amoureux de ton hôtesse, & fais-toi conscience de souiller le lit conjugal du bon Milon. Recherche plutôt avec empressement les bonnes graces de Fotis : elle est d'une jolie figure, d'une humeur enjouée, & a beaucoup de vivacité. Hier au soir, quand tu fus te coucher, elle te conduisit civilement dans ta chambre; te mit au lit d'une manière gracieuse, te couvrit avec affection; & t'ayant donné un baiser, fit assez voir dans ses yeux, & à sa contenance, qu'elle ne te quittoit qu'à regret ; même en s'en allant elle s'arrêta plusieurs fois, & se retourna pour te regarder. Veuillent les dieux que je réuſſiſſe ! mais il faut que je tente fortune auprès de cette Fotis, au haſard de tout ce qui m'en peut arriver.

Raiſonnant ainſi en moi-même, j'arrivai chez Milon entièrement déterminé. Je n'y trouvai ni le maître ni la maîtreſſe, mais ſeulement ma chère Fotis, qui faiſoit un hachis de viande, qui me parut à l'odeur devoir être excellent. Elle avoit une robe de lin fort propre, retrouſſée au-deſſous du ſein, avec une ceinture rouge. Elle remuoit la caſſerolle où étoit ſon hachis avec ſes belles mains, & ſa robe ondoyoit autour d'elle, par le mouvement agréable que ſe donnoit ſon corps. Je demeurai ſurpris, & m'arrêtai quelque tems à la conſidérer. Enfin cette vue m'ayant échauffé l'imagination : ma chère Fotis, lui dis-je, que tu remues ce hachis de bonne grace, auſſi-bien que ton corps ! O le bon ragoût que tu fais-là ; heureux en effet celui à qui tu permettras d'en goûter.

Cette fille, qui étoit vive & plaiſante, ſe retourna de mon côté, & me regardant en riant, retirez-vous, me dit-elle, pauvre miſérable, retirez-vous loin de mon feu ; car s'il en voloit ſur vous une ſeule étincelle, vous brûleriez juſqu'au fond du cœur, & perſonne ne pourroit éteindre votre ardeur que moi.

Cependant

Cependant fans quitter la place où j'étois, j'éxaminois toute fa figure avec attention. Mais pourquoi vous entretenir de toutes fes beautés, je ne dois vous parler d'abord que de celles que j'ai foin d'examiner les premières dans une belle perfonne, de la tête & des cheveux, qui en public attirent mon attention, & en particulier font naître mes plaifirs. La nature a élevé & découvert cette principale partie ; elle y a joint les graces naturelles des cheveux, qui parent autant une tête, que les plus beaux habits peuvent orner le refte du corps par leurs plus vives couleurs, pour nous apprendre à juger par ce qu'elle nous dévoile, de ce qu'elle ordonne à l'art de dérober à nos yeux. Plufieurs femmes, même pour laiffer un champ plus libre au jugement que l'on doit porter d'elles, écartent de leur fein leurs habits & leurs voiles. Il femble qu'elles voudroient mettre à découvert tous leurs charmes, fachant bien que la blancheur & la vivacité d'une peau délicate, eft plus capable de plaire que le brillant éclat des plus riches vêtemens.

Mais ce que je ne puis dire fans peine, & ce que je fouhaite qui n'arrive jamais, fi vous coupez les cheveux de quelque belle femme que ce puiffe être, & que vous dépouilliez fon vifage de cet ornement naturel, fût-elle defcendue du ciel, engendrée de la mer, nourrie au milieu des ondes : en un mot, quand ce seroit Vénus elle-même, accompagnée des graces & des amours, parée de sa ceinture, & parfumée des odeurs les plus exquises ; si elle paroît avec une tête chauve, elle ne vous plaira point ; son Vulcain même la trouvera désagréable.

Mais y a-t-il rien de plus charmant que des cheveux d'une belle couleur & tenus proprement, qui brillent au soleil, d'un lustre changeant, dont l'œil est ébloui ? Les uns d'un blond plus éclatant que de l'or, & brunissant un peu vers la racine ; les autres noirs comme le plumage d'un corbeau, & un peu changeant, comme la gorge des pigeons, qui parfumés d'essences précieuses, peignés avec soin, & tressés par derrière, sont comme un miroir où un amant se retrouve avec plaisir. Quel charme encore de voir une grande quantité de cheveux relevés & ajustés sur le haut de la tête, ou bien de les voir d'une grande longueur, épars & flottans sur les épaules ! Enfin la chevelure est quelque chose de si beau, que quand une femme paroîtroit avec toutes sortes d'ajustemens, & avec des habits chargés d'or & de pierreries, s'il se trouve quelque négligence dans ses cheveux, ou quelque irrégularité dans sa coiffure, toute sa parure lui devient inutile.

Mais pour ma Fotis, sa coiffure négligée &

sans art la rendoit encore plus agréable; car ses beaux cheveux qu'elle avoit fort longs & fort épais, étoient en liberté sur son front & autour de son col; ensuite cordonnés dans un ruban qui faisoit plusieurs tours; ils étoient noués sur le haut de la tête. Il me fut impossible de soutenir plus long-tems le supplice que me causoit l'excès du plaisir que j'avois à la considérer. Je m'approchai d'elle avec transport, & baisai amoureusement sur sa tête ces liens charmans qui m'attiroient à elle. Elle se tourna; & me regardant de côté avec un air malin : hola! dit-elle, jeune écolier, vous goûtez-là un plaisir qui a son amertume aussi-bien que sa douceur; mais prenez garde que cette douceur ne soit que passagère, & que l'amertume ne reste pour toujours. Que veut dire cela, lui dis-je, ma chère Fotis? puisque si tu veux me donner un baiser seulement, je suis tout prêt de me jeter dans ce feu. En disant cela, je l'embrasse plus étroitement; & comme je vis par la manière dont elle recevoit mes caresses, qu'elle répondoit à mon amour: je mourrois, lui dis-je, ou plutôt je suis mort, si tu n'as pitié de moi. Prenez bon courage, me dit elle, car je vous aime autant que vous m'aimez; je suis toute à vous, & nos plaisirs ne seront pas long-tems différés; si-tôt qu'on allumera les flambeaux, j'irai vous trouver dans votre chambre. Allez;

vous en donc, & attendez-moi. Nous causâmes encore quelque tems, & nous nous séparâmes.

Environ sur le midi, Birrhène m'envoya quelques petits présens ; un cochon de lait, cinq volailles, & un baril d'un excellent vin vieux de plusieurs années. J'appelle Fotis. Voici, lui dis-je, le dieu qui prête des armes à Vénus. Il vient nous trouver de lui-même. Buvons aujourd'hui tout ce vin, pour nous défaire entièrement d'une sotte honte, & pour nous donner de la gaieté ; car la galère de Vénus n'a besoin, pour bien voguer, que de lumière pendant la nuit, avec bonne provision de vin.

Je passai le reste du jour aux bains ; ensuite à souper avec le bon Milon qui m'en avoit prié, & qui me régala d'un repas fort frugal. J'évitois, autant qu'il m'étoit possible, les regards de sa femme, suivant les avis que m'avoit donné Birrhène ; & si par hasard je venois à jeter les yeux sur elle, je tremblois, comme si j'eusse vu l'enfer ; mais je regardois continuellement & avec beaucoup de plaisir ma chère Fotis qui nous servoit à table.

Pamphile alors considérant la lumière de la lampe : que de pluie nous aurons demain, dit-elle ! Son mari lui ayant demandé comment elle le savoit, c'est cette lampe qui me le prédit, répondit-elle. Eh ! dit Milon en éclatant de rire, que nous entretenons une grande fibylle de lampe, qui du haut du chandelier où elle eft pofée, examine le foleil, & fait tout ce qui fe paffe dans le ciel. Sur cela prenant la parole : il ne faut point, dis-je, s'étonner de ce que dit Madame, du tems qu'il doit faire demain ; ce font les premiers effais de cet art de deviner, & il n'y a rien en cela de fort extraordinaire. Car quoique ce peu de feu & de lumière que nous voyons foit l'effet de l'induftrie des hommes, il ne laiffe pas de fympatifer avec le feu célefte dont il eft defcendu ; de participer aux changemens qui y arrivent, & par conféquent de préfager ce qui doit arriver au plus haut des airs, & de nous en inftruire. Nous avons même préfentement parmi nous à Corinthe, un certain Chaldéen qui met en émotion toute la ville par les réponfes furprenantes qu'il fait ; & pour de l'argent il découvre au peuple les fecrets du deftin ; quels font les jours heureux pour fe marier ; quels font ceux qui font propres pour jeter les fondemens des remparts, dont on veut affurer la durée ; quels font les jours heureux, ou pour les voyages ou pour les embarquemens : & moi-même l'interrogeant fur le fuccès qu'auroit le voyage que je fais préfentement, il me répondit plufieurs chofes fort étonnantes ; car il me dit, que j'aurois une réputation affez éclatante ; que je ferois une

E iij

grande histoire avec une fable incroyable, & que je composerois des livres.

De quelle taille est ce Chaldéen, me dit Milon en riant, & comment se nomme-t-il ? C'est un grand homme noiraud, lui dis-je, qu'on nomme Diophane. C'est lui-même, me dit-il, & ce ne peut être un autre ; car il a pareillement prédit ici diverses choses à plusieurs personnes ; mais après y avoir gagné de l'argent considérablement, il lui arriva un accident un peu fâcheux. Un jour étant au milieu d'une grande foule de peuple, où il découvroit la destinée à qui vouloit l'apprendre, certain négociant, qu'on nomme Cerdon, s'approcha de lui pour savoir quel jour il devoit commencer un voyage qu'il avoit à faire. Déjà le devin lui avoit marqué ce jour, déjà le marchand avoit mis bas sa bourse, tiré de l'argent, & compté cent (1) deniers pour le prix de sa prédiction, quand tout d'un coup un jeune homme de qualité s'approche de Diophane par derrière, le tire par son habit, & l'obligeant de se tourner de son côté, l'embrasse avec beaucoup d'affection. Notre devin l'ayant salué & fait asseoir auprès de lui, parut d'un étonnement & d'une surprise extraordinaire de le voir ; & ne songeant plus à l'affaire dont il

---

(1) Environ quatre vingt livres de notre monnoie.

s'agiſſoit : depuis quand, lui dit-il, êtes-vous arrivé, vous que j'ai tant ſouhaité ? Je ne ſuis ici que d'hier au ſoir, lui répondit le jeune homme; mais vous, mon cher ami, contez-moi, je vous prie, comment vous êtes venu en ſi peu de tems, de l'Iſle d'Eubée, & comment s'eſt paſſé votre voyage tant ſur terre que ſur mer ? Sur cela mon brave Chaldéen encore tout hors de lui-même, & ſans avoir repris ſes eſprits : que tous nos ennemis, dit-il, puiſſent faire un voyage auſſi funeſte que le nôtre, & qui reſſemble autant à celui d'Uliſſe ; car le vaiſſeau, ſur lequel nous étions, battu des vents & de la tempête, ayant perdu l'un & l'autre gouvernail, & ayant été jeté ſur la côte, s'eſt abîmé tout d'un coup au fond de la mer, & après avoir tout perdu, nous nous ſommes ſauvés à la nage avec beaucoup de peine ; tout ce qu'enſuite nous avons pu ramaſſer, ſoit par la pitié de ceux que nous ne connoiſſions point, ou par la bonté de nos amis, nous a été pris par une troupe de voleurs. Pour comble de diſgrace, mon frère unique, nommé Ariſuat, s'étant mis en devoir de ſe défendre contr'eux, a été égorgé à mes yeux.

Pendant qu'il racontoit cela d'un air fort affligé, Cerdon ayant repris l'argent qu'il avoit compté pour payer ſa prédiction, gagna au pied & diſparut. Alors Diophane réveillé comme d'un profond sommeil, s'aperçut du dommage que lui causoit son imprudence d'autant plus qu'il nous vit rire à gorge déployée tous tant que nous étions autour de lui. Mais quoi qu'il en soit, Seigneur Lucius, je souhaite que vous soyez le seul à qui ce Chaldéen ait prédit la vérité; que toutes sortes de bonnes fortunes vous arrivent, & que vous fassiez un heureux voyage.

Pendant ce long discours de Milon, je souffrois une peine extrême, & j'étois au désespoir d'avoir donné lieu à ces contes ennuyeux, qui me faisoient perdre une bonne partie de la soirée & des plaisirs que je m'étois promis. Enfin, perdant toute retenue, je m'adresse à Milon. Que ce Diophane, lui dis-je, soit en proie à sa mauvaise fortune, & que derechef il expose aux dangers de la mer & de la terre l'argent qu'il attrape aux peuples par ses prophéties. Pour moi qui suis encore fatigué du chemin que je fis hier, permettez-moi, je vous prie de m'aller coucher de bonne heure. En même tems je me retire dans mon appartement, où je trouve les apprêts d'un fort joli repas. Fotis avoit aussi éloigné le lit des valets, de la porte de ma chambre, afin, je crois qu'ils ne pussent entendre les discours que nous nous tiendrions pendant la nuit. Auprès de mon lit étoit une petite table chargée de ce qui étoit resté de meilleur du soupé, avec deux verres à moitié pleins d'eau, qui n'attendoient plus que le vin qu'on y voudroit mêler, & une bouteille qui s'élargissant par le cou, avoit une grande ouverture, afin de verser plus facilement le vin qui devoit aider à nos plaisirs.

A peine étois-je dans le lit, que Fotis ayant déjà couché sa maîtresse entre dans ma chambre, en me jetant des roses, & en ayant une bien épanouie dans son sein ; ensuite elle m'enchaîne en badinant avec des guirlandes de fleurs. Après qu'elle en eut répandu quantité sur mon lit, elle prend un verre de vin ; & ayant versé dessus un peu d'eau tiéde, elle me le présente à boire ; mais avant que je l'eusse entièrement vidé, elle me l'ôte en riant, le porte à sa bouche, & les yeux attachés sur moi, but le reste à petits traits. Nous redoublâmes ainsi plusieurs fois tour à tour.

Etant donc animé par l'amour & par le vin : ma chère Fotis, lui dis-je, aye pitié de moi, & hâte-toi de me secourir ; mais pour me faire encore plus de plaisir, délie tes cheveux, je te prie, & laisse-les flotter en liberté sur tes épaules.

Dans l'instant elle ôta le reste des mets que nous avions, & rangea la bouteille & les verres. Elle se déshabilla ensuite, dénoua ses cheveux, & parut comme Vénus sortant de la mer. Alors l'amour nous fit goûter ce qu'il y a de plus délicieux; ce que nous affaifonnions de tems en tems de quelques verres de vin, pour ranimer nos efprits & renouveler nos plaifirs. Nous paffâmes ainfi la nuit jufqu'au jour, & dans la fuite nous en pafsâmes plufieurs autres comme nous avions fait celle-là.

Il arriva qu'un jour Birrhène m'envoya prier d'aller fouper chez elle, & quoique je puffe faire pour m'en excufer, je n'en pus venir à bout; elle voulut abfolument que j'y allaffe. Il fallut donc en parler à Fotis, & lui en demander fon avis, comme on fait aux augures quand on veut entreprendre quelque chofe. Bien qu'elle ne voulût pas que je la quittaffe d'un moment, elle m'accorda néanmoins gracieufement cette petite trève; mais au moins, dit-elle, prenez garde à revenir de bonne heure de ce foupé, car la maudite faction d'un nombre de jennes gens de qualité a troublé toute la ville, & vous trouverez de côté & d'autre des hommes égorgés dans les rues. Les troupes du Gouverneur de la province font trop éloignées d'ici, pour empêcher ce défordre; & comme on fait que vous êtes homme de qualité, & que vous êtes étranger, on pourroit bien vous dreffer quelque embufcade.

Ma chère Fotis, lui dis-je, calme ton inquiétude; car, outre que je préférerois le plaifir d'être avec toi à tous les feftins du monde, c'eft que par mon prompt retour, je te mettrai l'esprit en repos. Cependant je n'irai pas seul, & mon épée que je porterai avec moi, suffit pour me mettre en sûreté. M'étant ainsi précautionné, je vais à ce soupé.

J'y trouvai beaucoup de monde; & comme Birrhène étoit une dame de grande distinction, c'étoit tous gens choisis, & les plus considérables de la ville. Le repas fut magnifique. On se mit à table sur des lits d'ivoire, dont les couvertures étoient d'étoffe brodée d'or. Il y avoit une quantité de grands vases pour boire, tous d'une beauté différente, & tous également précieux; les uns de verre avec des figures de relief, d'un travail admirable; les autres de cristal d'une beauté parfaite; quelques-uns d'or, d'autres d'argent. Il y avoit même des morceaux d'ambre merveilleusement travaillés & creusés en forme de coupe; enfin on voyoit là des ouvrages si exquis, qu'ils sembloient surpasser l'adresse des hommes. Il y avoit plusieurs écuyers tranchans richement vêtus, des mets en abondance, servis par de jeunes filles; & de jeunes garçons, remarquables par la propreté de leurs habits, & par la beauté de leurs cheveux, présentoient souvent à boire d'un excellent vin vieux dans des vases faits de pierres précieuses.

Si-tôt qu'on eut allumé les flambeaux, la conversation commença à s'animer, chacun se mit à badiner, à rire & à plaisanter. Alors Birrhène s'adressant à moi : comment vous trouvez-vous en ce pays - ci, dit - elle ? Je crois que notre ville est fort au dessus des autres, par la beauté de ses temples, de ses bains & de ses édifices. Toutes les commodités de la vie y sont en abondance. On y vit en paix, en liberté, & les marchands étrangers que le trafic y attire, la trouvent aussi peuplée que celle de Rome. Ceux qui veulent y vivre retirés, y jouissent de la même tranquillité que s'ils étoient à la campagne ; en un mot, c'est la retraite la plus délicieuse de toute la province.

Tout ce que vous dites est vrai, madame, lui répondis-je, & je ne pense pas avoir jamais vécu en aucun lieu du monde avec plus de liberté qu'en cette ville ; mais à vous dire vrai, je tremble quand je songe qu'on y est exposé aux funestes effets de la magie, sans qu'il soit possible de s'en garantir ; car on dit même que les morts n'y sont pas en sûreté dans leurs tombeaux, & que de vieilles sorcières, jusques sur les bûchers, arrachent les ongles des corps qu'on y brûle, & en recherchent les restes pour faire du mal aux vivans, & que pendant qu'on prépare les funérailles d'un mort, elles ont grand soin de se rendre au bucher les premières.

Sur cela un de la compagnie ajouta : Je vous affure même qu'en ce pays-ci les vivans n'y font pas plus en sûreté que les morts, & certaine perfonne qui n'eft pas loin d'ici, a eu, il n'y a pas long-tems, le vifage abfolument défiguré par la malice de ces maudites enchantereffes. A ces mots la compagnie éclata de rire de toute fa force, & chacun jeta les yeux fur un homme qui foupoit à part dans un coin de la falle. Cet homme, tout honteux de fe voir fi obftinément envifagé voulut fe lever & fortir en murmurant entre fes dents. Mais Birrhène lui dit : mon ami Telephron, reftez, je vous prie, & fuivant votre complaifance ordinaire, contez-nous encore une fois l'hiftoire de votre aventure, afin que mon fils Lucius ait le plaifir de l'entendre. Pour vous, dit-il, madame, vous êtes toujours la bonté & l'honnêteté même ; mais il y a de certaines gens dont l'infolence n'eft pas fupportable. Il dit cela avec beaucoup d'émotion : cependant Birrhène fit fi bien, & le conjura avec tant d'inftance de conter fon hiftoire, que quelque répugnance qu'il eût à le faire, il ne put la refufer. Ainfi, ramaffant enfemble une partie de la couverture du lit fur lequel il étoit, fe dreffant à moitié deffus, appuyé fur le coude, il étendit la main droite à la manière des orateurs, & commença ainfi :

Etant encore pupille, je partis de Milet pour

aller aux jeux olympiques, dans le deffein auffi de voir exactement toute cette province fi renommée. Ayant donc parcouru toute la Theffalie, j'arrivai pour mon malheur à Lariffe; & comme j'allois de côté & d'autre dans la ville, fort court d'argent, & cherchant quelque remède à mon indigence, j'aperçois au milieu du marché un grand vieillard monté fur une pierre; qui crioit à haute voix : s'il y a quelqu'un qui veuille garder un mort, qu'il dife ce qu'il demande. Alors m'adreffant au premier que je rencontre; que veut dire ceci, lui dis-je, les morts de ce pays-ci ont-ils accoutumé de s'enfuir ? Taifez-vous, me répondit-il, car vous êtes encore jeune & même étranger, & vous ne fongez pas que vous êtes au milieu de la Theffalie, où les forcières ordinairement défigurent le vifage des morts, & en arrachent des morceaux dont elles fe fervent pour leurs enchantemens. Mais dites-moi, de grace, lui dis-je, que faut-il faire pour garder ainfi les morts? Premièrement, me répondit-il, il faut veiller exactement toute la nuit, & avoir toujours les yeux attachés fur le corps mort, fans les en détourner d'un feul inftant; car pour peu que vous regardiez d'un autre côté, ces rufées & maudites femmes ayant pris la forme de quelque animal, fe gliffent avec tant d'adreffe, qu'elles tromperoient aifément les yeux du foleil même de la justice; elles se changent en oiseaux, en chiens, en souris & même en mouches; ensuite à force de charmes, elles accablent de sommeil ceux qui gardent le mort & les endorment profondément; enfin, il n'est pas possible d'exprimer tous les tours que ces détestables femmes imaginent pour venir à bout de leurs desseins. Cependant, pour un aussi dangereux emploi qu'est celui-là, on ne donne ordinairement que cinq ou six pièces d'or; mais vraiment j'oubliois bien à vous dire, que si le lendemain matin le gardien ne rend pas le corps tout entier, il faut qu'il se laisse couper autant de chair au visage qu'on en a ôté au corps mort.

Etant informé de tout cela, je m'encourageai; & dans le moment m'approchant du vieillard; cessez de crier, lui dis-je, voici un gardien tout prêt; combien me donnera-t-on? On vous donnera, dit-il, six pièces d'or; mais holà! jeune homme, ayez au moins grand soin de garder comme il faut le corps du fils d'un des premiers de la ville, & de le garantir des maudites harpies. Ce sont, lui dis-je, des bagatelles que cela; vous voyez un homme infatigable, qui ne dort jamais, qui voit plus clair que Lincée ou Argus, & qui est tout yeux.

A peine avois-je achevé de parler, qu'il me mène en une maison dont la grande porte étoit fermée. Il me fit entrer par une petite porte de derrière, & me fit monter dans une chambre clauſe & ſombre, où il me montra une dame toute en pleurs, habillée de noir; & s'approchant d'elle : voici, dit-il, un homme qui eſt venu s'engager hardiment à garder le corps de votre mari. Elle rangea de côté & d'autre ſes cheveux qui lui tomboient ſur le viſage, que je ne trouvai point abattu, malgré ſon affliction; & me regardant : je vous prie, dit-elle, de prendre garde à vous acquitter comme il faut de ce que vous entreprenez. Madame, lui dis-je, ne vous mettez point en peine, pourvu que vous me faſſiez quelque petite honnêteté au-delà de ce qu'on me doit donner. Elle me le promit; & ſe levant dans le moment elle me mena dans une autre chambre où étoit le corps de ſon mari, enveloppé de linges blancs; & y ayant fait entrer ſept perſonnes, elle-même leva le linge qui le couvroit; & après avoir long-tems pleuré, elle les prit tous à témoins, que le corps avoit toutes ſes parties : voilà, dit-elle, ſon nez entier, ſes yeux où l'on n'a pas touché, ſes oreilles en leur place, ſes lèvres où il n'y a rien de gâté, & ſon menton tel qu'il a toujours été; ce qu'un d'eux écrivoit à meſure qu'elle le diſoit. Ainſi, meſſieurs, continua-t-elle, vous en rendrez tous témoignage; enſuite leur ayant fait ſigner l'acte qu'on venoit d'écrire, elle ſe

retira

retira. Je lui dis : madame, ordonnez, s'il vous plaît, qu'on me donne les choses qui me sont nécessaires ? Et que vous faut-il, me dit-elle ? Il me faut, lui dis-je, une grande lampe & de l'huile suffisamment pour l'entretenir jusqu'au jour avec de l'eau, quelques bouteilles de vin, un verre & un plat de viande des restes du souper.

Allez, impertinent que vous êtes, me dit elle, en branlant la tête, vous demandez des restes de soupé dans une maison pleine d'affliction, où depuis plusieurs jours on n'a seulement pas allumé de feu. Pensez-vous être venu ici pour faire bonne chère ? Ne devriez-vous pas plutôt faire voir sur votre visage des larmes, & une tristesse convenable à ce lieu-ci ? En disant cela, elle se tourna vers sa femme de chambre. Mirrhine, dit-elle, qu'on lui apporte tout présentement une lampe & de l'huile. Elle sortit en même-tems, ferma la porte sur moi, & me laissa dans la chambre.

Me voyant donc seul à la garde du corps mort, je commence à frotter mes yeux, & me préparant à bien veiller, je me mets à chanter pour me désennuyer. Bientôt le jour vint à baisser, & la nuit commença à paroître. Quand il fut nuit tout-à-fait, & qu'enfin le tems fut venu où tout le monde est enseveli dans un profond sommeil, la peur commença à me saisir. Alors je vois entrer une bête, qui s'arrête vis-à-vis de moi, & qui

F

avec ses yeux vifs & perçans, attache ses regards si fixement sur moi, que la hardiesse d'un si petit animal ne laissa pas de me troubler un peu l'esprit; enfin je lui dis : que ne t'en vas-tu, vilaine bête; que ne vas-tu te cacher avec les rats tes semblables, avant que je te fasse sentir mes coups ? Que ne t'en vas-tu donc? Aussitôt elle tourne le dos, & sort de la chambre fort vîte.

Peu de tems après, un sommeil profond s'empare si absolument de tous mes sens, que le Dieu de Delphes (1), lui-même, auroit eu peine à discerner entre le cadavre & moi, lequel étoit le plus mort de nous deux; ainsi presque sans vie, j'étois là comme n'y étant point, & j'avois besoin moi-même d'un gardien.

Déjà de tous côtés les coqs annonçoient par leur chant la venue du jour, quand je me réveillai en sursaut, tout saisi de frayeur. Je cours à mon corps mort avec de la lumière, & lui découvrant le visage, je regarde soigneusement par tout, & n'y trouve rien de manque.

Dans le moment sa pauvre veuve inquière & désolée, entra brusquement, suivie des témoins du jour précédent, & se jeta sur le corps du défunt. Après l'avoir baisé plusieurs fois, elle l'examine de tous côtés avec de la lumière; & se tournant

---

(1) Apollon.

ensuite, elle appelle son homme d'affaires, & lui ordonne de payer sur le champ ce que l'on avoit promis à un si bon & si fidèle gardien. Ce qui ayant été fait : jeune homme, me dit-elle, je vous rends mille graces, & vous promets, en faveur du bon service que vous m'avez rendu, de vous compter désormais au nombre de mes amis. Et moi, pénétré de joie d'avoir fait un gain auquel je ne m'attendois pas, & tout ravi de tenir ces belles pièces d'or, que je considérois de tems en tems dans ma main, je lui réponds : madame, regardez-moi plutôt comme un de vos serviteurs, & toutes les fois que vous aurez besoin que je vous rende un pareil service, vous n'avez qu'à me commander hardiment.

A peine avois-je achevé ce compliment ridicule, que tous les Domestiques de la maison détestant le mauvais augure de mes paroles, courent après moi, armés de tout ce qu'ils avoient pu rencontrer : les uns me donnent des coups de poing dans le visage ; me meurtrissent le dos avec leurs coudes, & me brisent les côtes ; les autres m'assomment à coups de pied, m'arrachent les cheveux & déchirent mes habits : ainsi, presqu'aussi maltraité que le fut Adonis par les dents du sanglier, ou Orphée par la fureur des Bacchantes, ils me jettent hors de la maison en m'accablant d'injures.

M'étant arrêté à la plus prochaine place pour

F ij

reprendre mes esprits, je me ressouvins, mais trop tard, des paroles sinistres que j'avois dites fort imprudemment à la maîtresse de la maison, & je convins en moi-même que j'avois mérité un traitement encore plus rude.

Toutes les cérémonies du deuil étant achevées, comme on portoit le corps du défunt au bucher, suivant la coutume du pays, & que la pompe funèbre, telle qu'il convenoit à un des plus considérables de la ville, passoit au travers de la grande place, on vit venir un vieillard fondant en larmes & s'arrachant les cheveux. Il s'approche du cercueil & l'embrassant, il s'écria d'une voix haute & entrecoupée de sanglots : « Je vous conjure, messieurs, » par les pieux devoirs que nous nous devons les » uns aux autres, regardez en pitié ce pauvre » citoyen qu'on a malheureusement fait mourir, » & vengez sévérement ce forfait sur cette maudite » & méchante femme; car c'est par elle seule » que ce jeune homme, qui est le fils de ma sœur, » a été empoisonné pour avoir son bien & en » favoriser son adultère ». Les lamentations de ce vieillard touchèrent tout le monde de compassion; le peuple commença à murmurer, & persuadé de ce crime qui lui paroissoit vraisemblable, les uns demandent du feu pour brûler cette femme, les autres cherchent des pierres pour la lapider. On anime jusqu'aux enfans contr'elle. Mais elle,

répandant un torrent de larmes feintes, & prenant tous les dieux à témoin, nioit ce crime abominable avec les sermens les plus sacrés. Eh bien ! dit le vieillard, remettons à la divine providence à faire connoître la vérité : voici l'Egyptien Zachlas, prophète de grande réputation, qui m'a promis, moyennant une somme d'argent considérable, de rappeler cette ame des enfers, & de ranimer ce corps. Sur le champ il fait avancer un jeune homme, couvert d'une robe de lin, chaussé avec des bottines de feuilles de palmier, & ayant la tête rase. Le vieillard embrassant ses genoux, & lui baisant plusieurs fois les mains : « Saint prêtre, lui dit-il,
» laissez-vous toucher de pitié ; je vous en conjure
» par les astres des cieux, par les divinités infer-
» nales, par les élémens qui composent l'univers,
» par le silence de la nuit, par le sanctuaire du
» temple de Coptos, par les accroissemens du
» Nil, par les mystères de Memphis & par les
» sistres de Pharos : rendez l'usage du jour pour
» quelques instans à ce corps privé de vie, &
» répandez un peu de lumière dans ces yeux fer-
» més pour jamais. Ce n'est point pour nous op-
» poser aux loix de la nature, ni pour refuser à
» la terre ce qui lui appartient, que nous deman-
» dons qu'il puisse vivre un peu de tems; mais
» pour avoir la consolation de venger sa mort ».
Le prophète rendu favorable par cette conjura-

tion, appliqua par trois fois une certaine herbe sur la bouche du défunt, & en mit une autre sur sa poitrine : ensuite tourné vers l'orient & faisant tout bas une prière au soleil, tout le peuple resta dans une attention extraordinaire, à la vue d'un spectacle si digne de respect, & dans l'attente d'un si grand miracle. Je me fourre dans la presse & je monte sur une grande pierre qui se trouva derrière le cercueil, d'où je regardois curieusement tout ce qui se passoit. Déjà la poitrine du mort commence à s'enfler, le mouvement du pouls se fait sentir, & tout le corps se remplit d'esprits. Enfin il se lève, & profère ces mots : « Pourquoi, je vous prie, me
» rappelez-vous aux devoirs d'une vie qui doit
» finir dans un moment, après que j'ai bu des
» eaux du fleuve Lethé, & que je me suis baigné
» dans les marais de Stix ? Cessez, je vous en con-
» jure, cessez, & laissez-moi jouir de mon repos ».

Après que cette voix fut sortie de ce corps, le prophète paroissant plus ému, « que ne révèles-tu,
» lui dit-il, devant tout le peuple, le secret & les
» particularités de ta mort ? Crois-tu que je n'aie
» pas le pouvoir, par mes enchantemens, d'appeler
» à mon aide les furies, & de te faire souffrir de
» nouveaux tourmens ». Alors le corps jette ses regards sur tout le peuple, & lui adresse ces paroles en gémissant : « J'ai reçu la mort par les détestables
» artifices de la femme que je venois d'épouser,

« & périssant par le breuvage empoisonné qu'elle
« m'a fait prendre, j'ai cédé la place de mon lit
« à son adultère ».

Aussitôt cette brave femme s'arme d'audace, & d'un esprit capable des crimes les plus noirs, résiste en face à son mari, & nie effrontément ce qu'il avançoit. Le peuple s'échauffe, les opinions sont différentes; les uns disent qu'il faut dans le moment enterrer cette méchante femme toute vive avec son mari; les autres, qu'il ne faut pas ajouter foi à ce que peut dire un mort. Mais le jeune homme ôta tout sujet de contestation, par ce qu'il dit ensuite; car poussant des soupirs encore plus profonds : « Je vous donnerai, dit-il, des moyens
« clairs comme le jour, de connoître la pure vérité,
« & je vous apprendrai des choses que personne
« ne sait que moi. Car pendant que ce très-soigneux
« gardien de mon corps, continua-t-il, en me
« montrant du doigt, me veilloit avec toute l'exac-
« titude possible, de vieilles enchanteresses cher-
« chant à avoir quelques morceaux de mon visage,
« après avoir en vain plusieurs fois changé de forme,
« & ne pouvant tromper sa vigilance, elles l'en-
« tourèrent d'un nuage assoupissant, qui l'ensevelit
« dans un profond sommeil; ensuite elles ne ces-
« sèrent point de m'appeler par mon nom, tant
« qu'enfin mon corps & mes membres froids com-
« mençoient peu à peu d'obéir aux enchantemens

F iv

» de l'art magique. Mais celui-ci, comme vivant
» encore, & n'étant privé de la vie que par le
» sommeil, se lève croyant que c'étoit lui qu'on
» appeloit, par ce qu'il porte le même nom que
» moi; & comme le fantôme d'un homme mort,
» il se met à marcher du côté de la porte, quoi-
» qu'elle fût fermée bien exactement. Ces sor-
» cières ne laissèrent pas de lui couper le nez & les
» oreilles par un trou; ainsi il m'a sauvé l'un &
» l'autre à ses dépens; & afin que la tromperie
» fut complette, elles lui appliquèrent fort pro-
» prement des oreilles de cire au lieu des siennes,
» & un nez de même matière, tout semblable à
» celui qu'elles venoient de lui couper; & certai-
» nement ce pauvre homme que vous voyez-là,
» a bien gagné son argent, non pour m'avoir
» soigneusement gardé, mais pour avoir été mu-
» tilé comme il est ».

Tout épouvanté de ce discours, j'en voulus savoir la vérité; & me touchant le nez, il tombe dans ma main; je tâte mes oreilles, elles tombent pareillement. Alors voyant que tout le monde me montroit au doigt & me regardoit en se moquant de moi, je me sauvai au travers de la foule, tout trempé d'une sueur froide. Je n'ai pas voulu retourner à mon pays ainsi défiguré, & n'étant plus qu'un sujet de raillerie; mais avec mes cheveux abattus de côté & d'autre, je couvre le défaut de mes oreilles, & pour mon nez, j'en cache la difformité avec ce linge que j'y ai collé le plus proprement que j'ai pu.

Si-tôt que Thelephron eut achevé son histoire, tous les conviés qui étoient échauffés du vin, recommencèrent à éclater de rire, & comme ils demandoient encore du vin, pour boire des santés, Birrhène m'adressa la parole. C'est demain, dit-elle, le jour d'une fête solemnelle, qui est aussi ancienne parmi nous, que la fondation de cette ville. Nous sommes les seuls d'entre tous les peuples du monde, qui par des cérémonies joyeuses & divertissantes, nous rendons le dieu Ris propice & favorable. Votre présence rendra la fête plus charmante, & je souhaite de tout mon cœur que vous inventiez quelque galanterie plaisante pour l'offrir à une si grande divinité, & pour l'honorer encore davantage. Avec plaisir, madame, lui dis-je, & je voudrois bien trouver quelque sujet de divertissement digne de la fête, & même de la présence d'un si grand dieu.

Ensuite mon valet m'étant venu avertir qu'il étoit fort tard, comme j'avois un peu de vin dans la tête, aussi bien que les autres, je me lève de table sans différer davantage; & ayant pris congé de Birrhène, je m'en retourne d'un pas chancelant chez Milon. Mais en traversant la première place que nous rencontrâmes, le vent éteignit la lumière qui servoit à nous conduire; de manière que nous trouvant tout d'un coup dans les ténèbres d'une nuit très-obscure, nous eûmes toutes les peines du monde à regagner notre demeure, fort fatigués & les pieds tout meurtris par les pierres que nous avions rencontrées en chemin.

En entrant dans notre rue, nous voyons trois grands coquins qui viennent frapper à notre porte de toute leur force, sans que notre présence leur fît la moindre peur; il sembloit, au contraire, qu'ils redoublassent leurs coups, dans le dessein de nous braver; de manière que nous ne doutâmes point, & moi particulièrement, que ce ne fussent des voleurs, & même des plus déterminés. Aussitôt je tire mon épée, que j'avois apportée sous mon manteau, pour me défendre en pareilles rencontres; & sans balancer un moment, je me jette au milieu de ces brigands, & l'enfonce bien avant dans le corps de chacun d'eux, à mesure qu'ils se présentoient devant moi, jusqu'à ce qu'enfin percés de plusieurs grands coups d'épée, ils tombent morts à mes pieds. Fotis que le bruit de ce combat avoit réveillée, s'en vint toute hors d'haleine ouvrir la porte. Je me jette dedans tout en sueur & vais me mettre au lit, aussi fatigué d'avoir combattu ces trois voleurs, que le fut Hercule après la défaite du triple Gerion.

Fin du second Livre.

LIVRE TROISIÈME.

L'Aurore à peine recommençoit sa course dans les cieux, que je fus privé du repos que j'avois pris pendant la nuit. Je m'éveillai tout d'un coup avec un trouble & une agitation d'esprit extraordinaires, au souvenir du meurtre que j'avois commis le soir précédent. Enfin, assis sur mon lit, les jambes croisées & les mains jointes sur mes genoux, je pleurois à chaudes larmes. Je m'imaginois déjà me voir entre les mains de la justice, que j'allois comparoître devant les juges, que j'entendois prononcer ma condamnation, & même que le bourreau étoit prêt à mettre la main sur moi. Hélas, disois-je, qui sera le juge assez indulgent & assez de mes amis pour me déclarer innocent, après avoir répandu le sang de trois des citoyens de cette ville. Est-ce là ce voyage qui me devoit être avantageux, suivant les assurances si positives que m'en avoit donné le Chaldéen Diophane? Repassant ainsi toutes ces choses dans mon esprit, je déplorois ma triste destinée.

Cependant on entend tout d'un coup frapper rudement à la porte, avec de grands cris que faisoit le peuple qui s'y étoit amassé. Un moment après la porte ayant été ouverte avec violence, les magistrats & leurs officiers entrèrent, suivis d'un grand nombre de toutes sortes de gens. Aussitôt deux archers, par l'ordre des juges, me saisissent, & me tirent hors de la maison, sans que je fisse aucune résistance. Dès la première rue, par où nous passâmes, tout le peuple de la ville qui accouroit de tous côtés, s'amassa autour de nous & nous suivit en foule, & quoique je marchasse fort triste, les yeux baissés jusqu'à terre, ou plutôt jusqu'aux enfers; cependant, détournant un peu la vue, j'aperçus une chose qui me jeta dans une extrême surprise. De cette multitude de peuple qui nous entouroit, il n'y en avoit pas un seul qui n'éclatât de rire.

Après m'avoir fait traverser toutes les places & les carrefours de la ville, & qu'on m'eut promené comme on fait les victimes, quand on veut appaiser la colère des dieux & détourner les malheurs dont on est menacé par quelque funeste présage; on me mène dans le lieu où l'on rendoit la justice, & l'on me met devant le tribunal. Les juges étoient déjà placés, & l'huissier faisoit faire silence, quand, d'une commune voix, on demanda qu'un jugement de cette importance fût rendu dans la place où l'on représentoit les jeux, attendu la foule épouvantable qui mettoit tout le monde en danger d'être étouffé. Aussitôt le peuple courut de ce côté-là, & remplit en moins de rien l'amphitéâtre, toutes ses avenues & son toît, les uns embrassoient des colonnes pour se soutenir, d'autres se tenoient suspendus à des statues; quelques-uns avançoient la moitié du corps par des fenêtres & par des lucarnes, & l'extrême desir que chacun avoit de voir ce spectacle, lui faisoit oublier qu'il exposoit sa vie.

Les archers me conduisirent par le milieu du théatre comme une victime, & me placèrent dans l'orchestre. En même-tems le héraut appela à haute voix celui qui s'étoit rendu ma partie. Alors un vieillard se leva, ayant auprès de lui un petit vase plein d'eau en forme d'entonnoir, d'où elle tomboit goutte à goutte, pour mesurer le tems que son discours devoit durer, & adressa ainsi la parole au peuple :

« Messieurs ! il ne s'agit pas ici d'une affaire de
» peu d'importance, puisqu'elle regarde le repos
» & la tranquillité de toute la ville, & qu'elle
» doit servir d'un exemple mémorable pour l'ave-
» nir; ainsi, pour l'honneur & la sûreté du public,
» il est d'une grande conséquence à chacun de
» vous en particulier, & à tous en général, que
» tant de meurtres que ce méchant homme a
» commis si cruellement, ne demeurent pas im-
» punis. Et ne croyez pas, messieurs, que je me
» porte avec tant de chaleur dans cette affaire par
» quelqu'animosité personnelle ou par aucun in-

» térêt particulier; car je suis capitaine des archers
» qui font le guet pendant la nuit, & je ne crois
» pas que personne puisse m'accuser, jusqu'à pré-
» sent, d'avoir manqué aux devoirs de ma charge.
» Mais je viens au fait, & vais vous rapporter les
» choses telles qu'elles se sont passées la nuit der-
» nière. Environ à l'heure de minuit, comme je
» parcourois la ville, regardant soigneusement de
» tous côtés, je rencontre ce jeune furieux l'épée
» à la main, cherchant à massacrer quelqu'un,
» après avoir déjà égorgé trois hommes, qui ache-
» voient d'expirer à ses pieds, baignés dans leur
» sang. Aussitôt il prend la fuite, troublé avec
» raison, par l'énormité de son crime; & à la fa-
» veur des ténèbres, il se sauve dans une maison
» où il a demeuré caché toute la nuit. Mais par la
» providence des dieux, qui ne permettent pas
» que les crimes demeurent impunis, avant que
» ce coupable pût nous échapper par des chemins
» détournés, si-tôt que le jour a paru, j'ai pris
» soin de le faire conduire à votre tribunal, pour
» subir votre très-auguste & très-équitable juge-
» ment, & vous voyez devant vous, messieurs, un
» criminel souillé de trois meurtres, un criminel
» pris sur le fait, & qui, de plus, est étranger.
» Prononcez donc sans différer sur des crimes
» dont un de vos citoyens même seroit sévèrement
» puni, s'il en étoit coupable.».

Ainsi finit ce discours, que d'une voix tonnante, cet ardent accusateur venoit de prononcer. Aussitôt le héraut me commanda de parler, en cas que j'eusse quelque chose à répondre : mais je ne me sentois capable que de verser des larmes, non pas tant à cause de la cruelle accusation dont on me chargeoit, que par le reproche que me faisoit ma conscience. Cependant, comme si quelque divinité m'eût dans le moment inspiré de la hardiesse; voici comme je parlai :

« Je n'ignore pas, messieurs, combien il est
» difficile qu'un homme accusé d'en avoir tué
» trois, & qui avoue le fait, puisse persuader à
» une si nombreuse assemblée qu'il est innocent,
» quelques vérités qu'il puisse alléguer pour sa
» justification. Mais si votre bonté m'accorde un
» moment d'audience, je vous ferai connoître ai-
» sément que je cours risque de perdre la vie, non
» pour l'avoir mérité, mais pour avoir eu une
» juste indignation causée par un accident imprévu.
» Comme je revenois hier fort tard de souper,
» ayant à la vérité un peu de vin dans la tête, (je
» vous avouerai franchement cette faute) je
» trouvai devant la maison du bon Milon, l'un de
» vos concitoyens chez qui je loge, une troupe de
» scélérats & de voleurs, qui cherchoient les
» moyens d'entrer chez lui, & qui ayant forcé
» les gonds de la porte & fait sauter les verroux

» dont on l'avoit exactement fermée, délibéroient
» déjà d'assassiner tous ceux de la maison. Un
» d'entr'eux, plus agissant & d'une taille au-dessus
» des autres, les excitoit ainsi : courage, enfans,
» attaquons avec vigueur ces gens qui dorment ;
» ne perdons pas un moment, & bannissons toute
» crainte, le poignard à la main, portons la mort
» dans toute cette maison : que celui qui sera
» trouvé endormi, soit tué ; que celui qui se vou-
» dra défendre, soit percé de coups. C'est ainsi
» que nous serons en sûreté pour notre vie, si nous
» la faisons perdre à tous ceux qui sont dans ce
» logis. Je vous avoue, messieurs, que poussé du
» zèle que doit avoir un bon citoyen, & craignant
» pour mes hôtes, aussi bien que pour moi-même,
» avec l'épée que je porte pour me garantir en de
» pareilles occasions, je me suis mis en devoir
» d'épouvanter ces insignes voleurs, & de leur
» faire prendre la fuite ; mais ces hommes féroces
» & déterminés, au lieu de fuir, me voyant l'épée
» à la main, se mettent hardiment en défense,
» & nous combattons fort & ferme. Enfin leur
» chef m'attaquant de près & vivement, se jette
» sur moi, me prend à deux mains par les che-
» veux, & me renverse en arrière. Mais pendant
» qu'il demandoit une pierre pour m'assommer, je
» lui porte un coup, & je le jette heureusement
» par terre. Dans l'instant j'enfonce mon épée
» entre

» entre les deux épaules du second, qui me tenoit
» au pied avec les dents; & le troisieme venant
» sur moi sans précaution & comme un furieux,
» d'un grand coup d'épée que je lui donne dans le
» ventre, je le renverse mort sur la place. M'étant
» ainsi mis hors de danger, & ayant pourvu à la
» sûreté de mon hôte, aussi bien qu'à celle du
» public, bien loin de me croire coupable, je
» croyois avoir mérité des louanges de tout le
» monde, moi qui n'ai jamais été accusé du
» moindre crime, qui ai toujours passé dans mon
» pays pour un homme d'honneur, & qui ai tou-
» jours préféré l'innocence à tous les avantages de
» la fortune; & je ne puis comprendre par quelle
» raison l'on me poursuit en justice pour avoir
» puni des scélérats & des voleurs, d'autant plus
» qu'il n'y a personne qui puisse prouver qu'il y
» ait jamais eu aucune inimitié particulière entre
» nous, ni même qu'aucun d'eux me fût connu;
» outre qu'on ne peut pas dire que j'aie commis
» une telle action dans la vue de profiter de leurs
» dépouilles».

Après que j'eus ainsi parlé, mes larmes recommencèrent à couler; & dans la douleur qui m'accabloit, tendant les mains tantôt aux uns, tantôt
aux autres, je leur demandois grace, & les con-
jurois de me l'accorder par tout ce qu'ils avoient
de plus cher au monde, & par la pitié qu'on doit

G

avoir pour les malheureux. Comme je crus que mes larmes avoient assez excité la compassion de tout le monde, attestant l'œil du soleil & de la justice, & recommandant l'évènement de cette affaire à la providence des dieux, je levai les yeux un peu plus haut, & j'aperçus tout le peuple qui faisoit de grands éclats de rire, & même le bon Milon, cet honnête homme qui m'avoit témoigné une amitié de pere, rioit à n'en pouvoir plus, aussi bien que les autres. Je dis alors en moi-même : Voilà donc la bonne foi, voilà la reconnoissance que l'on doit attendre des services qu'on a rendus. Pour sauver la vie à mon hôte, j'ai tué trois hommes, & je me trouve prêt d'être condamné à mort; cependant, non content de ne me donner aucun secours, ni même aucune consolation, il rit encore de mon malheur.

Alors on vit venir au milieu du théâtre une femme en habit de deuil, qui fondoit en larmes & qui portoit un enfant dans ses bras; une autre vieille femme la suivoit, pauvrement habillée, affligée & pleurant comme elle. Elles avoient l'une & l'autre des branches d'olivier dans les mains; elles vinrent en cet état se jeter auprès du lit où, sous une couverture étoient les corps de ces morts; & se donnant dans le sein des coups que tous les spectateurs pouvoient entendre, elles se mirent à gémir avec des tons lugubres & douloureux. « Par

» la compassion que les hommes se doivent les
» uns aux autres, disoient-elles, par les senti-
» mens naturels d'humanité, ayez pitié de ces
» jeunes hommes indignement massacrés; & ne
» refusez pas la consolation de la vengeance à de
» pauvres veuves délaissées. Secourez au moins
» cet enfant malheureux, qui se trouve sans au-
» cune subsistance dès les premieres années de
» sa vie, & sacrifiez le sang de ce scélérat pour
» maintenir vos loix & pour servir d'exemple ».

Ensuite le juge le plus ancien se lève, & parle au peuple en ces termes: « A l'égard du crime,
» que nous sommes obligés de punir sévèrement,
» celui même qui l'a commis ne le peut désa-
» vouer. Il ne nous reste plus qu'à trouver les
» moyens de découvrir les complices d'une action
» si noire; puisqu'il n'est pas vraisemblable qu'un
» homme seul en ait pu tuer trois, jeunes, forts
» & vigoureux. Il est donc à propos d'employer
» les tourmens pour en savoir la vérité ; car le
» valet qui l'accompagnoit s'est sauvé sans qu'on
» ait pu le découvrir, & cela réduit l'affaire au
» point qu'il faut donner la question au coupable,
» pour lui faire déclarer ses complices, afin de
» nous délivrer entièrement de la crainte d'une
» faction si dangereuse ».

Sur le champ on me présente le feu, la roue & des fouets de différentes sortes, à la manière de la

G ij

Grèce. Ce fut alors que mon affliction redoubla, de ce qu'il ne m'étoit pas au moins permis de mourir fans perdre quelque partie de mon corps. Mais cette vieille femme qui, par ses larmes, avoit ému toute l'affemblée, s'écria : « Meffieurs,
» avant que ce brigand, meurtrier de mes trois
» pauvres enfans, foit appliqué à la queftion,
» fouffrez que l'on découvre leurs corps, afin que
» remarquant comme ils étoient bien faits & dans
» la fleur de leur âge, votre jufte indignation s'aug-
» mente encore, & que vous puniffiez le coupable
» fuivant la qualité de fon crime ».

Tout le peuple applaudit à ce que cette femme venoit de dire, & le juge auffi-tôt me commanda de découvrir moi-même les corps qui étoient fur ce lit. Comme j'en faifois difficulté, en me retirant en arrière, ne voulant point irriter de nouveau mes juges par la vue de ce fpectacle, les huiffiers par leur ordre m'en prefsèrent, ufant même de violence; & me faifant avancer la main, ils me la portent jufques fur les cadavres. Enfin, cédant à la force malgré moi, je pris le drap, & découvris les corps. Grands dieux ! quelle furprife ! quel prodige ! quel changement fubit à l'état de ma fortune ! Dans le moment que je me confidérois comme un homme qu'il ne falloit plus compter au nombre des vivans, je vis que les chofes avoient entièrement changé de face, & je n'ai point de termes pour vous exprimer ce qui causoit ce changement. Car ces prétendus hommes morts étoient trois outres enflées & percées aux mêmes endroits où je me souvenois d'avoir blessé ces trois voleurs que j'avois combattus le soir précédent. Alors ce rire qui d'abord m'avoit surpris, & qui par l'artifice de quelques-uns avoit été retenu pendant quelque tems, éclata en liberté. Les uns transportés de joie, me félicitoient, les autres se tenoient les côtés de rire; ainsi tout le peuple joyeux & content sortit de l'amphithéâtre en me regardant.

Pour moi, dès l'instant même que je touchai le drap qui couvroit ces prétendus hommes morts, je demeurai froid & immobile comme une des colonnes, ou une des statues du théâtre, & je ne repris point mes esprits, jusqu'au moment que mon hôte Milon s'approcha de moi, & me prenant par la main, m'emmena en me faisant une douce violence. Je le suivois en sanglotant & versant des larmes. Il me conduisit chez lui par de petites rues détournées, & par les endroits où il y avoit le moins de monde, & tâchoit de me tirer de l'abattement où la peur & la tristesse m'avoient mis, en me disant tout ce qu'il pouvoit pour me consoler; mais il ne lui fut pas possible d'adoucir l'indignation que je ressentois jusqu'au fond du cœur, de l'affront qu'on venoit de me faire.

Aussi-tôt les magistrats, avec les marques de

G iij

leur dignité, entrent dans notre maison, & tâchent
de m'appaiser en me parlant ainsi : « Nous n'igno-
» rons point, seigneur Lucius, votre illustre naiſ-
» ſance, ni la dignité de vos ancêtres; car la gran-
» deur de votre maiſon eſt en vénération dans
» toute la province. Auſſi n'eſt-ce point pour vous
» faire aucun outrage qu'on vous a fait ce qui
» vous cauſe tant de chagrin. Banniſſez donc cette
» triſteſſe & cet accablement, dont votre cœur &
» votre eſprit ſont ſaiſis. Car ces jeux, par leſ-
» quels nous célébrons tous les ans la fête de
» l'agréable dieu Ris, ſont toujours recomman-
» dables par quelque nouvelle plaiſanterie. Ce dieu
» n'abandonne plus celui qui en a été le ſujet,
» & ne ſouffrira jamais que la triſteſſe s'empare
» de vous; mais il répandra toujours un air de
» ſérénité & de joie ſur votre viſage. Au reſte,
» toute la ville vous fera de grands honneurs pour
» cette faveur qu'elle a reçue de vous ; car elle
» vous a déjà choiſi pour ſon protecteur, & elle
» vous a décerné une ſtatue de bronze ».

Je leur répondis en ces termes : « Je remercie
» très-humblement cette magnifique & princi-
» pale ville de Theſſalie, de tous les honneurs
» qu'elle m'offre; mais je lui conſeille de réſerver
» ſes ſtatues pour des ſujets plus dignes & plus
» conſidérables que moi ». Ayant ainſi parlé mo-
deſtement, & tâchant de montrer un peu de gaieté

sur mon visage, je congédiai les magistrats avec civilité.

Un moment après, un des domestiques de Birrhène vint m'avertir de sa part, que l'heure approchoit d'aller souper chez elle, suivant la promesse que je lui en avois faite le soir précédent; & comme je ne pouvois seulement penser à cette maison sans frémir: Je voudrois de tout mon cœur, dis-je à son homme, pouvoir obéir aux commandemens de Birrhène, s'il m'étoit permis de le faire honnêtement; mais mon hôte Milon, m'ayant conjuré par le dieu dont on fait la fête aujourd'hui, m'a fait promettre de souper avec lui. Il ne m'a point quitté, & ne souffrira jamais que je sorte. Ainsi, je la prie de remettre la partie à une autre fois.

Comme j'achevois de parler, Milon commanda qu'on apportât après nous les choses nécessaires pour se baigner, & me prenant par la main, il me conduit aux bains les plus proches. J'évitois les regards de tout le monde, & marchant à côté de lui, je me cachois, autant qu'il m'étoit possible, de ceux que je rencontrois, pour ne leur pas donner encore sujet de rire par le souvenir de ce qui s'étoit passé. Quand nous fûmes aux bains, j'eus l'esprit si troublé, je fus si confus de voir que tout le monde avoit les yeux attachés sur moi & me montroit au doigt, que je ne me souviens point, ni comme je me baignai, ni comme je m'effuyai, ni de quelle façon je retournai chez mon hôte.

Le mauvais petit foupé que je fis avec Milon ayant duré fort peu de tems, il ne fit aucune difficulté de me permettre de m'aller coucher, attendu le violent mal de tête que je lui dis que j'avois, & que m'avoit caufé l'abondance des larmes que j'avois répandues. Lorfque je fus dans mon lit, je repaffois triftement dans mon efprit toutes les particularités de ce qui m'étoit arrivé, quand enfin ma chère Fotis, après avoir couché fa maîtreffe, vint me trouver fort changée : ce n'étoit plus cet air riant, ni cet enjouement qui accompagnoit d'ordinaire fes difcours ; au contraire, elle avoit un air fombre & trifte.

Je viens vous avouer franchement, me dit-elle, avec une parole lente & timide, que c'eft moi qui fuis la caufe du chagrin que vous avez eu. En même-tems elle tire de fon fein une courroie, & me la préfentant : Vengez-vous, dit-elle, je vous en conjure, vengez-vous d'une femme déloyale, puniffez-la, même encore par quelque plus grand fupplice, tel que vous voudrez l'imaginer. Je vous prie cependant de ne pas croire que je vous aye caufé ce déplaifir volontairement, aux dieux ne plaife, qu'il me vînt jamais dans la penfée de vous faire la moindre peine ; & fi vous étiez menacé de quelque malheur, je voudrois le détourner aux dépens de tout mon sang; mais ma mauvaise fortune a voulu que ce qu'on m'envoyoit faire pour un autre, a malheureusement retombé sur vous.

Ce discours renouvelant ma curiosité naturelle, & souhaitant passionnément d'apprendre la cause de cette affaire où je ne comprenois rien : Je couperai, lui dis-je, en mille morceaux cette infame & maudite courroie, que tu avois destinée pour te maltraiter, plutôt que d'en toucher ta peau blanche & délicate. Mais de grace, conte-moi fidèlement par quel malheur ce que tu préparois pour un autre a retombé sur moi; car je jure par tes beaux yeux que j'adore, que je te crois incapable de penser seulement la moindre chose pour me faire de la peine, qui que ce pût être qui m'assurât du contraire, & quand ce seroit toi-même. Au reste, on ne doit pas imputer la faute du mauvais évènement d'une affaire à ceux qui en sont la cause, quand ils n'ont eu que de bonnes intentions. En achevant ces mots, j'embrassois tendrement Fotis, qui me faisoit voir dans ses yeux languissans, & fermés à moitié, tout ce que l'amour a de plus tendre & de plus pressant. L'ayant ainsi rassurée : Souffrez, me dit-elle, avant toutes choses, que je ferme soigneusement la porte de la chambre, de peur de me rendre coupable envers ma maîtresse d'un grand crime, si par mon imprudence on venoit à entendre quelque chose de ce que je vais vous dire. En même-tems elle ferme la porte aux verroux & au crochet, revient à moi, se jette à mon cou, & m'embrassant de tout son cœur : Je tremble de peur, me dit-elle d'une voix basse, de découvrir les mystères de cette maison, & de révéler les secrets de ma maîtresse ; mais je présume mieux de vous & de votre prudence, vous qui, outre la grandeur de votre naissance & l'élévation de votre esprit, êtes initié dans plusieurs mystères de la religion, & connoissez sans doute la foi que demande le secret. Je vous conjure donc qu'il ne vous échappe jamais rien de ce que je vais vous confier, & de récompenser, par un silence éternel, la sincérité avec laquelle je vais vous parler; car l'extrême tendresse que j'ai pour vous, m'oblige à vous apprendre des choses que personne au monde ne sait que moi.

Vous saurez donc tout ce qui se passe en cette maison. Ma maîtresse a des secrets merveilleux, auxquels les ombres des morts obéissent, qui troublent les astres, qui forcent les dieux & soumettent les élémens, & jamais elle n'employe, avec plus de passion, la force de son art, que quand elle est touchée de la vue de quelque jeune homme beau & bien fait, ce qui lui arrive assez souvent : même à l'heure qu'il est, elle aime éperdument un jeune Béotien qui est parfaitement beau, & elle met en œuvre tous les ressorts de la magie pour s'en faire aimer. Je l'entendis hier au soir, de mes propres oreilles, qui menaçoit le soleil de l'obscurcir, & de le couvrir de ténèbres pour jamais, s'il ne se couchoit plutôt qu'à l'ordinaire; & s'il ne cédoit sa place à la nuit, afin de pouvoir travailler à ses enchantemens.

Dans le tems qu'elle revenoit hier des bains, elle vit par hasard ce jeune homme dans la boutique d'un barbier; aussi-tôt elle me commanda de tâcher d'avoir adroitement quelques-uns de ses cheveux qu'on avoit coupés, qui étoient à terre, & de les lui apporter. Mais le barbier m'aperçut comme j'en ramassois à la dérobée, le plus adroitement que je pouvois; & comme nous avons, ma maîtresse & moi, cette infame réputation d'être sorcières, il me saisit en me querellant avec emportement. Ne cesseras-tu point, malheureuse, me dit-il, de dérober, comme tu fais de tems en tems, les cheveux que l'on coupe aux jeunes gens les mieux faits? Si tu ne t'arrêtes, je te vais mettre tout présentement entre les mains de la justice. En disant cela, il fourre sa main dans mon sein, & tout en fureur, il y reprend les cheveux que j'y avois déjà cachés.

Fort fâchée de ce qui venoit de m'arriver, & faisant réflexion à l'humeur de ma maîtresse, qui se met dans une colere épouvantable, quand je manque à faire ce qu'elle m'ordonne, jusqu'à me battre quelquefois à outrance, je fongeois à m'enfuir; mais l'amour que j'ai pour vous m'en ôta auffitôt le deffein. Comme je m'en revenois donc fort trifte, j'aperçois un homme qui tondoit avec des cifeaux des outres de chevre, après qu'il les eut liées comme il faut, & bien enflées, en forte qu'elles fe foutenoient debout. Pour ne m'en pas retourner les mains vides, je ramaffe à terre une bonne quantité de poil de ces outres qui étoit blond, & par conféquent femblable aux cheveux du jeune Béotien; & je le donne à ma maîtreffe, en lui déguifant la vérité, de maniere que dès le commencement de la nuit, & avant que vous fuffiez de retour du fouper de Birrhène, Pamphile, toute hors d'elle-même, monte dans une guérite couverte de bois, qui eft au haut de la maifon, & qui a des fenêtres ouvertes de toutes parts, pour recevoir tous les vents, & pour découvrir l'orient & les autres côtés du monde; lieu qu'elle a choifi, comme l'endroit le plus propre à travailler en fecret à fes enchantemens.

Elle commence, fuivant fa coutume, à étaler tout ce qui fervoit à fa magie, comme plufieurs fortes d'herbes aromatiques, des lames d'airain, gravées de caractères inconnus, des morceaux de fer qui étoient reftés du débris des vaiffeaux, où des malheureux avoient fait naufrage, & des reftes de cadavres tirés des tombeaux. On voyoit, d'un côté, des nez & des doigts; d'un autre côté, des clous où il restoit encore de la chair des criminels qu'on avoit attachés au gibet ; en un autre endroit, des vases pleins du sang de gens qui avoient été égorgés, & des crânes d'hommes à moitié dévorés par des bêtes sauvages, & arrachés d'entre leurs dents. Puis ayant proféré des paroles magiques sur des entrailles d'animaux encore toutes palpitantes, elle fait un sacrifice, répandant diverses liqueurs, comme du lait de vache, de l'eau de fontaine, du miel de montagne & de l'hydromel ; ensuite ayant noué & passé ces prétendus cheveux ensemble, en différentes manières, elle les brûle avec plusieurs parfums sur des charbons ardens. Aussi-tôt, par la force invincible de son art, & par la puissance des esprits qu'elle avoit conjurés, ces corps, dont le poil fumoit sur le feu, empruntent les sens & la respiration humaine; ils ont du sentiment ; ils marchent, & viennent où les attiroit l'odeur de leurs dépouilles qui brûloient, & tâchant d'entrer chez nous, au lieu de ce jeune Béotien que Pamphile attendoit, ils donnent l'assaut à notre porte. Vous arrivâtes, dans ce tems-là, avec un peu trop de vin dans la tête, & l'obscurité de la nuit aidant à vous tromper, vous mîtes bravement l'épée à la main, comme fit jadis Ajax en fureur, non pour vous acharner comme lui à tailler en pièces des troupeaux entiers de bêtes vivantes, mais avec un courage fort au-deſſus du ſien, puiſque vous ôtâtes la vie à trois outres de chevres enflées de vent; afin qu'après avoir terraſſé vos ennemis, ſans que leur ſang eût taché vos habits, je puſſe vous embraſſer, non comme un homicide, mais comme un outricide.

Fotis m'ayant ainſi plaiſanté, je continuai ſur le même ton : je puis donc, avec raiſon, lui dis-je, égaler ce premier exploit à un des douze travaux d'Hercule, & comparer les trois outres que j'ai tuées, aux trois corps de Gérion, ou aux trois têtes de Cerbère dont il eſt venu à bout. Mais afin que je te pardonne de bon cœur la faute que tu as faite, qui m'a attiré de ſi grands chagrins, accorde-moi une choſe que je te demande avec la dernière inſtance. Fais-moi voir ta maîtreſſe quand elle travaille à quelqu'opération de cette ſcience divine, quand elle fait ſes invocations. Que je la voye au moins quand elle a pris une autre forme; car j'ai une curioſité extraordinaire de connoître par moi-même quelque choſe de la magie, où je crois auſſi que tu n'es pas ignorante. Je n'en dois pas douter, & je l'éprouve en effet, puiſque tu m'as ſoumis à toi comme un eſclave, moi qui n'ai jamais eu que de l'indifférence pour les femmes, même de la première qualité; & puiſque tes yeux brillans, ta bouche vermeille, tes beaux cheveux, ta belle gorge & tes careſſes m'ont ſi abſolument ataché à toi, que j'en fais mon unique plaisir. Enfin, je ne me souviens plus de mon pays, ni de ma famille; je ne songe plus à retourner chez moi, & il n'y a rien dans le monde que je vouluſſe préférer à cette nuit que je paſſe avec toi.

Que je voudrois bien, mon cher Lucius, me dit-elle, pouvoir faire ce que vous ſouhaitez; mais la crainte continuelle que cauſe à Pamphile la malice des envieux, fait qu'elle ſe retire en particulier, & qu'elle eſt toujours ſeule quand elle travaille à ſes enchantemens. Cependant, je tenterai de faire ce que vous me demandez au péril de ma vie, & je chercherai avec ſoin le tems & l'occaſion de vous contenter, pourvu, comme je vous l'ai déjà dit, que vous gardiez le ſecret que demande une affaire d'une auſſi grande importance. En cauſant ainſi l'un & l'autre, inſenſiblement l'amour nous anima tous deux, & nous fit oublier tout le reſte des choſes du monde, juſqu'à la pointe du jour que nous nous ſéparâmes.

Après avoir encore paſſé quelques nuits, comme nous avions fait celle-là. Foris toute émue & toute tremblante, vint me trouver à la hâte, pour me dire, que ſa maîtreſſe n'ayant pu juſqu'alors rien avancer en ſes amours, quoi qu'elle eût pu faire, devoit ſe changer en oiſeau quand la nuit ſeroit venue, pour aller trouver celui qu'elle aimoit, & que je me tinſſe prêt pour voir une choſe ſi extraordinaire.

Si-tôt qu'il fut nuit, Fotis me conduisit tout doucement & sans faire de bruit à cette guérite qui étoit au haut de la maison; elle me dit de regarder au travers de la porte par une fente, & voici ce que je vis.

Pamphile commence par se déshabiller toute nue, ensuite elle ouvre un petit coffre, & en tire plusieurs boîtes; elle prend dans l'une une pommade, & l'ayant long-tems délayée entre ses mains, elle s'en frotte tout le corps, depuis les pieds jusqu'à la tête; ensuite se tournant vers une lampe allumée, elle prononce tout bas plusieurs paroles; & donnant une petite secousse à tous ses membres, son corps se couvre de duvet, & ensuite de plumes; son nez se courbe & se durcit, & ses ongles s'alongent en forme de griffes. Enfin Pamphile est changée en hibou. En cet état, elle fait un cri plaintif, & pour s'essayer, elle vole à fleur de terre; puis s'élevant tout d'un coup, elle sort de la chambre à tire d'aîles.

Cette femme par la vertu de ses charmes, change de forme quand elle veut; mais pour moi, quoique je ne fusse point enchanté, j'étois dans un si grand étonnement de ce que je venois de voir, que je doutois si j'étois encore Lucius. Ainsi tout troublé, comme si j'eusse perdu l'esprit, je croyois rêver, & je me frottois les yeux pour savoir si je dormois, ou si j'étois éveillé. A la fin cependant

ayant

ayant repris mes esprits, je prens la main de Fotis, & la pressant contre mes yeux : souffre de grace, lui dis-je, pendant que l'occasion le permet, que je profite d'une chose que je dois à la tendresse que tu as pour moi. Ma chère enfant, je te conjure par ces yeux qui sont plus à toi qu'à moi-même, donne-moi de cette même pommade dont s'est servi Pamphile, & par cette nouvelle faveur au-dessus de toute reconnoissance, assure-toi pour jamais un homme qui t'est déjà tout dévoué. Fais donc que je puisse avoir des aîles pour être auprès de toi comme l'amour auprès de Vénus.

Oh, oh! dit-elle, vous ne l'entendez pas mal, vous êtes un bon fripon : vous voudriez donc que je fusse moi-même la cause de mon malheur. Effectivement c'est pour les filles de Thessalie que je garde mon amant ; je voudrois bien savoir quand il sera changé en oiseau, où j'irois le chercher, & quand je le reverrois.

Aux dieux ne plaise, lui dis-je, qu'il me vînt jamais dans la pensée de commettre une action si noire, que de manquer à revenir auprès de toi, après que j'aurai été changé en oiseau, quand même je pourrois comme l'aigle élever mon vol jusqu'aux cieux, que Jupiter se serviroit de moi pour annoncer ses ordres, & me donneroit son foudre à porter. Je jure par ces beaux cheveux qui ont enchaîné ma liberté, qu'il n'y a personne au

H

monde que j'aime tant que ma chère Fotis. D'ailleurs, je songe qu'après m'être servi de cette pommade, & que j'aurai pris la forme d'un tel oiseau, il n'y a point de maison que je ne doive éviter. En effet, les dames prendroient un grand plaisir avec un amant beau & gracieux tel que l'est un hibou : outre que quand ces oiseaux nocturnes sont entrés dans quelque maison, & qu'on peut les y attraper, nous voyons qu'on les attache à la porte, afin de leur faire expier par les tourmens qu'on leur fait souffrir les malheurs dont par leur vol funeste ils ont menacé ceux de la maison. Mais j'avois presque oublié de te demander ce qu'il faudra dire ou faire pour quitter mes plumes étant oiseau, & reprendre ma forme d'homme.

Ne vous en mettez pas en peine, dit-elle, car ma maîtresse m'a appris tout ce qu'il faut faire pour remettre toutes ces sortes de métamorphoses dans leur état naturel ; & ne croyez pas qu'elle m'en ait instruite dans la vue de me faire plaisir, mais afin que quand elle revient je puisse lui donner les secours nécessaires pour lui faire reprendre sa forme humaine. Au reste, voyez avec quelles simples herbes, & avec quelles bagatelles on fait une chose si merveilleuse. Par exemple, il ne lui faudra à son retour qu'un bain & un breuvage d'eau de fontaine, où l'on aura mêlé un peu d'anis, & quelques feuilles de laurier.

En me donnant plusieurs fois cette assurance, elle entre dans la chambre, toute troublée de peur, & tire une boîte d'un petit coffre. Je la pris & la baisai, faisant des vœux, & souhaitant avec passion qu'elle me fût favorable dans l'envie que j'avois de voler dans les airs. M'étant promptement déshabillé, je prens avec empressement plein mes mains de la pommade qui étoit dans la boîte, & je m'en frotte généralement par tout le corps; ensuite je fais des efforts, en m'élançant comme un oiseau, & remuant les bras pour tâcher de voler. Mais au lieu de duvet & de plumes, toute ma peau devient comme du cuir, & se couvre d'un poil long & rude. Les doigts de mes pieds & de mes mains se joignent ensemble, & se durcissent comme de la corne; du bout de mon échine sort une longue queue; mon visage devient énorme, mes narines s'ouvrent, ma bouche s'agrandit, mes lèvres deviennent pendantes, & mes oreilles s'alongent d'une grandeur extraordinaire & se couvrent d'un poil hérissé. Dans cette extrémité, ne sachant que faire, je considérois toutes les parties de mon corps, & je vis qu'au lieu d'être changé en oiseau, j'étois changé en âne. Je voulus m'en plaindre, & le reprocher à Fotis; mais n'ayant plus le geste d'un homme, ni l'usage de la voix, tout ce que je pouvois faire étoit d'ouvrir les lèvres, & de la regarder de côté, avec des yeux mouillés de lar-

H ij

mes, lui demandant ainsi du secours tacitement.

Pour elle, si-tôt qu'elle me vit en cet état : malheureuse que je suis, s'écria-t-elle en se meurtrissant le visage avec les mains, je suis perdue ; la crainte, la précipitation & la ressemblance des boîtes sont cause que je me suis méprise : mais heureusement le remède à cette transformation est encore plus aisé à faire qu'à l'autre ; car en mâchant seulement des roses, me dit-elle, vous quitterez cette figure d'âne, & vous redeviendrez dans le moment, mon cher Lucius, tout comme vous étiez auparavant, & plût aux dieux que j'eusse des couronnes de roses ! comme j'ai soin d'en avoir d'ordinaire pour nous le soir, vous ne passeriez pas même la nuit sous cette forme ; mais si-tôt qu'il sera jour, j'y mettrai ordre.

Fotis se lamentoit ainsi ; & moi, quoique je fusse un âne véritable, je conservois cependant l'esprit & le jugement d'un homme, & je délibérai quelque tems en moi-même fort sérieusement, si je ne devois point à coups de pieds & avec les dents, me venger de l'imprudence, ou peut-être de la méchanceté de cette malheureuse femme. Mais une réflexion prudente m'ôta entiérement cette envie inconsidérée, j'eus peur de me priver par la mort de Fotis des secours nécessaires pour reprendre ma forme naturelle. Baissant donc la tête, & secouant les oreilles, dissimulant le ressentiment de l'outrage que j'étois forcé de souffrir pour un tems, & cédant à la dure nécessité de l'état où j'étois, je m'en vais à l'écurie auprès de mon cheval, & d'un âne qui appartenoit à Milon. Je m'imaginois que s'il y avoit un instinct secret & naturel parmi les animaux, mon cheval me reconnoîtroit, & qu'ayant compassion de moi, il m'alloit bien recevoir, & me donner la meilleure place & la plus nette. Mais, ô Jupiter! dieu de l'hospitalité, & vous, dieux protecteurs de la bonne foi! ce brave cheval qui étoit à moi, & cet âne, approchent leurs têtes l'une de l'autre, & sur le champ conviennent ensemble de ma perte; si bien que craignant pour leur mangeaille, à peine virent-ils que je m'approchois du râtelier, que baissant les oreilles & tout furieux, ils me poursuivent à grands coups de pieds, & me chassent bien loin de l'orge que j'avois mise moi-même ce soir-là devant cet animal si reconnoissant.

Reçu de cette manière, & chassé loin d'eux, je m'étois retiré dans un coin de l'écurie, rêvant à l'insolence de mes camarades, & méditant à me venger le lendemain de la perfidie de mon cheval, si-tôt que par le secours des roses je serois redevenu Lucius. Alors j'aperçois à un pilier qui soutenoit la poutre de l'écurie par le milieu, l'image de la déesse Epone qui étoit dans une petite niche qu'on avoit ornée de bouquets & d'une couronne de roses nouvellement cueillies. Voyant ce remède salutaire, je m'en approche plein d'une douce espérance; je me lève sur les pieds de derrière, m'appuyant avec ceux de devant contre le pilier, & alongeant la tête & les lèvres le plus qu'il m'étoit possible, je tâchois d'atteindre jusqu'aux roses, quand malheureusement mon valet qui avoit le soin de mon cheval, m'aperçut, & se levant de colère: jusqu'à quand, dit-il, souffrirons-nous cette rosse, qui vouloit manger il n'y a qu'un moment l'orge & le foin de nos bêtes, & qui en veut présentement aux images des dieux? Il faut que j'estropie & que j'assomme ce sacrilège. Cherchant en même tems quelque instrument pour cet effet, il trouve un fagot, & en ayant tiré le plus gros bâton, il se met à frapper sur moi de toute sa force & sans discontinuer, jusqu'à ce qu'il entendit enfoncer la porte de la maison à grand bruit, & la rumeur que faisoient les voisins qui crioient : aux voleurs; ce qui lui fit prendre la fuite tout épouvanté.

Si-tôt que la porte de notre maison fut jetée par terre, une partie des voleurs entre pour la piller, & l'autre l'investit l'épée à la main. Les voisins accourent au secours de tous côtés; mais les voleurs leur font tête. Il y faisoit clair comme en plein jour, par la quantité de flambeaux & d'épées nues qui brilloient à la lumière. Pendant ce tems-là, quelques-uns de ces voleurs vont à un magasin qui étoit au milieu du logis, où Milon serroit toutes ses richesses, & à grands coups de haches en enfonçent la porte, quoiqu'elle fût bien forte & bien barricadée. Ils enlèvent tout ce qu'ils y trouvent, font leurs paquets à la hâte, & en prennent chacun leur charge; mais ils n'étoient pas assez de monde pour pouvoir emporter la quantité de richesses qu'ils avoient. Cela les obligea, ne sachant comment faire, à tirer mon cheval de l'écurie, & deux ânes que nous étions, & à nous charger tous trois le plus qu'il leur fut possible. Ayant tout pillé dans la maison, ils en sortirent en nous faisant marcher devant eux à coups de bâton. Et après avoir laissé un de leur camarade dans la ville, pour voir quelle perquisition l'on feroit de ce vol, & pour leur en rendre compte, ils nous firent aller le plus vîte qu'ils purent dans des montagnes, & par des endroits écartés & déserts.

J'étois prêt de succomber & de mourir accablé du poids de tant de choses que je portois, joint à la longue traite qu'on nous faisoit faire, au travers d'une montagne fort rude, quand je m'avisai de recourir tout de bon à la justice, & d'interposer le sacré nom de l'Empereur, pour me délivrer de tant de misères. Comme nous passions donc au milieu d'un bourg, où il y avoit beaucoup de monde, à cause d'une foire qui s'y tenoit, le jour étant déjà fort grand, je voulus devant tous ces Grecs invoquer l'auguste nom de César en ma langue naturelle, & je m'écriai : ô! assez distinctement ; mais je ne pus jamais achever, ni prononcer, César. Alors les voleurs se moquant de ma voix rude & discordante, me déchirèrent si bien la peau à coup de bâton, qu'elle n'auroit pas été bonne à faire un crible.

Enfin, Jupiter me présenta un moyen de finir mes malheurs, dans le tems que j'y pensois le moins. Car, après avoir traversé plusieurs hameaux & plusieurs villages, j'aperçus un jardin assez agréable où, entr'autres fleurs, il y avoit des roses fraîches & vermeilles, couvertes encore de la rosée du matin. N'aspirant qu'après cela, j'y courus plein de joie & d'espérance : mais comme je remuois déjà les lèvres pour en prendre quelques-unes, je changeai d'avis fort prudemment, faisant réflexion, que si d'âne que j'étois, je redevenois alors Lucius, je m'exposois évidemment à périr par les mains des voleurs, parce qu'ils me croiroient magicien, ou parce qu'ils auroient peur que je ne les découvrisse ; si bien que je m'abstins de manger des roses, & avec raison. Prenant donc mon mal en patience, je rongeois mon foin sous ma figure d'âne.

Fin du troisième Livre.

LIVRE QUATRIÈME.

Vers l'heure de midi, que le soleil darde ses rayons avec le plus de force, nous arrivâmes à un village chez de vieilles gens, amis de nos voleurs. Je le connus bien, tout âne que j'étois, à la manière dont ils les abordèrent, à leurs embrassades, & à leurs longs entretiens; outre qu'ils prirent plusieurs choses de ce que je portois, dont ils leur firent présent; & je jugeai aux discours qu'ils tenoient tout bas entr'eux, que les voleurs leur contoient qu'ils venoient de voler ce que nous apportions; ensuite ils nous déchargèrent, & nous mirent en liberté dans un pré qui étoit tout proche.

Je ne pus me résoudre à paître avec mon cheval & l'âne de Milon, n'étant encore guère accoutumé à faire mon dîné de foin. Pressé donc d'une faim extrême, je me jetai hardiment dans un petit jardin que j'avois découvert de loin, qui étoit derrière la maison, où je mangeai & me remplis tant que je pus de toutes sortes d'herbes potagères, bien qu'elles fussent crues; & priant tous les dieux, je regardois de côté & d'autre, si je ne verrois point par hasard quelque rosier fleuri dans les jardins d'alentour. Car étant seul

& à l'écart, j'avois lieu d'espérer de me tirer d'affaire, si par le moyen des roses, je pouvois de bête à quatre pieds que j'étois, reprendre ma forme d'homme sans être vu de personne.

L'esprit occupé de cette idée, je découvre un peu plus loin une vallée couverte d'un bocage épais ; entre plusieurs sortes d'arbres agréables, j'y voyois éclater la vive couleur des roses. Il me vint une pensée qui n'étoit pas tout-à-fait d'une bête : je crus que ce bois délicieux par la quantité de roses qui brilloient sous ces ombrages, devoit être le séjour de Vénus & des Graces. Alors faisant des vœux au dieu qui préside aux évènemens, pour me le rendre favorable, je galopai vers cet endroit avec tant de légèreté, qu'il me sembloit que j'étois moins un âne, qu'un brave coursier digne de paroître aux jeux olympiques. Mais cet agile & vigoureux effort ne put devancer ma mauvaise fortune ; car étant près de ce lieu-là, je n'y vis point ces charmantes & délicates roses, pleines de gouttes de rosée, & de nectar que produisent ces buissons heureux au milieu des épines. Je n'y trouvai même aucune vallée, mais seulement les bords d'un fleuve couvert d'arbres épais. Ces arbres ont de longues feuilles comme les lauriers, & portent des fleurs rouges sans odeur, à qui le vulgaire ignorant a donné un nom, qui n'est cependant pas donné mal-à-propos, les nommant à cause de leur couleur, roses de laurier; ce qui est un poison mortel pour toutes sortes d'animaux.

Voyant que tout m'étoit contraire, je ne songeai plus qu'à mourir, & à manger de ces fleurs pour m'empoisonner; mais comme je m'approchois tristement pour en arracher quelques-unes, je vis un jeune homme qui accouroit à moi tout furieux avec un grand bâton à la main. Je ne doutai point que ce ne fût le jardinier, qui s'étoit aperçu du dégât que j'avois fait dans son jardin. Dès qu'il m'eut joint, il me donna tant de coups de bâton, qu'il m'alloit assommer si je ne me fusse secouru moi-même fort à propos; car haussant la croupe, je lui lançai plusieurs ruades, & le jetai fort blessé, au pied de la montagne qui étoit proche, & je pris la fuite.

Dans le moment une femme, qui, je crois, étoit la sienne, le voyant de loin, étendu par terre comme un homme mort, accourut à lui, faisant des cris lamentables pour exciter la pitié de ses voisins, & les animer contre moi. En effet, les paysans touchés de ses larmes, appelèrent tous leurs chiens, & les lâchèrent après moi, pour me mettre en pièces. Je me voyois à deux doigts d'une mort inévitable, par le grand nombre de ces mâtins, qui venoient à moi de tous côtés. Ils étoient si grands & si furieux, qu'ils auroient pu combattre des ours & des lions. Je crus que le meilleur parti que j'eusse à prendre étoit de ne plus fuir , & de revenir au plus vîte, comme je fis, à la maison où nous étions entrés d'abord. Mais les paysans après avoir arrêté leurs chiens avec assez de peine , me prirent & m'attachèrent avec une bonne courroie à un anneau qui étoit dans le mur ; & me maltraitèrent pour la seconde fois si cruellement, qu'ils auroient sans doute achevé de m'ôter la vie, si la douleur des coups qu'on me donnoit , & des plaies dont j'étois tout couvert , jointe à la quantité d'herbes crûes que j'avois mangées , n'avoient produit un effet qui les écarta tous , par la mauvaise odeur dont je les infectai.

Un moment après , le soleil commençant à baisser, les voleurs nous rechargèrent tous trois, moi particulièrement plus que je ne l'avois encore été , & nous firent partir. Après que nous eûmes marché assez long-tems, fatigué de la longueur du chemin , accablé de la charge que j'avois sur le corps , affoibli par les coups que j'avois reçus, ayant la corne des pieds toute usée , boîtant & ne pouvant me soutenir qu'à peine , je m'arrêtai proche d'un petit ruisseau qui couloit lentement, dans le dessein de plier les genoux , & de me laisser tomber dedans , avec une bonne & ferme résolution de ne me point relever, & de n'en point sortir quand on auroit dû m'assommer à coups de bâton, ou même à coups d'épée. Je croyois que je méritois bien mon congé, foible comme j'étois, & prêt de mourir, & que les voleurs impatiens de me voir marcher si lentement, dans l'envie qu'ils avoient de hâter leur fuite, partageroient ma charge entre mon cheval & l'âne de Milon, & me laisseroient en proie aux loups & aux vautours, comme une assez grande punition pour moi. Mais la fortune cruelle rendit un si beau dessein inutile. Car comme si l'autre âne eût deviné mon intention, il me prévint, & faisant semblant d'être accablé de lassitude, tout d'un coup il se renverse par terre avec tous les paquets qu'il avoit sur le dos, & couché comme s'il eût été mort, il ne fait pas même le moindre effort pour se relever, quelques coups de bâton qu'on lui donnât, & quoiqu'on pût faire en lui levant la queue, les oreilles & les jambes.

Les voleurs las, n'en espérant plus rien, & ayant pris conseil entr'eux, pour ne pas s'amuser plus long-tems après une bête presque morte, & qui ne remuoit pas plus qu'une pierre, lui coupèrent les jarrets à coups d'épée, & partagèrent sa charge entre le cheval & moi. Il n'étoit pas encore mort, qu'ils le traînèrent hors du chemin, & le précipitèrent du haut de la montagne. Alors faisant réfléxion à l'aventure de mon pauvre camarade, je pris la réfolution de n'ufer plus d'aucun artifice, & de fervir mes maîtres fidèlement & en âne de bien, d'autant plus que j'avois compris à leurs difcours que nous n'avions pas encore beaucoup de chemin à faire pour gagner le lieu de leur retraite, où devoient finir notre voyage & nos fatigues. Enfin, après avoir encore monté une petite colline, nous arrivâmes à l'habitation des voleurs; ils commencèrent par nous décharger, & ferrèrent tout ce que nous apportions. Ainfi, délivré du fardeau que j'avois fur le corps, au lieu de bain pour me délaffer, je me roulois dans la pouffière.

Il eft à propos préfentement que je vous faffe la defcription de cet endroit, & de la caverne où fe retiroient nos voleurs; car je prouverai par-là les forces de mon efprit, & vous ferai connoître en même-tems fi j'étois âne par les fens & l'entendement, comme je l'étois par la figure. C'étoit une montagne affreufe, & des plus hautes, toute couverte d'arbres épais, entourée de rochers efcarpés & inacceffibles, qui formoient des précipices effroyables, garnis de ronces & d'épines, ce qui aidoit à en défendre les approches. Du haut de la montagne fortoit une groffe fontaine, qui précipitant fes eaux jufqu'en bas, fe féparoit en plufieurs ruiffeaux, & formant enfuite un vafte étang, ou plutôt une petite mer, entouroit cette retraite. Au deſſus de la caverne, qui étoit sur le penchant de la montagne, on voyoit une manière de fort soutenu par de groſſes pièces de bois, environné de claies bien jointes enſemble dont les côtés plus étendus & s'élargiſſant, laiſſoient un eſpace propre à retirer du bétail. Des haies d'une grande étendue en forme de murailles, couvroient l'entrée de la caverne. Vous ne douterez pas, je crois, qu'un lieu tel que je vous le dépeins, ne fût une vraie retraite de voleurs. Il n'y avoit aux environs aucune maiſon, qu'une méchante petite cabane groſſièrement couverte de roſeaux, où toutes les nuits, ſuivant que je l'ai appris depuis, celui des voleurs, ſur qui le fort tomboit, alloit faire ſentinelle.

Dès qu'ils furent arrivés, ils nous attachèrent avec de bonnes courroies à l'entrée de la caverne, où ils ſe gliſsèrent avec peine, & comme en rampant les uns après les autres. Auſſitôt ils appelèrent une femme toute courbée de vieilleſſe, qui paroiſſoit être chargée elle ſeule du ſoin de leur ménage. C'eſt donc ainſi, lui dirent-ils en fureur, vieille ſorcière, opprobre de la nature, rebut de l'enfer; c'eſt donc ainſi que, reſtant les bras croiſés à ne rien faire, tu te donneras du bon tems, & qu'après tant de fatigues & de dangers que nous avons eſſuyés, nous n'aurons pas la ſatisfaction de trouver, auſſi tard qu'il eſt, quelque choſe de prêt pour notre soupé ? toi qui, jour & nuit, ne fais ici autre chose que boire & t'enivrer. La pauvre vieille, toute tremblante, leur répondit d'une voix cassée : Mes braves maîtres, vous avez suffisamment de viande cuite & bien apprêtée, du pain plus qu'il n'en faut, & du vin en abondance, les verres même sont rincés. De plus, j'ai fait chauffer de l'eau pour vous servir de bain à tous, comme vous avez de coutume. Aussi-tôt ils se déshabillèrent tout nus, & se chauffèrent devant un très-grand feu pour se délasser. S'étant ensuite lavés avec de l'eau chaude, & frottés avec de l'huile, ils se mirent tous autour de plusieurs tables couvertes de quantité de viandes.

A peine étoient-ils placés, qu'on vit arriver une autre troupe de jeunes hommes, encore plus nombreuse que celle-ci. Il n'étoit pas difficile de juger que c'étoient aussi des voleurs, car ils apportoient un riche butin, tant en or & en argent monnoyé, qu'en vaisselle de même matière, & en habits de soies brodés d'or. Après s'être lavés comme les premiers, ils se mirent à table avec eux. Ceux à qui il étoit échu de servir les autres, en faisoient l'office. Alors chacun se met à boire & à manger sans ordre ni mesure; ils mêlent tous leurs plats & leurs viandes ensemble, mettent le pain, les pots & les verres sur la table, parlent tous à la fois, chantent & rient confusément, disent toutes

les

les grossièretés qui leur viennent à la bouche, & font un bruit & un vacarme aussi épouvantable que celui des Lapites & des Centaures.

Un d'entr'eux, qui étoit d'une taille & d'une force au-dessus des autres, commença à dire : Nous avons bravement pillé la maison de Milon à Hipate, outre qu'avec le butin considérable que nous y avons fait à la pointe de l'épée, nous sommes tous revenus ici sains & saufs ; & si cela se peut encore compter pour quelque chose, nous sommes de retour avec huit jambes de plus que quand nous sommes partis. Mais vous qui venez de parcourir les villes de Béotie, votre troupe est revenue bien affoiblie par la perte que vous avez faite, entr'autres, du brave Lamaque, votre chef, dont certainement j'aurois préféré le retour à toutes ces richesses que vous avez apportées. Mais quoi qu'il en soit, il n'a péri que pour avoir eu trop de valeur, & la mémoire d'un si grand homme sera toujours recommandable parmi les plus grands capitaines & les fameux guerriers. Car pour vous autres, honnêtes voleurs, vous n'êtes propres qu'à prendre en cachette & timidement quelques misérables hardes dans les bains publics, ou dans les maisons de quelques pauvres vieilles femmes.

Un de ceux qui étoient venus les derniers, lui répondit : Es-tu le seul qui ne sache pas que les grandes maisons sont les plus aisées à piller ; car

I

quoiqu'elles soient pleines d'un grand nombre de domestiques ; chacun d'eux cependant songe plutôt à conserver sa vie, que le bien de son maître. Mais les gens qui vivent seuls, & retirés chez eux, soit par la médiocrité de leur fortune, ou pour ne pas paroître aussi à leur aise qu'ils le sont, défendent ce qu'ils ont avec beaucoup plus d'ardeur, & le conservent au péril de leur vie. Le récit de ce qui nous est arrivé, vous prouvera ce que je vous dis.

A peine fûmes-nous à Thèbes, que nous étant soigneusement informés des biens des uns & des autres (car c'est le premier soin des gens de notre profession) nous découvrîmes un certain banquier nommé Chryseros, qui avoit beaucoup d'argent comptant, mais qui cachoit son opulence avec tout le soin & l'application possibles, dans la crainte d'être nommé aux emplois, ou de contribuer aux charges publiques. Pour cet effet il ne voyoit personne, & vivoit seul, dans une petite maison assez bien meublée à la vérité ; mais d'ailleurs il étoit vêtu comme un misérable, au milieu de sacs pleins d'or & d'argent qu'il ne perdoit pas de vue.

Nous convînmes donc, entre nous, de commencer par lui, parce que n'ayant affaire qu'à un homme seul, nous croyions ne rencontrer aucun obstacle à nous rendre maîtres de toutes ses richesses. Nous ne perdîmes point de tems ; nous nous trouvâmes, à l'entrée de la nuit, devant sa porte ; mais nous ne jugeâmes pas à propos de la soulever, ni de l'ouvrir avec effort, encore moins de la rompre, de peur que le bruit que cela auroit fait, n'armât le voisinage contre nous. Lamaque donc, notre illustre chef, se confiant en son courage, passe la main tout doucement par un trou qui servoit à fourrer la clef en-dedans pour ouvrir la porte, & tâchoit d'arracher la serrure. Mais ce Chryseros, le plus méchant & le plus rusé de tous les hommes, nous épioit depuis longtems, & remarquant ce qui se passoit, il descend sans faire le moindre bruit, & avec un grand clou, poussé violemment, il perce la main de notre capitaine, & l'attache contre la porte. Le laissant ainsi cruellement cloué comme en un gibet, il monte sur le toît de sa méchante petite maison, d'où il se met à crier de toute sa force, demandant du secours aux voisins, les appelant tous par leur nom, & les avertissant de prendre garde à eux, que le feu venoit de se mettre à sa maison. Les voisins épouvantés par la crainte d'un danger qui les regardoit de si près, accourent de tous côtés au secours.

Alors voyant que nous allions être surpris, ou qu'il falloit abandonner notre camarade, nous trouvâmes un tempérament, de concert avec lui, qui fut de lui couper le bras par la jointure du milieu, que nous laissâmes attaché à la porte,

& après avoir enveloppé la plaie de Lamaque avec des linges, de peur qu'on ne nous suivît à la trace du sang qu'il perdoit, nous l'emportâmes, & nous nous retirâmes fort vîte.

Mais comme nous étions en inquiétude, voyant tout le quartier en alarmes, & qu'enfin le péril qui croissoit, nous eut épouvantés au point que nous fûmes obligés de précipiter notre fuite, cet homme le plus courageux, & le plus ferme qui fut jamais, n'ayant pas la force de nous suivre assez vîte, & ne pouvant rester sans danger, nous conjuroit par les prières les plus touchantes, par le bras droit du dieu Mars, par la foi que nous nous étions promise les uns aux autres, de mettre hors du danger d'être traîné en prison, & livré au supplice le fidele compagnon de nos exploits : car pourquoi, disoit-il, un voleur qui a du cœur voudroit-il vivre après avoir perdu la main qui lui servoit à piller & à égorger, ajoutant qu'il se trouvoit assez heureux de pouvoir mourir par la main d'un de ses camarades ? Et comme pas un de nous, quelque prière qu'il nous en fît, ne vouloit commettre ce parricide de sang froid, il prend son poignard avec la main qui lui restoit, & l'ayant baisé plusieurs fois, il se le plonge de toute sa force dans la poitrine. Alors admirant la grandeur de courage de notre généreux chef, après avoir enveloppé son corps dans un drap, nous l'avons donné en garde à la mer, & notre Lamaque a présentement, pour tombeau, tout ce vaste élément. C'est ainsi que ce grand homme a fini sa carrière, faisant une fin digne de son illustre vie.

A l'égard d'Alcime, quoiqu'il eût beaucoup de prudence & d'adresse en tout ce qu'il entreprenoit, il n'a pu éviter sa mauvaise fortune. Car ayant percé la méchante petite maison d'une vieille femme, pendant qu'elle dormoit, & étant monté dans sa chambre, au lieu de commencer par l'étrangler, il voulut auparavant nous jeter ses meubles par la fenêtre. Après qu'il eut déménagé tout ce qui étoit dans la chambre, ne voulant pas épargner le lit où cette femme étoit couchée, il la jeta sur le plancher, prit sa couverture; & comme il la portoit du côté de la fenêtre, cette vieille scélérate se met à genoux devant lui, en lui disant: « Hélas! mon enfant, pourquoi donnez-vous les misérables hardes d'une pauvre femme à de riches voisins chez qui vous les jetez par cette fenêtre qui regarde sur leur maison »? Alcime, trompé par cet artifice, craignant que ce qu'elle disoit ne fût vrai, & que les meubles qu'il avoit jetés en bas, & ceux qu'il avoit encore à y jeter, au lieu de tomber entre les mains de ses camarades, ne tombassent dans quelque maison voisine, se met à la fenêtre pour en savoir la vérité, & se penche en dehors pour examiner s'il n'y avoit point quelque bon coup à faire dans la maison prochaine dont elle lui avoit parlé. Mais comme il portoit ses regards avec attention de tous côtés, sans aucune précaution, cette maudite vieille, quoique foible, le poussa d'un coup subit & imprévu, & le précipita dans la rue ; ce qui lui fut d'autant plus facile, que la grande application qu'il avoit à regarder de tous côtés, l'avoit fait avancer sur la fenêtre, & se mettre comme en équilibre. Outre qu'il fut jeté de fort haut, il tomba sur une grosse pierre qui étoit proche de la maison, où il se rompit les côtes & se brisa tout le corps; de manière que vomissant des flots de sang, il a rendu l'ame sans souffrir un long tourment, n'ayant eu que le tems de nous raconter comme la chose s'étoit passée. Nous le mîmes avec Lamaque, pour lui servir de digne compagnon, leur donnant à tous deux une même sépulture.

Notre troupe ainsi affoiblie par la perte de ces deux hommes, nous nous trouvâmes fort rebutés, & ne voulant plus rien entreprendre dans Thèbes, nous avons été à Platée, qui en est la ville plus proche. Nous y avons trouvé un homme fameux, nommé Democharés : il étoit prêt de donner au peuple un spectacle de jeux & de gladiateurs. C'est une personne de grande qualité, puissamment riche, d'une magnificence & d'une libéralité extraordinaire, qui se plaît à donner des fêtes & des spectacles dignes de l'éclat de sa fortune. Mais qui pourroit avoir assez d'esprit & d'éloquence pour bien décrire les différens préparatifs qu'il ordonnoit pour cet effet ? Il avoit des troupes de gladiateurs fameux, des chasseurs d'une agilité éprouvée ; des criminels condamnés à la mort, qu'il engraissoit pour servir, dans les spectacles, de pâture aux bêtes féroces. Il avoit fait construire une grande machine de bois, avec des tours, comme une espèce de maison roulante, ornée de diverses peintures, pour mettre tout ce qui devoit servir aux chasses d'animaux, quand on voudroit les faire représenter. Qui pourroit raconter le nombre & les différentes sortes de bêtes qui se trouvoient chez lui ? car il avoit eu soin de faire venir de tous côtés ces tombeaux vivans de criminels condamnés.

Mais de tout l'appareil de cette fête magnifique, ce qui lui coûtoit le plus, c'étoit une quantité d'ours d'une grandeur énorme, dont il avoit fait provision ; car, sans compter ceux qu'il avoit pu faire prendre par ses chasseurs, & ceux qu'il avoit achetés bien cher, ses amis lui en avoient encore donné un grand nombre, & il les faisoit tous garder & nourrir avec beaucoup de soin & de dépense. Mais ces superbes préparatifs qu'il faisoit pour des jeux publics, ne furent point à couvert des disgraces de la fortune. Car ces ours, ennuyés de n'être point en liberté, amaigris par les grandes chaleurs de l'été, foibles & languiſſans, faute d'exercice, furent attaqués d'une maladie contagieuſe, & moururent preſque tous. On voyoit de côté & d'autre les corps mourans de ces animaux étendus dans les rues ; & ceux d'entre le peuple qui ſont dans la dernière miſère, accoutumés à manger tout ce qu'ils trouvent, qui ne leur coûte rien, quelque mauvais qu'il ſoit, venoient de toutes parts prendre de la chair de ces bêtes, pour aſſouvir leur faim.

Cela nous a donné occaſion, à Babule, que vous voyez, & à moi, d'imaginer un tour fort ſubtil. Nous avons pris le plus gras de ces ours, que nous avons emporté chez nous, comme pour le manger. Nous avons détaché de ſa peau toutes ſes chairs, y conſervant néanmoins ſes griffes & ſa tête juſqu'à la jointure du cou. Nous avons bien raclé cette peau, & après l'avoir ſaupoudrée de cendre, nous l'avons expoſée au ſoleil ; pendant que la chaleur de ſes rayons la deſſéchoit & la préparoit, nous mangions de grand appétit de tems en tems des meilleurs endroits de la chair de cet animal, & nous convînmes alors, tous enſemble, qu'il falloit que celui d'entre nous qui auroit encore plus de courage que de force de corps, s'enveloppât de cette peau, en cas cependant qu'il le voulût bien ; qu'il contrefît l'ours,

& se laissât mener chez Démocharés, pour nous ouvrir la porte de sa maison pendant le silence de la nuit.

Il y en eut beaucoup de notre vaillante troupe, qui, trouvant la chose bien imaginée, s'offrirent de l'entreprendre. Thrasiléon, entr'autres, à qui chacun a donné sa voix, a bien voulu en courir le hasard. Avec un visage serein il s'enferme dans cette peau qui étoit bien préparée & douce à manier. Nous la lui cousons fort juste sur le corps, & quoique la couture, que nous faisions aux endroits que nous joignions ensemble, parût fort peu, nous ne laissions pas de rapprocher le poil qui étoit aux deux côtés, & de l'abattre dessus pour la couvrir. Nous lui faisons passer la tête dans le cou de l'ours jusqu'à la tête de la bête, & après avoir fait quelques petits trous vis-à-vis de ses yeux & de son nez, pour lui laisser la vue & la respiration libres, nous faisons entrer notre brave camarade ainsi travesti, dans une cage, que nous avions eue pour peu de chose, où de lui-même il se jette gaiement.

Ayant ainsi commencé notre fourberie, voici comme nous l'achevons. Nous nous servons du nom d'un certain Nicanor de Thrace, que nous avions appris être en grande liaison d'amitié avec Démocharés, & nous faisons une fausse lettre, par laquelle il paroissoit que cet ami lui envoyoit les prémices de sa chasse pour faire honneur aux jeux qu'il devoit donner au public. La nuit vient, elle étoit favorable à notre dessein ; nous allons présenter cette lettre à Démocharés avec la cage où étoit Thrasiléon. Surpris de la grandeur de cette bête, & ravi du présent que son ami lui faisoit si à propos, il commande qu'on nous donne sur le champ dix pièces d'or pour notre peine de lui avoir apporté une chose qui lui faisoit tant de plaisir.

Comme les hommes courent naturellement après les nouveautés, beaucoup de gens s'amassoient auprès de cet animal & le considéroient avec étonnement. Notre Thrasiléon que tant de regards curieux inquiétoient, avoit l'adresse de les écarter de tems en tems, faisant semblant de se jeter sur eux en fureur. Ils disoient tous que Démocharés étoit fort heureux, après la perte qu'il avoit faite de tant d'animaux, d'en avoir recouvert un qui pouvoit, en quelque façon, réparer le dommage que la fortune lui avoit causé. Il commande qu'on porte, à l'heure même, cet ours à sa maison de campagne ; mais prenant la parole : Monseigneur, lui dis-je, gardez-vous bien de faire mettre cette bête harassée par la longeur du chemin, & par la chaleur du soleil avec les autres ; qui, à ce que j'entends dire, ne se portent pas trop bien : il seroit plus à propos de la mettre chez vous, en quelque endroit fpacieux, où elle eût bien de l'air, & même où elle pût trouver de l'eau pour fe rafraîchir. Vous n'ignorez pas que ces fortes d'animaux n'habitent que des cavernes humides, au fond des bois dans des pays froids fur des montagnes, où ils fe plaifent à fe baigner dans l'eau vive des fontaines.

Democharés faifant réflexion à la quantité de bêtes qu'il avoit perdues, & craignant pour celle-ci fur ce que je lui difois, confent aifément que nous choififfions chez lui l'endroit que nous jugerions le plus propre pour y placer la cage où notre ours étoit enfermé. Nous nous offrons de coucher auprès toutes les nuits, afin d'avoir foin, difionsnous, de donner aux heures nécelfaires la nourriture qui convenoit à cet animal fatigué du voyage & de la chaleur. Il n'eft pas befoin que vous en preniez la peine, nous dit Democharés, il y a peu de mes gens qui ne fachent la manière de nourrir des ours, par l'habitude qu'ils en ont. Après cela nous prenons congé de lui, & nous nous retirons.

Etant fortis hors des portes de la ville, nous apercevons des tombeaux, loin du grand chemin, dans un endroit folitaire & écarté, & dans le deffein d'y venir cacher le butin que nous efpérions faire, nous en ouvrons quelques-uns, que la longueur des tems avoit à moitié détruits, où il n'y avoit que des corps réduits en cendre & en poussière. Ensuite, selon notre coutume ordinaire, en de pareilles occasions, à l'heure de la nuit la plus sombre, que tout le monde est enseveli dans le premier sommeil, nous nous trouvons tous, & nous nous postons devant la porte de Democharés, bien armés, comme à un rendez-vous pour faire un pillage. De son côté Thrasiléon prend le moment favorable à notre dessein pour sortir de sa cage, poignarde ses gardes endormis, en fait autant au portier de la maison, lui prend ses clefs, & nous ouvre la porte. Y étant tous entrés avec précipitation, il nous montre un cabinet où il avoit remarqué finement qu'on avoit serré beaucoup d'argent le soir même. La porte en est bientôt brisée par les efforts de tout ce que nous étions. J'ordonne à mes camarades de prendre chacun autant d'or & d'argent qu'ils en pourroient porter, & de l'aller promptement cacher dans les tombeaux de ces morts, sur la fidélité desquels nous pouvions compter, & je leur dis de revenir aussitôt pour achever de piller tout ce que nous trouverions, & que pour la sûreté commune j'allois rester sur la porte de la maison, d'où j'aurois l'œil à ce qui se passeroit jusqu'à leur retour.

Cependant, la figure de cet ours prétendu me sembloit fort propre à épouvanter les domestiques, si, par hasard, il y en avoit quelques-uns qui ne dormissent pas. En effet, qui seroit l'homme, quelque brave & intrépide qu'il pût être, qui, voyant venir à lui une grande bête effroyable comme celle-là, particulièrement la nuit, ne se sauvât bien vîte, & tout effrayé, ne courût se renfermer dans sa chambre.

Mais, après toutes les mesures que nous avions si bien prises, il n'a pas laissé de nous arriver un cruel accident. Car pendant que j'attends, fort inquiet, le retour de mes camarades, un petit coquin de valet, surpris du bruit que faisoit l'ours, se traîne tout doucement pour voir ce que c'étoit, & ayant aperçu cette bête qui alloit & venoit librement par toute la maison, il retourne sur ses pas, sans faire le moindre bruit, & va avertir tout le monde de ce qu'il venoit de voir. Aussitôt paroît un grand nombre de domestiques; la maison est éclairée dans un moment par quantité de lampes & de flambeaux qu'ils mettent de tous côtés; ils se postent les uns & les autres dans les passages, tous armés d'une épée, d'un bâton ou d'un épieu, & lâchent les chiens de chasse après la bête pour l'arrêter. Voyant que le bruit & le tumulte augmentoient, je sors vîte, & vais me cacher derrière la porte de la maison, d'où je voyois Thrasiléon qui se défendoit merveilleusement bien contre les chiens, & quoiqu'il touchât aux derniers momens de fa vie, cependant, le foin de fa gloire & de nos intérêts le faifoit encore réfifter à la mort qui l'environnoit de toutes parts, & foutenant toujours le perfonnage dont il s'étoit volontairement chargé, tantôt fuyant, tantôt tenant tête; enfin il fait tant par fes tours d'adreffe & par fes mouvemens différens, qu'il s'échappe de la maifon. Mais, quoiqu'il fe fût mis en liberté, il ne put fe garantir de la mort par la fuite; car un grand nombre de chiens du voifinage fe joignent à ceux qui le pourfuivoient, & tous s'acharnent contre lui. Ce fut alors un fpectacle bien funefte & bien pitoyable, de voir notre Thrafiléon en proie à cette quantité de chiens en fureur qui le dévoroient & le mettoient en pièces.

A la fin n'étant plus le maître de ma douleur, je me fourre au milieu du peuple qui s'étoit amaffé, & pour donner à mon cher camarade le feul fecours qui pouvoit dépendre de moi, je m'adreffe à ceux qui animoient encore les chiens: ô quel grand dommage, leur difois-je, que nous perdons-là un précieux animal! mais mon artifice, & tout ce que je pus dire, ne fervit de rien à ce pauvre malheureux; car dans le moment un homme fort & vigoureux fort de la maifon de Democharés, & vient enfoncer un épieu dans le ventre de l'ours: un autre en fait autant, & plusieurs que cela avoit rassurés, s'en approchent le plus près, & le percent de coups d'épée. Enfin Thrasiléon, l'honneur de notre troupe, avec un courage digne de l'immortalité, ne laisse point ébranler sa constance, & ne fait pas le moindre cri, ni la moindre plainte qui puisse le trahir, & découvrir notre dessein, mais tout déchiré, & percé de coups qu'il étoit, imitant toujours le mugissement d'un ours, & bravant la mort avec une vertu héroïque, il conserve sa gloire en perdant la vie.

Cependant la terreur qu'il avoit répandue parmi tous ces gens-là, étoit telle, que jusqu'à ce qu'il fût grand jour, pas un seul n'a osé toucher seulement du bout du doigt ce prétendu animal étendu sur le carreau, hors un boucher un peu plus hardi que les autres, qui s'en approchant doucement, & avec quelque crainte, lui fend le ventre, & expose aux yeux de tous cet illustre voleur. Voilà de quelle manière nous avons encore perdu Thrasiléon; mais sa gloire ne périra jamais. Ensuite ayant pris à la hâte les paquets que ces morts nous avoient fidèlement gardés, nous nous sommes éloignés le plus vîte qu'il nous a été possible de la ville de Platée, faisant les uns & les autres plusieurs fois cette réflexion, que certainement la bonne foi n'habitoit plus parmi les vivans, & qu'en haine de leur perfidie, elle s'étoit retirée chez les morts. Enfin, fort fatigués de la pesanteur de nos paquets, & du chemin long & rude que nous avions fait, ayant perdu trois de nos camarades, nous sommes arrivés ici avec le butin que vous voyez.

Quand ce discours fut fini, ils burent dans des coupes d'or du vin pur à la mémoire de leurs compagnons qui étoient morts, & en répandirent en sacrifice, chantant quelques hymnes à l'honneur du dieu Mars; ensuite ils prirent un peu de repos. La vieille femme nous donna de l'orge en abondance, & sans la mesurer; de manière que mon cheval, qui mangeoit sa portion & la mienne, n'étoit pas moins aise que s'il eût fait aussi bonne chère que les prêtres Saliens. Pour moi, quoique j'aie toujours assez aimé l'orge mondé comme les hommes le mangent, je ne balançai point à quitter celui-là qui étoit crud, pour aller dans un coin où j'avois aperçu ce qui étoit resté de pain du repas qu'on venoit de faire, dont je mangeai avec une avidité, & un appétit extraordinaires.

La nuit étant assez avancée, les voleurs s'éveillèrent, & songèrent à décamper. Ils s'équipèrent différemment: les uns s'armèrent d'épées, & les autres se déguisèrent en fantômes. En cet état,

ils

ils sortirent tous à la hâte. A mon égard, le sommeil qui me pressoit ne m'empêcha point de manger de la même force, & quoique je fusse content à chaque repas d'un pain, ou de deux tout au plus quand j'étois Lucius, alors contraint de m'accommoder à la capacité de mon estomac, j'achevois la troisième corbeille pleine de pain, & je fus bien étonné que le jour me surprit en cette occupation. Je m'en retirai enfin, avec peine à la vérité, cependant comme un âne qui a de la pudeur, & j'allai appaiser ma soif à un petit ruisseau qui n'étoit pas loin de là.

Peu de tems après, les voleurs arrivèrent en grande hâte, & fort émus, ne rapportant à la vérité aucun paquet, pas même un misérable manteau; mais l'épée à la main, ils amenoient une jeune fille, belle & bien faite. Il étoit aisé de juger que c'étoit quelque fille de la première qualité, & je vous jure qu'elle me plaisoit bien, tout âne que j'étois. Elle se désespéroit, elle déchiroit ses habits, & s'arrachoit les cheveux d'une manière digne de pitié. Quand ils furent tous entrés dans la caverne, ils lui représentèrent qu'elle n'avoit pas raison d'être affligée au point qu'elle l'étoit. Ne craignez rien, lui disoient-ils, votre vie & votre honneur sont en sûreté. Ayez patience pour un peu de tems, que votre enlèvement nous

K

vaille quelque chose. C'est la nécessité qui nous force à faire le métier que nous faisons. Votre père & votre mère qui ont des biens immenses, tireront bientôt de leurs coffres, malgré leur avarice, ce qu'il faut pour racheter leur chère fille. Ces discours, & quelques autres semblables qu'ils lui tenoient confusément les uns & les autres, ne diminuèrent point sa douleur; & tenant toujours sa tête penchée sur ses genoux, elle continuoit à pleurer de toute sa force.

Les voleurs appelèrent la vieille femme, lui ordonnèrent de s'asseoir auprès d'elle, & de l'entretenir de discours les plus obligeans, & les plus gracieux qu'elle pourroit, pour tâcher de calmer son affliction; ensuite ils s'en allèrent chercher, suivant leur coutume, à exercer leur métier. Tout ce que la vieille pût dire à cette jeune fille, n'arrêta point le cours de ses larmes; au contraire, paroissant encore plus agitée qu'elle n'avoit été, par les sanglots continuels qui sortoient du fond de sa poitrine; elle redoubla ses gémissemens avec tant de force, & d'une manière si touchante, qu'elle me fit pleurer aussi. Hélas! disoit-elle, malheureuse que je suis, puis-je cesser de répandre des pleurs, & comment pourrai-je vivre, arrachée d'une maison comme la mienne, loin de toute ma famille, d'un père & d'une mère si respectables, & de mes chers domestiques ! esclave & devenue la proie d'un malheureux brigandage, enfermée dans une caverne, privée de toutes les délices qui conviennent à une personne de ma naissance, dans lesquelles j'ai été élevée, & prête à tout moment d'être égorgée au milieu d'une troupe affreuse de voleurs, de scélérats & d'assassins !

Après avoir ainsi déploré sa triste destinée, la gorge enflée à force de sanglots, le corps abattu de lassitude, & l'esprit accablé de douleur, elle se laissa aller au sommeil, & ses yeux languissans se fermèrent. Peu de tems après qu'elle fut endormie, se réveillant tout d'un coup comme une forcenée, elle recommença à pleurer & à gémir, beaucoup plus violemment encore qu'elle n'avoit fait, se donnant des coups dans la poitrine, & meurtrissant son beau visage. Et comme la vieille la prioit avec instance de lui dire quel nouveau sujet elle pouvoit avoir pour s'affliger à un tel excès : ah ! s'écria la jeune fille, en poussant de tristes soupirs ; ah ! je suis perdue maintenant ! je suis perdue sans ressource, il ne me reste plus aucune espérance ; je ne dois plus songer qu'à chercher une corde, un poignard, ou quelque précipice pour finir tout d'un coup mes malheurs.

Alors la vieille se mettant en colère, lui dit

d'un visage plein d'aigreur & de dureté, qu'elle vouloit absolument savoir ce qu'elle avoit à pleurer de la sorte, & pourquoi immédiatement après avoir pris un peu de repos, elle recommençoit ses lamentations avec tant de violence. Quoi ! lui disoit-elle, avez-vous envie de frauder mes jeunes maîtres du profit qu'ils espèrent tirer de votre rançon ? Si vous prétendez passer outre, comptez que malgré vos larmes (ce qui touche ordinairement fort peu les voleurs) je vous ferai brûler toute vive. La jeune fille épouvantée de cette menace, lui prit la main, & la lui baisant : pardonnez-moi, lui dit-elle, ma bonne mère, je vous en conjure, conservez quelques sentimens d'humanité, ayez un peu de pitié de l'état déplorable où je me trouve. Je ne puis croire qu'ayant atteint cette vénérable vieillesse, vous vous soyez dépouillée de toute compassion ; au reste, écoutez le récit de mes malheurs.

- Un jeune homme, beau, bien fait, & de la première qualité, si aimable, qu'il n'y a personne dans la ville qui ne l'aime comme son propre fils, mon proche parent, âgé seulement de trois ans plus que moi, avec qui j'ai été élevée & nourrie en même maison, dont la foi m'étoit engagée depuis long-tems, suivant l'intention de sa famille & de la mienne, qui nous avoient destinés l'un pour l'autre, & qui venoient de paſſer notre contrat de mariage : ce jeune homme, dis-je, accompagné d'un grand nombre de ſes parens & des miens, qui s'étoient raſſemblés pour nos noces, immoloit des victimes dans les temples des dieux ; toute notre maiſon ornée de branches de l'aurier, éclairée par les torches nuptiales, retentiſſoit des chants de notre hymenée ; ma mère me tenant dans ſes bras, me paroît de mes habits de noces, me donnant mille baiſers, & faiſant des vœux, dans l'eſpérance de voir bientôt des fruits de mon mariage, quand tout d'un coup paroît une troupe de brigands l'épée à la main, prête à livrer combat. Ils ne ſe mettent point en devoir de piller ni d'égorger ; mais tous enſemble ils ſe jettent en foule dans la chambre où j'étois, & m'arrachent plus morte que vive d'entre les bras tremblans de ma mère, ſans qu'aucun de nos domeſtiques faſſe la moindre réſiſtance. Ainſi, nos noces ſont troublées, comme celles de Pirithoüs & d'Hyppodamie.

Mais ce qu'il y a de plus cruel, ce qui augmente & met le comble à mon infortune, c'eſt le rêve que je viens de faire en dormant. Il m'a ſemblé qu'on me tiroit avec violence de ma chambre, & même de mon lit nuptial ; que l'on m'emportoit par des lieux écartés & déſerts, où j'appelois continuellement à mon secours mon époux infortuné, qui se voyant si-tôt privé de mes embrassemens, couroit après ceux qui m'enlevoient, encore tout parfumé d'essences & couronné de fleurs ; & comme il crioit au secours, se plaignant qu'on lui ravissoit son aimable & chère épouse, un des voleurs irrité de ce qu'il nous suivoit avec tant d'opiniâtreté, a pris une grosse pierre dont il a frappé ce pauvre jeune homme, & l'a étendu mort sur la place. Une vision si affreuse ma réveillée en sursaut toute épouvantée.

La vieille alors répondant par quelques soupirs aux larmes que la jeune fille versoit en abondance, lui parla ainsi. Prenez bon courage, ma chère enfant, & que les vaines fictions des songes ne vous alarment point ; car, outre qu'on tient que les images que le sommeil produit pendant le jour, sont fausses & trompeuses ; on croit de plus que celles, qu'il nous offre pendant la nuit, signifient souvent le contraire de ce qu'elles représentent. Rêver qu'on pleure, qu'on est battu, & quelquefois même qu'on nous coupe la gorge, sont des présages de gain & de prospérité ; au contraire, quand on songe qu'on rit, qu'on mange quelques mets délicats & friands, ou qu'on goûte les plaisirs de l'amour, cela annonce de la tristesse, de la langueur, quelque perte ou quelque sujet d'affliction. Mais je veux tâcher tout présentement de vous distraire de votre douleur par quelques jolis contes du tems passé.

Il y avoit dans une certaine ville un roi & une reine, qui avoient trois filles, toutes trois fort belles. Quelques charmes que pussent avoir les deux aînées, il n'étoit pas impossible de leur donner des louanges proportionnées à leur mérite. Mais pour la cadette, sa beauté étoit si rare & si merveilleuse, que toute l'éloquence humaine n'avoit point de termes pour l'exprimer, & pour en parler assez dignement. Les peuples de ce pays-là, & quantité d'étrangers, que la réputation d'une si grande merveille y attiroit, restoient saisis d'étonnement & d'admiration, quand ils voyoient cette beauté, dont jamais aucune autre n'avoit approché, & l'adoroient religieusement, comme si c'eût été Vénus elle-même.

Le bruit couroit déjà par-tout chez les nations voisines, que la déesse, à qui l'Océan a donné la naissance, & qui a été élevée dans ses flots, étoit descendue des cieux, & se faisoit voir sur la terre sous la figure d'une mortelle; ou du moins que la terre, après la mer, avoit produit par une nouvelle influence des astres, une autre Vénus qui avoit l'avantage d'être fille. Cette opinion se fortifioit chaque jour, & se répandoit dans les provinces & dans les îles voisines, & de-là presque dans tout l'univers. On voyoit arriver de toutes parts des hommes qui avoient traversé des pays immenses, & d'autres qui s'étoient exposés aux dangers d'une longue navigation, pour voir ce qui faisoit la gloire & l'ornement de leur siècle. Personne n'alloit plus à Cnide, ni à Paphos ; personne même ne s'embarquoit plus pour aller à Cithère rendre des honneurs à Vénus ; ses sacrifices sont négligés, ses temples dépérissent, on en profane les ornemens, on n'y fait plus les cérémonies accoutumées ; les statues de la déesse ne sont plus couronnées de fleurs, & ses autels couverts de cendres froides restent abandonnés. L'on n'adresse plus ses prières qu'à la jeune princesse, & l'on n'honore plus Vénus que sous la forme de cette jeune mortelle. Quand elle paroît le matin, on immole devant elle des victimes, & on prépare des festins sacrés ; l'on croit se rendre ainsi la déesse favorable : & lorsque la princesse passe dans les rues, les peuples courent en foule après elle pour lui rendre leurs hommages, chacun lui présente des guirlandes & des couronnes de fleurs, & l'on en sème par-tout où elle doit passer.

Ce culte & ces honneurs divins, qu'on rendoit à la nouvelle Vénus, piquèrent sensiblement la mère des amours. « Quoi ! dit-elle, toute in-

» digne & frémissant de colère, Vénus à qui la
» nature & les élemens doivent leur origine, qui
» maintient tout ce vaste univers, partagera les
» honneurs, qui lui sont dûs, avec une simple
» mortelle, & mon nom, qui est consacré dans
» le ciel, sera profané sur la terre? Une fille su-
» jette à la mort, recevra les mêmes respects que
» moi, & les hommes seront incertains, si c'est
» elle ou Vénus qu'ils doivent adorer. C'est donc
» en vain que ce sage berger, dont Jupiter même
» a reconnu l'équité, m'a préférée à deux déesses
» qui me disputoient le prix de la beauté? Mais
» quelle que soit cette mortelle, elle n'aura pas
» long-tems le plaisir de jouir des honneurs qui
» me sont dûs. Je ferai bientôt en sorte qu'elle
» aura tout lieu de s'affliger d'avoir cette beauté
» criminelle. »

Dans le moment Vénus appelle son fils, cet enfant-aîlé, plein d'audace & de mauvaises inclinations, qui sans aucun égard pour les loix, armé de flèches & de feux, court toutes les nuits de maison en maison pour séduire les femmes mariées, & mettre de la division dans les ménages; en un mot, qui ne cherche qu'à mal faire, & qui commet impunément mille crimes tous les jours: & quoiqu'il soit porté assez naturellement à la méchanceté, Vénus n'oublia rien pour l'aigrir encore d'avantage. Elle le mena dans la ville, où

demeuroit Psiché ; (c'étoit le nom de cette belle fille) elle la lui fit voir, & après lui avoir conté tout le sujet de la jalousie que lui causoit cette princesse par sa beauté : « Mon fils, continua-
» t-elle avec douleur & indignation, vengez
» votre mère, je vous en prie, mais vengez-la
» pleinement d'une mortelle, qu'on a l'inso-
» lence de lui comparer. Je vous en conjure par
» la tendresse que j'ai pour vous, par les agréables
» blessures que vos traits font dans les cœurs, &
» par les plaisirs infinis que goûtent ceux que vous
» enflammez. Surtout, & c'est ce que je vous de-
» mande avec plus d'empressement, faites en sorte
» que ma rivale devienne éperdument amoureuse
» du plus misérable de tous les hommes, qui
» soit sans naissance, pauvre, & qui craigne à
» tout moment pour sa propre vie ; enfin, qui
» soit si méprisable & si accablé de toutes sortes de
» disgraces, qu'il n'y ait personne dans le monde
» si malheureux que lui. »

Vénus après avoir ainsi parlé, baisa tendrement son fils, & s'en alla vers le rivage de la mer. Si-tôt qu'elle eut porté ses pieds délicats sur les flots, & qu'elle s'y fut assise, elle ne fit que souhaiter, & dans le moment parut un cortège avec le même appareil, que si elle l'eût ordonné long-tems auparavant. Les filles de Merée, s'approchent, faisant éclater leurs voix par des chants d'alegreffe. On y voit Portune avec fa grande barbe bleue, Salacia avec fa robe pleine de poiffons, & le jeune Palémon monté fur un dauphin. Les tritons nagent en foule autour de la déeffe. L'un fonne de la trompette avec une conque, un autre lui préfente un parafol de foie pour la garantir de l'ardeur du foleil. On en voit un qui tient un miroir devant elle, & quelques autres aident à faire avancer fon char. C'eft avec cette pompe que Vénus paroît quand elle va rendre vifite à l'Océan.

Cependant Pfiché avec une beauté fi renommée, ne retire aucun fruit de cet avantage. Chacun s'empreffe pour la voir, tout le monde la comble de louanges ; mais il ne fe trouve perfonne, foit roi, foit prince, foit particulier, à qui il prenne envie de la demander en mariage. On admire cette beauté divine, mais on ne fait que l'admirer comme une belle ftatue, fans en être touché. Ses deux fœurs, dont les appas n'avoient fait aucun bruit dans le monde, avoient été recherchées par deux rois, avec qui elles étoient avantageufement mariées. Pfiché reftoit feule dans la maifon de fon père, fans amant, pleurant fa folitude, malade & l'efprit abattu, haïffant fa beauté, quoiqu'elle fît l'admiration de toute la terre.

Le père de cette infortunée princeffe foupçonnant

que le malheur de fa fille pouvoit être un effet de la haine des dieux, & redoutant leur colère, fut à l'ancien temple de Milet, confulter l'oracle d'Apollon. Après y avoir fait des facrifices, il fupplia cette divinité de donner un époux à Pfiché, qui n'étoit recherchée de perfonne. Voici ce que l'oracle répondit :

> Qu'avec les ornemens d'un funefte hymenée,
> Pfiché, fur un rocher, foit feule abandonnée ;
> Ne crois pas, pour époux, qu'elle y trouve un mortel,
> Mais un monftre terrible, impérieux, cruel,
> Qui, volant dans les airs, livre à toute la terre,
> Par la flâme & le fer, une immortelle guerre,
> Et dont les coups puiffans craints du maître des Dieux,
> Epouvante la mer, les enfers & les cieux.

Ce roi autrefois fi heureux, après cette réponfe s'en retourne chez lui accablé de douleur & de trifteffe ; & ayant fait part à la reine fon époufe, des ordres cruels du deftin, on n'entend que des cris & des gémiffemens de tous côtés. Quelques jours fe paffent dans les larmes, mais le tems approchoit qu'il falloit obéir à l'oracle. On fait déjà les apprêts des noces funeftes de cette princeffe ; on allume les flambeaux de l'hymenée, qui devoient éclairer fes funérailles. Les flûtes deftinées pour des airs de réjouiffance, ne rendent que des fons triftes & lugubres ; & celle qu'on alloit marier, effuie fes larmes à fon voile même. Toute la ville en général, & tout le pays pleure les malheurs de la maison royale, & on ordonne un deuil public.

Cependant la nécessité d'obéir aux ordres des dieux, appeloit Psiché au supplice qu'ils lui avoient destiné; & si-tôt que l'appareil de ces noces funestes fut achevé, on part. Toute la ville en pleurs accompagne la pompe funèbre d'une personne vivante, & Psiché versant des larmes, va à ses noces, ou plutôt à ses funérailles. Mais voyant que son père & sa mère, saisis d'horreur de ce qu'on alloit faire, ne pouvoient se résoudre à consentir qu'on exécutât un ordre si barbare, elle les y encourage elle-même. « Pourquoi, leur
» dit-elle, consumez-vous votre vieillesse en
» regrets inutiles ? Pourquoi abréger par des san-
» glots continuels, une vie qui m'est mille fois
» plus chère que la mienne ? Que vous sert de vous
» arracher les cheveux, de vous déchirer le visage
» & la poitrine ? C'est augmenter ma douleur.
» Voilà ce que vous deviez attendre de ma
» beauté. Accablés présentement par ce coup
» affreux, vous connoissez, mais trop tard, les
» traits mortels de l'envie. Quand tout le peuple
» & les nations étrangères me rendoient des hon-
» neurs divins ; quand on m'appeloit la nou-
» velle Vénus par toute la terre, c'étoit alors que
» vous deviez vous affliger, c'étoit alors que vous

» me deviez pleurer comme une perſonne prête
» à périr. Je le connois préſentement, & je
» l'éprouve enfin, que ce ſeul nom de Vénus eſt
» cauſe de ma mort. Mais qu'on me conduiſe ſur
» ce fatal rocher. Je ſouhaite avec empreſſement
» cet heureux mariage; & que j'ai d'impatience
» de voir cet illuſtre époux que les dieux me
» deſtinent! A quoi bon héſiter ? Dois-je différer
» un moment de recevoir un mari né pour dé-
» truire l'univers » ?

En achevant ces mots, Pſiché ſe mêla avec empreſſement dans la foule du peuple qui accompagnoit la pompe. On arrive à la montagne deſtinée; on y monte, & l'on y laiſſe ſeule cette malheureuſe princeſſe. Ceux qui avoient porté les torches nuptiales, après les avoir éteintes avec leurs larmes, les y laiſsèrent, & chacun revint chez ſoi tout conſterné. Le roi & la reine s'enfermèrent dans leur palais, où ils s'abandonnèrent à une douleur continuelle. Cependant Pſiché ſaiſie d'effroi, pleuroit ſur le haut du rocher, lorſqu'un zéphir agitant ſes habits, & s'inſinuant dans les plis de ſa robe, l'enlève légèrement, la deſcend au pied de la montagne, & la poſe doucement ſur un gazon plein de fleurs.

Fin du quatrième Livre.

LIVRE CINQUIÈME.

Psiché couchée sur un tendre gazon, étant un peu remise de son trouble & de sa frayeur, se laissa aller insensiblement à un doux sommeil. Après avoir reposé quelque tems, elle se réveille, l'esprit beaucoup plus tranquille. D'abord elle aperçoit un bois planté de fort grands arbres ; elle voit au milieu une fontaine plus claire que du cristal. Sur les bords que ses eaux arrosent, elle voit un palais superbe, élevé plutôt par la puissance d'un dieu, que par l'art & l'adresse des hommes. A n'en voir seulement que l'entrée, il étoit aisé de juger que c'étoit le séjour de quelque divinité. Des colonnes d'or y soutiennent des lambris d'ivoire & de bois de citronnier, d'un ouvrage admirable. Les murs qu'on voit d'abord en entrant, sont couverts de bas-reliefs d'argent, qui représentent toutes sortes d'animaux ; & ce fut une industrie merveilleuse à l'homme, au demi-dieu, ou plutôt, au dieu qui travailla ce métal d'une si grande perfection. Les planchers sont de pierres précieuses de différentes couleurs, taillées & jointes ensemble, de manière qu'il semble que ce sont des ouvrages de peinture. O que ceux-là sont heureux, qui marchent sur l'or

& fur les pierreries ! Le refte de ce vafte palais étoit d'un prix ineftimable. Les murailles des appartemens revêtûs d'or pur, brillent de toutes parts ; & quand le foleil auroit refufé fa lumière à ce palais, fes portes, fon veftibule & fes chambres en donneroient affez pour l'éclairer. Les meubles répondent fi bien à la magnificence de cet édifice, qu'il femble que Jupiter, dans le deffein d'habiter la terre, ait pris foin de le faire embellir.

Pfiché attirée par la vue de tant de merveilles, s'en approche; devenue enfuite un peu plus hardie, elle entre dans cette brillante demeure; elle admire l'une après l'autre tant de beautés différentes, qui de tous côtés s'offrent à fes regards; elle y voit des chambres d'une architecture parfaite, pleines de tout ce qui fe pouvoit imaginer de plus précieux; ce qui ne s'y trouve pas, ne peut fe trouver dans le refte du monde. Mais ce qui la furprend encore plus que la vue du plus beau tréfor de l'univers, l'accès n'en eft point interdit, & il n'y a perfonne qui le garde.

Comme elle confidère toutes ces richeffes avec grand plaifir, elle entend une voix qui lui dit: pourquoi vous étonnez-vous, Pfiché, de voir des chofes dont vous êtes la maîtreffe ? tout ce qui eft ici eft à vous. Entrez donc dans un de ces appartemens ; fur ces lits qui s'offrent pour le repos, cherchez à vous délaffer. Ordonnez quel

bain

bain vous voulez qu'on vous prépare : celle dont vous entendez la voix, est destinée à vous servir aussi bien que ses compagnes. Nous sommes prêtes à vous obéir ; & après avoir fait ce qu'il faut auprès de votre personne, on vous servira un repas digne d'une princesse comme vous.

Psiché reconnut que les dieux prenoient soin d'elle, & suivant l'avis de ces personnes invisibles, elle se coucha, & dormit quelque tems ; ensuite elle se baigna. Au sortir du bain, elle vit un repas préparé ; elle jugea bien que c'étoit pour elle, & se mit à table. On lui présenta des vins délicieux, & quantité de mets exquis furent servis devant elle par des mains invisibles ; elle entendoit seulement les voix de ces personnes qu'elle ne voyoit point, qui étoient autour d'elle pour la servir. Quand elle fut sortie de table, une belle voix chanta, accompagnée d'un luth : ensuite plusieurs voix se joignirent ensemble ; & quoiqu'elle ne vît aucun des musiciens, elle jugea qu'ils étoient en grand nombre, par les chœurs de musique qu'elle entendoit.

Après avoir goûté tous ces plaisirs, Psiché alla sur un lit chercher le sommeil où le retour de la nuit l'invitoit. Quand la nuit fut un peu plus avancée, le son d'une douce voix vint frapper ses oreilles. Alors se voyant seule, la peur la saisit ; elle frissonne, & craint plus que toutes choses ce

L

qu'elle n'a point encore éprouvé ; cependant cet époux inconnu s'approche du lit de Pfiché, fe couche auprès d'elle, en fait fa femme, & la quitte avant le jour. Peu de tems après, ces perfonnes invifibles qui la fervoient, font entendre leurs voix dans fa chambre, & préparent tout ce qu'il faut pour le lever de la nouvelle mariée. Pfiché paffa quelque tems dans ce genre de vie, & s'y accoutumant, infenfiblement, elle y prenoit plaifir ; ces voix qui lui obéiffoient & avec qui elle s'entretenoit, lui rendoient fa folitude agréable.

Cependant fon père & fa mère confumoient le refte de leur vieilleffe dans les gémiffemens & dans une affliction continuelle. Le bruit du malheur de leur fille s'étoit répandu dans les pays éloignés. Ses deux fœurs en étant informées, quittèrent leurs maris, & vinrent au plus vîte mêler leurs larmes à celles de leurs parens. Cette même nuit l'époux de Pfiché lui parla ainfi ; car quoiqu'elle ne le vît point, elle ne laiffoit pas de le toucher & de l'entendre : ma chère époufe, je vous avertis que la fortune cruelle vous menace d'un péril terrible ; il eft à propos que vous vous teniez bien fur vos gardes. Vos fœurs troublées du bruit de votre mort, viendront bientôt fur ce rocher pour favoir ce que vous êtes devenue. Si leurs plaintes & leurs cris font portés jufqu'à vous, gardez-vous bien de leur répondre, ni même de les regarder ; vous me causeriez un grand sujet d'affliction, & vous vous attireriez le dernier des malheurs.

Psiché promit à son mari de ne faire que ce qu'il lui prescrivoit ; mais elle s'abandonna aux larmes & aux plaintes, & passa tout le jour en cét état. Ah ! disoit-elle à tout moment, je vois bien présentement que je suis perdue sans ressource, puisqu'étant enfermée dans une belle prison, seule & privée de tout commerce, il ne m'est pas permis de donner aucune consolation à mes sœurs affligées de ma perte, ni même de les voir. Elle ne voulut ni boire ni manger de tout le jour, ni se mettre dans le bain. Quand le soir fut venu, elle s'alla mettre au lit, les larmes aux yeux.

Dans le moment son mari vint se coucher auprès d'elle un peu plutôt qu'à l'ordinaire, & l'embrassant ainsi baignée de larmes : est-ce-là, lui dit-il, ce que vous m'aviez promis ma chère Psiché ? Que puis-je désormais attendre de vous ? Qu'en dois-je espérer ? puisque jour & nuit vous ne cessez point de vous affliger, même dans les bras de votre époux. Faites donc tout ce qu'il vous plaira, & suivez un désir qui vous entraîne à votre perte, mais souvenez-vous que je vous ai avertie très-sérieusement du malheur dont vous êtes me-

L iij

nacée, & que vous vous repentirez trop tard de n'avoir pas suivi mon conseil.

Psiché l'assure qu'elle mourra, s'il ne lui accorde sa prière : elle le conjure de lui permettre de voir ses sœurs, de les entretenir, & de les consoler. Enfin elle fit tant qu'il lui accorda ce qu'elle demandoit. Il consentit même qu'elle leur donnât autant d'or & de pierreries qu'elle voudroit; mais il l'avertit en même-tems de n'écouter jamais les pernicieux conseils qu'elles lui donneroient, de s'informer de la figure de son mari ; que cette curiosité sacrilège la précipiteroit du faîte du bonheur, dans un abyme de souffrances, & seroit cause qu'elle le perdroit pour jamais.

Psiché ayant l'esprit content, remercia son mari de lui avoir accordé ce qu'elle lui demandoit. Je mourrois plutôt mille fois, lui dit-elle, que de rien faire qui pût me séparer de vous; car la tendresse que j'ai pour vous ne se peut exprimer, & qui que vous soyez, je vous aime cent fois plus que ma vie, & je vous préférerois au dieu de l'amour même. Mais je vous demande encore une grace : ordonnez, je vous prie à ce zéphir qui vous sert, d'apporter ici mes sœurs, de la même manière que j'y fus apportée. Ensuite elle l'embrassa, & lui dit mille choses tendres & passionnées : cher époux, ma chère ame, lui disoit-elle, ne me refufez pas. Enfin elle fit fi bien par fes careffes, qu'il lui accorda tout ce qu'elle vouloit : mais le jour étant prêt de paroître, il la quitta.

Cependant les fœurs de Pfiché informées du lieu où elle avoit été abandonnée, s'y rendirent en diligence. Si-tôt qu'elles y furent, elles fe mirent à pleurer, à fe frapper la poitrine & à s'affliger fi violemment, qu'elles faifoient retentir les rochers de leurs cris & de leurs fanglots. Elles appeloient fans ceffe leur fœur par fon nom, tant qu'enfin les échos portèrent leurs voix plaintives jufqu'à elle. Pfiché tremblante & toute hors d'elle-même, fort vîte de fon palais : « eh ! qu'avez-vous, leur cria-t-elle, à vous affliger de la forte? Voici celle que vous pleurez; ceffez de pouffer ces cris douloureux, & féchez vos pleurs, puifque vous pouvez embraffer celle qui en étoit la caufe ». En même-tems elle appelle le zéphir, & lui ayant dit l'ordre de fon mari, il part; & dans le moment enlevant fes fœurs, il les apporte proche d'elle fans leur faire aucun mal.

Elles s'embraffent mille fois, & leurs larmes qui s'étoient arrêtées recommencèrent à couler par l'excès de leur joie. Entrez chez moi, leur dit Pfiché, venez vous confoler & vous réjouir avec votre chère fœur. Avant que d'entrer, elle leur fit remarquer la magnificence de fon palais & la beauté de fa fituation; elle leur fit voir les richeffes immenses qu'il renfermoit ; & après leur avoir fait entendre ce grand nombre de voix, qui avoient ordre de la servir, elle les mène se baigner dans des bains délicieux : ensuite elle leur donne un repas dont l'appareil étoit superbe, & où l'abondance étoit jointe à la délicatesse & à la propreté. La vue de tant d'opulence & de tant de merveilles, ne servit qu'à faire naître dans le cœur de ces princesses le noir poison de l'envie.

L'une des deux ne cessa point de lui demander qui étoit le maître de tant de choses extraordinaires, & de l'interroger du nom & de la qualité de son mari. Psiché se souvint toujours des conseils qu'elle avoit reçus, & tint son secret renfermé dans son cœur ; mais imaginant une réponse dans le moment, elle leur dit que son mari étoit un homme dans la fleur de son âge, parfaitement beau & bien fait, qui faisoit sa principale occupation de la chasse dans les forêts & sur les montagnes voisines ; & de peur qu'un plus long entretien ne leur fît découvrir quelque chose de ce quelle vouloit cacher, elle leur fit présent de quantité de bijoux d'or & de pierreries : ensuite elle appelle le zéphir, & lui ordonne de les reporter où il les avoit prises ; ce qui fut aussitôt exécuté.

Pendant que ces deux princesses s'en retournoient chez elles, le cœur dévoré par l'envie, elles faisoient éclater leur chagrin par leurs discours.

« Fortune aveugle & cruelle, dit l'une! pourquoi faut-il qu'étant nées d'un même père & d'une même mère, nous ayons une destinée si différente; que nous, qui sommes les aînées, soyons livrées comme des esclaves à des maris étrangers, & que nous passions notre vie exilées loin de notre patrie & de nos parens, pendant que Psiché, qui n'est que notre cadette, & qui a bien moins de mérite que nous, a le bonheur d'avoir un Dieu pour époux, & jouit d'une fortune si éclatante, qu'elle ne sait pas même en connoître le prix ? Avez-vous bien remarqué, ma sœur, quelle profusion de choses précieuses l'on voit dans son palais ? Quels meubles, quelle quantité d'habits magnifiques, quels prodigieux amas de pierreries, & combien d'or l'on y foule aux pieds ? Si son mari est aussi beau qu'elle nous l'assure, il n'y a personne dans tout le monde si heureuse qu'elle; peut-être même que l'amour qu'il a pour elle venant à s'augmenter par l'habitude, ce dieu en fera une déesse, & je n'en doute point; n'en a-t-elle pas déjà les airs & les manières; elle n'aspire pas à une moindre gloire; & une femme qui a des voix à son service, & qui commande aux vents, n'est pas fort éloignée d'un rang si glorieux. Et moi, malheureuse, j'ai un mari plus vieux que mon père, qui n'a pas un cheveu, plus foible qu'un enfant, & si défiant qu'il tient tout enfermé sous la clef dans la maison » !

« Le mien, reprit l'autre, est tout courbé & accablé de goutte, jugez quelle satisfaction je puis avoir avec lui ; il faut souvent que j'employe mes mains délicates à panser les siennes, & à mettre des fomentations sur ses doigts endurcis comme des pierres ; je fais plutôt auprès de lui le personnage d'un médecin que d'une épouse. Enfin, ma sœur, à vous parler franchement, c'est à vous de voir si vous avez assez de patience & de foiblesse pour supporter une telle différence de Psiché à nous. Pour moi, je vous avoue que je ne puis souffrir, qu'indigne d'un si grand bonheur, elle en jouisse davantage. Souvenez-vous avec quelle fierté & quelle arrogance elle en a usé avec nous, avec quelle ostentation insupportable elle nous a fait voir toutes ses richesses, dont elle ne nous a donné qu'à regret une très-petite partie. Bientôt lasse de nous voir, elle a commandé aux vents de nous remporter, & s'est défaite de nous d'une manière choquante : mais je veux n'être pas femme & cesser de vivre, si je ne la précipite de sa haute fortune ; si l'affront qu'elle nous a fait, vous est aussi sensible qu'à moi, prenons ensemble des mesures justes pour la perdre. Ne montrons à nos parens, ni à personne, les présens qu'elle nous a faits ; faisons même comme si nous n'avions pu apprendre aucune de ses nouvelles ; il suffit de ce que nous avons vu qui nous cause assez de chagrin, sans aller apprendre à nos parens & à tous leurs sujets, la félicité dont elle jouit; car les hommes ne sont point véritablement heureux, quand leur bonheur n'est connu de personne. Il faut faire sentir à Psiché que nous sommes ses sœurs aînées, & non pas ses esclaves. Retournons chez nos maris, dans des maisons bien modestes, auprès de celle que nous venons de quitter, & quand nous aurons pris nos mesures sur ce que nous avons à faire, nous reviendrons à coup sûr punir son orgueil ».

S'étant fortifiées l'une & l'autre dans cette pernicieuse résolution, elles cachèrent les riches présens que leur sœur leur avoit faits, & arrivèrent dans la maison paternelle, contrefaisant les affligées, s'arrachant les cheveux, & s'égratignant le visage, qu'elles auroient bien mérité d'avoir déchiré tout-à-fait. Elles renouvelèrent, par ces larmes feintes la douleur, où leur père & leur mère s'étoient abandonnés; ensuite elles s'en allèrent chez elles toujours occupées de leurs mauvais desseins, & méditant les moyens d'exécuter leurs perfidies, ou plutôt leur parricide contre une sœur innocente.

Cependant cet époux, que Psiché ne connoissoit point, l'avertissoit toutes les nuits de prendre garde à elle. «Vous ne voyez pas, lui disoit-il, le péril dont la fortune vous menace, il est encore éloigné ; mais si vous ne vous précautionnez de bonne heure, certainement vous succomberez. Vos perfides sœurs mettent tout en usage pour vous perdre , & surtout elles veulent vous persuader de chercher à me voir; mais comme je vous l'ai dit souvent, si vous me voyez une fois, vous ne me reverrez jamais. C'est pourquoi, si ces abominables femmes reviennent ici avec leurs noires intentions, (& je sai qu'elles y viendront) ne leur parlez point ; & si vous ne pouvez vous en empêcher par la foiblesse que vous avez pour elles, & par la bonté de votre naturel, au moins n'écoutez rien sur ce qui regarde votre mari, & ne répondez pas un mot. Vous portez dans votre jeune sein des fruits de notre hymenée : si vous tenez nos secrets cachés, je vous annonce que cet enfant sera au nombre des dieux, mais si vous les révélez, ce ne sera qu'un simple mortel ».

Psiché charmée de ce qu'elle venoit d'entendre, en devient plus belle; elle s'applaudit de sa fécondité , & se réjouit, dans l'espérance qu'elle a d'être mere d'un dieu : elle compte avec soin les jours & les mois, dans l'impatience qu'elle a de mettre au monde cet enfant divin. Mais ses sœurs, ces deux furies, qui ne respirent que le crime, s'étoient embarquées pour venir exécuter leur détestable dessein.

Cependant, le mari de Psiché l'avertit encore

de ce qu'elle avoit à craindre : « Voici, lui dit-il, le dernier jour, le péril eft proche ; vos sœurs ingrates & dénaturées ont pris les armes, ont sonné la charge, & vont fondre sur vous. Je les vois déjà qui vous tiennent le couteau sur la gorge : Ah ! ma chère Psiché, que de malheurs vous environnent; ayez pitié de moi, ayez pitié de vous-même; gardez un secret inviolable, sauvez votre mari, votre maison, sauvez-vous vous-même avec ce cher gage que vous portez dans votre sein; ne voyez point ces femmes déloyales que vous ne devez plus regarder comme vos sœurs, après la guerre mortelle qu'elles vous ont déclarée, malgré les liens du sang; n'écoutez point ces perfides sirènes, lorsqu'elles viendront sur ce rocher faire retentir les échos d'alentour de leurs funestes cris ».

« Je ne crois pas, lui dit Psiché, d'une voix entrecoupée de sanglots que, jusqu'ici, vous ayez eu lieu de vous plaindre de ma discrétion, & d'avoir manqué à ce que je vous ai promis; vous connoîtrez mieux dans la suite si je suis capable de garder un secret. Commandez donc encore au zéphir de m'obéir, & puisqu'il ne m'est pas permis de jouir de la vue de votre divine personne, au moins que je puisse voir mes sœurs. Je vous le demande par ces cheveux parfumés qui tombent sur vos épaules, par ce visage qui ne peut être que parfaitement beau, qui me semble au toucher aussi délicat &

aussi uni que le mien; je vous en conjure, enfin, par votre sein qui brûle de je ne sai quelle chaleur extraordinaire ne me refusez pas le plaisir de voir mes sœurs; ainsi, puissé-je vous voir un jour dans l'enfant qui naîtra de vous ! Accordez cette satisfaction à votre chère Psiché, qui ne vit & ne respire que pour vous. Je ne demande plus à vous voir, l'obscurité même de la nuit ne me fait nulle peine, puisque je vous tiens dans mes bras, vous qui êtes ma lumière ». Cet époux attendri se rendit aux prières & aux caresses de Psiché; il essuya avec ses cheveux les larmes qu'elle versoit; & lui ayant promis ce qu'elle souhaitoit, il la quitta avant la pointe du jour.

Les deux sœurs conjurées, ayant pris terre, descendent promptement de leurs vaisseaux, & sans aller voir leurs parens, s'acheminent vers le rocher, y montent avec précipitation. Là, par une témérité insolente, sans attendre le secours du vent qui les devoit porter, elles se jettent dans l'air; le Zéphir qui n'avoit pas oublié l'ordre qui lui avoit été donné, les soutient & les porte, quoiqu'à regret, proche du palais de Psiché. Elles y entrent sans s'arrêter un moment, & embrassant leur proie, à qui elles donnoient le nom de sœur, elles cachent, avec une joie & des caresses feintes, la noirceur de leurs intentions. « Psiché, lui disoient-elles, vous n'êtes plus un enfant, vous ferez bientôt mère; que cette grossesse nous promet de grands avantages; quelle joie pour toute notre famille, & que nous nous estimerons heureuses de donner nos soins à élever un enfant si précieux. S'il tient de son père & de sa mère pour la beauté, il sera beau comme l'amour même». C'est ainsi que par ces fausses démonstrations d'amitié elles s'emparent de son esprit.

Après qu'elle les eut fait reposer; elle leur fait prendre le bain; ensuite elle les conduit dans un appartement superbe, où elle leur fait trouver un repas magnifique. Elle ordonne qu'on joue du luth, elle est obéie; elle demande un concert de flûtes, leurs agréables sons se font entendre; enfin elle veut que des voix se joignent aux instrumens, & l'on entend un chœur de musique admirable, sans qu'on voye aucun de ceux qui le composent. Mais les charmes de cette divine harmonie n'étoient pas capables de calmer la fureur dont ces perfides étoient possédées, & comme elles suivoient toujours leur projet, avec une douceur feinte, elles s'informent de leur sœur, qui étoit son mari, & quelle étoit sa famille. Psiché, trop simple & trop peu défiante, ne se souvenant plus de ce qu'elle leur avoit répondu sur cela, inventa sur le champ un nouveau mensonge, & leur dit que son mari étoit de la province voisine; que c'étoit un homme qui faisoit un grand commerce, & qui étoit puissamment riche; qu'il étoit entre deux âges, & commençoit à avoir des cheveux blancs: & coupant court sur ce discours, elle les comble de riches présens comme la première fois, & les renvoya par le même vent, qui les avoit apportées.

A peine le Zéphir les eut-il rendu, où il les avoit prises, que s'en allant chez leur père, elles eurent cette conversation. «Que dites-vous ma sœur, disoit l'une, du ridicule mensonge que cette innocente vient de nous faire? Son mari, à ce qu'elle nous disoit, étoit un jeune homme qui n'avoit point encore de barbe; présentement il est entre deux âges, & ses cheveux commencent à blanchir. Quel est donc cet homme qui vieillit de la sorte en si peu de tems? Ma sœur, reprit l'autre, de deux choses l'une, ou Psiché ne nous a pas dit la vérité, ou jamais elle n'a vu son mari. Que ce soit l'un ou l'autre, il faut faire en sorte au plutôt de détruire le bonheur dont elle jouit. S'il est vrai qu'elle ne sache point comme est fait son époux, sans doute elle est mariée à un dieu, elle porte un enfant divin dans son sein; & certainement si elle vient à être mère de quelque demi-dieu, (le ciel nous en préserve) mais si cela arrivoit, je m'étranglerois dans le moment. Cependant retournons chez notre père, & prenons des mesures justes pour venir à bout de nos desseins».

Ainsi agitées par la violence de leur passion

criminelle, après avoir, par manière d'acquit, visité leur père & leur mère, elles se levent avant la fin de la nuit, troublent toute la maison, en sortent comme des furies, courent au rocher, & y arrivent avec le jour; & de-là, par le secours ordinaire du zéphir, volent au palais de leur sœur. Après s'être frotté les yeux pour en arracher quelques larmes, elles l'abordent avec ce discours plein d'artifice : « Vous vivez heureuse & tranquille dans l'ignorance de votre malheur, & du péril où vous êtes exposée; mais nous qui veillons pour vos intérêts, nous sommes dans une peine effroyable de vous voir à deux doigts de votre perte; & la part que nous prenons à ce qui vous regarde, fait que nous ne pouvons plus vous cacher ce que nous avons appris de votre sort. Nous savons très-certainement qu'un serpent d'une grandeur prodigieuse vient tous les soirs la gueule dégoutante de sang & de venin, passer la nuit secrètement auprès de vous. Souvenez-vous de l'oracle d'Apollon, qui répondit que vous étiez destinée à épouser un monstre cruel. Plusieurs paysans, & quelques chasseurs des environs, le virent hier au soir comme il venoit de se repaître, qui se baignoit sur le bord de la rivière qui est au pied de ce rocher; & tout le monde assure que vous ne jouirez pas longtems des plaisirs que vous goûtez ici, & que, lorsqu'étant prête d'accoucher, vous serez encore plus graffe & plus pleine que vous n'êtes, ce dragon ne manquera pas de vous dévorer. C'eft donc à vous de voir fi vous voulez croire vos fœurs, à qui votre vie eft infiniment chère, & lequel vous aimez mieux, ou de vivre avec nous hors de danger, ou d'être enfevelie dans le ventre d'un monftre. Que fi, malgré ce que nous vous difons, cette folitude, où vous n'entendez que des voix, a des charmes pour vous ; fi vous êtes touchée des careffes infames & dangereufes de ce dragon, de manière que vous ne vouliez pas fuivre nos confeils, au moins n'aurons-nous rien à nous reprocher, nous aurons fait notre devoir à votre égard».

La pauvre Pfiché, trop fimple & trop crédule, fut fi épouvantée de ce que fes fœurs lui difoient, & en eut l'efprit fi troublé, que, ne fe fouvenant plus des avertiffemens de fon mari, ni de la promeffe qu'elle lui avoit faite, elle courut elle-même au-devant de fa perte. « Mes chères fœurs, leur dit-elle, avec un vifage où la frayeur étoit peinte, & d'une voix entrecoupée de fanglots, vous me donnez des marques bien fenfibles de la tendreffe que vous avez pour moi ; j'ai même lieu de croire que ceux qui vous ont fait ce rapport ne vous ont rien dit qui ne foit véritable. Je n'ai jamais vu mon mari, & j'ignore abfolument de quel pays il eft. Je paffe les nuits avec cet époux, dont j'entends

tends seulement la voix que je ne connois point, & qui fuit la lumière. Je ne puis m'empêcher de convenir qu'il faut bien que ce soit quelque monstre comme vous me l'avez dit ; car il m'a toujours défendu expressément, & avec grand soin, de souhaiter de le voir, m'assurant que cette curiosité m'attireroit le dernier des malheurs. Si vous savez donc quelques moyens de secourir votre sœur dans cette extrémité, ne les lui refusez pas, je vous en conjure. Quand on se repose trop sur la providence des dieux, on en devient indigne ».

Ces méchantes femmes, voyant le cœur de Psiché à découvert, crurent qu'il n'étoit plus besoin de prendre aucun détour, & que s'étant entièrement emparées de son esprit, elles n'avoient qu'à agir ouvertement. Ainsi, l'une d'elles prenant la parole : « Les liens du sang, lui dit-elle, qui nous unissent à vous, nous engagent à ne considérer aucun danger, quand il s'agit de votre conservation. Ainsi, nous vous dirons le seul moyen que nous avons trouvé, qui peut empêcher votre perte, munissez-vous d'un bon rasoir bien repassé & bien tranchant, & le serrez dans votre lit, du côté où vous avez accoutumé de coucher ; cachez aussi, sous quelque vase, une petite lampe pleine d'huile & bien allumée, faites tout cela secrètement ; & lorsque le monstre se sera traîné, en rampant à son ordinaire, jusqu'à votre lit, qu'il se sera couché auprès de vous, & que vous le verrez enseveli dans un profond sommeil, levez-vous doucement & sans faire le moindre bruit, allez querir votre lampe, servez-vous de sa lumière, & prenez bien votre tems pour exécuter une action courageuse. Coupez hardiment la tête de ce dragon avec le rasoir que vous aurez préparé ; nous serons toutes prêtes à vous secourir, & si-tôt que vous aurez mis votre vie en sûreté par sa mort, nous reviendrons vous trouver, pour emporter avec vous tous les trésors qui sont dans ce palais, ensuite nous vous donnerons un époux qui vous convienne ». Après que ces perfides eurent ainsi enflamé le cœur de Psiché, elles prirent congé d'elle, craignant d'être enveloppées dans le péril, où elles l'exposoient, & se firent rapporter par le zéphir, sur le rocher où il avoit accoutumé de les aller prendre. Si-tôt qu'elles y furent, elles allèrent vîte regagner leurs vaisseaux pour retourner chez elles.

Psiché abandonnée à elle-même, ou plutôt aux furies qui la déchirent, n'est pas moins agitée que la mer pendant l'orage. Quelque ferme résolution qu'elle eût prise, le tems venu d'exécuter son dessein, elle chancelle, & ne sait à quoi se résoudre. Dans le triste état où elle est réduite, son cœur est tourmenté de mille passions différentes ; elle se hâte, elle diffère, elle ose, elle craint, elle se défie, elle est transportée de colère ; & ce qui est de plus cruel pour elle, dans le même objet, elle hait un monstre & aime un mari. Enfin, voyant le jour prêt à finir, elle se détermine & prépare, avec précipitation, tout ce qu'il faut pour exécuter son projet criminel.

Quand il fut nuit, son mari vint se coucher auprès d'elle. Après qu'il lui eût fait de nouvelles protestations de tendresse, il s'endort profondément. Alors Psiché, toute foible de corps & d'esprit qu'elle étoit, poussée par son mauvais destin qui lui donnoit de nouvelles forces, sort du lit, prend la lampe & le rasoir, & se sent animée d'une hardiesse au-dessus de son sexe. Mais si-tôt qu'elle eut approché la lumière, elle aperçoit le plus doux & le plus apprivoisé de tous les monstres; elle voit Cupidon, ce dieu charmant, qui reposoit d'une manière aimable. Ce rasoir odieux, qu'elle tient dans sa main, semble se vouloir émousser, & la lumière de la lampe en devient plus vive.

Psiché surprise d'une vue à laquelle elle s'attendoit si peu, toute hors d'elle-même, pâle, tremblante, & n'ayant pas la force de se soutenir, se laisse aller sur ses genoux & veut cacher, mais dans son propre sein, le fer qu'elle tenoit, ce qu'elle auroit fait sans doute, si, pour se dérober à un si grand crime, il ne lui fût tombé des mains. Toute foible & toute abattue qu'elle étoit, la vue de cette beauté divine ranime son corps & son esprit. Elle voit une tête blonde toute parfumée, une peau blanche & délicate, des joues du plus bel incarnat du monde, de longs cheveux frisés, dont les boucles, qui sembloient briller plus que la lumière de la lampe, tomboient négligemment sur les épaules & sur le sein de ce charmant époux. Il avoit des aîles de couleur de rose, dont les plumes les plus petites & les plus légères sembloient se jouer au mouvement de l'air qui les agitoit ; tout le reste de son corps étoit d'un éclat & d'une beauté parfaite, & tel que Vénus pouvoit se glorifier de l'avoir mis au monde.

Psiché aperçut aux pieds du lit, un arc, un carquois, & des flèches, qui sont les armes de ce dieu puissant, qui font de si douces blessures : elle les examine avec une curiosité extraordinaire, & les admire. Elle prend une des flèches, & voulant essayer, du bout du doigt, si la pointe en étoit bien fine, elle se fit une légère piqûre, dont il sortit quelques gouttes de sang. C'est ainsi que, sans y penser, Psiché devint amoureuse de l'Amour même. Alors, se sentant enflammer de plus en plus pour son cher époux, elle le baise tendrement, redouble ses caresses avides & empressées, & craint la fin de son sommeil.

Mais pendant qu'elle goûte de si doux plaisirs, cette perfide lampe, comme si elle eût été jalouse, ou qu'elle eût souhaité de toucher & de baiser

L'Ane d'Or d'Apulée. pag. 161

aussi cet aimable dieu, laisse tomber une goutte d'huile enflammée sur son épaule droite. Ah! lampe audacieuse & téméraire, tu brûles l'auteur de tous les feux du monde : est-ce ainsi qu'il faut servir les amans, toi qui as été inventée par eux pour jouir pendant la nuit de la vue de ce qu'ils aiment? L'Amour se sentant brûler, s'éveille tout d'un coup, & voyant qu'on lui avoit manqué de parole, se débarrasse d'entre les bras de l'infortunée Psiché, & s'envole sans lui parler. Mais elle le saisit avec ses deux mains par la jambe droite, de manière qu'elle est enlevée en l'air, jusqu'à ce qu'étant lasse & n'en pouvant plus, elle lâche prise & tombe à terre. Ce dieu amant, ne voulant pas d'abord l'abandonner dans cet état, vole sur un ciprès qui étoit proche, d'où il lui parla ainsi.

« Trop foible & trop simple Psiché! loin
» d'obéir à Vénus ma mère, qui m'avoit ordonné
» de vous rendre amoureuse du plus méprisable
» de tous les hommes, & d'en faire votre époux,
» moi-même j'ai voulu rendre hommage à vos
» charmes. J'ai fait plus, & je vois bien que j'ai
» eu tort; je me suis blessé pour vous d'un de
» mes traits, & je vous ai épousée, & tout cela,
» Psiché, afin que vous crussiez que j'étois un
» monstre, & que vous coupassiez une tête, où
» sont ces yeux qui vous trouvoient si belle. Voilà
» le malheur que je vous prédisois toujours qui

» nous arriveroit, si vous négligiez les avertisse-
» mens que je vous donnois avec tant de ten-
» dresse. A l'égard de celles qui vous ont donné
» des conseils si pernicieux, avant qu'il soit peu,
» je les en ferai repentir ; pour vous je ne puis
» mieux vous punir qu'en vous abandonnant. »

En achevant ces mots, l'amour s'envole. Psiché couchée par terre, pénétrée de la douleur la plus vive & la plus affreuse, le suit des yeux tant qu'elle peut. Si-tôt qu'elle l'a perdu de vue, elle court se précipiter dans un fleuve qui étoit près de là ; mais ce fleuve favorable, par respect pour le dieu qui porte ses feux jusqu'au fond des flots, & redoutant son pouvoir, conduit Psiché sur le rivage sans lui faire aucun mal, & la pose sur un gazon couvert de fleurs.

Par hasard le dieu Pan étoit assis sur une petite éminence au bord du fleuve, & toujours amoureux de la nymphe Sirinx transformée en roseau : il lui apprenoit à rendre toutes sortes de sons agréables, pendant que ses chèvres bondissoient autour de lui, paissant de côté & d'autre sur le rivage. Ce dieu champêtre qui n'ignoroit pas l'aventure de Psiché, la voyant prête à mourir de douleur & de désespoir, la prie de s'approcher de lui, & tâche de modérer son affliction, en lui parlant ainsi : « mon aimable enfant, quoique vous me voyiez occupé à garder des chèvres, je ne laisse pas d'avoir appris bien des choses par une longue expérience; mais si je conjecture bien, ce que des gens prudens appellent deviner, à voir votre démarche, l'abattement, où vous êtes, vos pleurs & la manière dont vous soupirez, un violent amour vous tourmente; c'est pourquoi, croyez mes conseils, ne cherchez plus la mort en aucune façon, séchez vos larmes, & calmez votre douleur. Adressez vos vœux & vos prières à Cupidon, le plus grand des dieux; & comme il est jeune & sensible, comptez que vos soins vous le rendront favorable. »

Psiché ne répondit rien à ce dieu des bergers; mais l'ayant adoré comme une divinité propice, elle continua son chemin. Après avoir marché quelque tems comme une personne égarée, elle suivit un chemin qu'elle ne connoissoit point, qui la conduisit à une ville, où régnoit le mari d'une de ses sœurs. Psiché en étant informée, se fit annoncer à sa sœur, & demanda à la voir. Elle fut aussitôt conduite auprès d'elle. Après qu'elles se furent embrassées l'une & l'autre, Psiché, à qui sa sœur demanda le sujet de son voyage, lui parla ainsi : « vous vous souvenez du conseil que vous me donnâtes de couper avec un rasoir la tête à ce monstre, qui, sous le nom d'époux venoit passer les nuits avec moi, & de prévenir le dessein qu'il avoit de me dévorer. Mais comme j'allois l'entre-

M iv

prendre, & que j'eus approché la lumière pour cet effet, je vis avec la dernière surprise le fils de Vénus, Cupidon lui-même, qui reposoit tranquillement. Transportée de plaisir & d'amour à cette vue, dans le moment que j'allois embrasser ce charmant époux, par le plus grand malheur du monde, je répandis une goutte d'huile enflammée sur son épaule. La douleur l'ayant éveillé, comme il me vit armé de fer & de feu : pour punition, dit-il, d'un si noir attentat, retirez-vous, je romps pour jamais les liens qui vous unissoient à moi. Je vais tout présentement épouser votre sœur, continua-t-il, en vous nommant par votre nom ; en même tems il ordonna au zéphir de m'emporter loin de son palais. »

A peine avoit-elle achevé de parler, que sa sœur, poussée du desir déréglé de satisfaire à un amour criminel, aussi-bien que de la jalousie qu'elle avoit eue du bonheur de Psiché, prit pour prétexte auprès de son mari la mort d'un de ses parens, qu'elle supposa avoir apprise, & s'embarqua sur le champ. Elle arrive à ce rocher, elle y monte, & sans examiner si le vent, qui souffloit alors, étoit le zéphir ou non, aveuglée d'une folle espérance: « amour, dit-elle, reçois moi pour ta femme; & toi, zéphir, porte celle qui te doit commander ». En même tems elle se jette en l'air, & tombe dans des précipices; elle ne put même arriver après sa mort où elle souhaitoit; car ses membres brisés & dispersés sur les rochers, ainsi qu'elle l'avoit bien mérité, servirent de pâture aux oiseaux & aux bêtes sauvages. L'autre sœur ne fut pas long-tems sans être punie; car Psiché qui erroit par le monde, étant arrivée à la ville, où elle faisoit son séjour, la trompa de la même manière. Celle-ci n'eut pas moins d'empressement que l'autre de supplanter sa sœur en épousant le dieu de l'amour; elle courut sur le rocher, & tomba dans le même précipice.

Pendant que Psiché occupée à chercher Cupidon, parcouroit le monde, ce dieu étoit couché dans le lit de sa mère, malade de sa blessure. Dans ce tems-là un de ces oiseaux blancs qu'on voit souvent nager sur les flots, plongea dans la mer, & fut trouver Vénus qui se baignoit au fond de l'Océan. Il lui apprit que son fils étoit au lit, pour une brûlure qu'il avoit à l'épaule, dont il souffroit beaucoup, qu'il étoit même en grand danger, & qu'il couroit d'étranges bruits par toute la terre, sur la famille de Vénus; que pendant que Cupidon s'étoit retiré sur le haut d'une montagne avec une maîtresse, Vénus se divertissoit dans les bains de Thétis, au fond de la mer. Ainsi, continuat-il, le monde est privé de plaisirs, on n'y voit plus les graces ni les ris; les hommes sont devenus grossiers & sauvages; on n'y connoît plus la tendre amitié ni les engagemens; il ne se fait plus de mariages, & le monde ne peut manquer de finir par le désordre qui règne par-tout. C'est ainsi que cet oiseau indiscret & causeur, déchiroit la réputation de l'amour devant la déesse sa mère.

« Comment, s'écria Vénus en colère, mon fils a déjà une maîtresse ? Je te prie, dit-elle à l'oiseau, toi qui m'es seul resté fidèle, apprends-moi le nom de celle qui a séduit cet enfant : est-ce une nymphe, une des heures, une des muses, ou une des graces qui sont à ma suite. Je ne sais, lui répondit l'oiseau qui ne pouvoit se taire, mais il me semble qu'on dit, que celle qu'il aime si éperdument se nomme Psiché? Quoi, s'écria Vénus avec transport, il aime Psiché, qui a l'insolence de me disputer l'empire de la beauté, & d'usurper mon nom; & pour comble d'indignité, il semble que j'aye été la médiatrice de cet amour; car c'est moi qui lui ai fait voir cette mortelle, il ne la connoît que par moi. » En achevant ces mots elle sortit de la mer, & s'en alla droit à son palais. A peine fut-elle à la chambre, où l'amour étoit malade, qu'elle s'écria dès la porte : « ce que vous avez fait est beau & bien digne de vous & de votre naissance ! vous ne vous êtes pas contenté de mépriser l'ordre que votre mère & votre souveraine vous avoit donné, loin d'enflammer mon ennemie pour quelqu'homme indigne d'elle, vous l'avez aimée vous-même, & à votre âge vous avez la témérité de vous marier, & d'épouser une femme que je déteste. Sans doute, petit séducteur, petit brouillon que vous êtes, vous croyez être en droit de faire tout ce qu'il vous plaît, & que je ne suis plus en âge d'avoir un autre fils; mais je vous prie de croire que cela n'est pas vrai, & que j'espère avoir un fils qui vaudra beaucoup mieux que vous. Et quand cela ne seroit pas, afin que vous ressentiez mieux le peu de cas que je fais de vous ; j'adopterai quelqu'un des enfans de ma suite, & je lui donnerai les aîles, le flambeau, l'arc & les flèches, en un mot tout ce que je vous avois donné, & dont vous avez fait un si mauvais usage : tout cela vient de moi, & non pas de votre père. Mais vous n'avez jamais eu que de mauvaises inclinations; vous étiez méchant dès votre enfance, vous n'avez aucun égard ni aucun respect pour vos parens, que vous avez maltraités tant de fois, & moi-même qui suis votre mère, combien de fois ne m'avez-vous pas blessée ? Vous me traitez avec mépris, comme une veuve abandonnée, sans craindre ce fameux guerrier qui est votre beau-père. Que dis-je, malgré le chagrin que cela me cause, ne le blessez-vous pas à tout moment pour cent beautés différentes ; mais je vais faire en sorte que vous aurez tout lieu de vous repentir d'en ufer ainfi, & du beau mariage que vous avez fait.

« Mais que ferai-je préfentement, dit-elle en elle-même, lorfque ce fils ingrat me méprife ? A qui m'adrefferai-je ? Comment pourrai je punir ce petit fourbe ? Irai-je demander du fecours à la Sobriété qui eft ma mortelle ennemie, & que j'ai tant de fois offenfée pour complaire à mon fils, & faudra-t-il même que j'entre feulement en converfation avec une femme fi défagréable & fi groffière ? Elle me fait horreur ; mais il faut me venger à quelque prix que ce puiffe être. Il n'y a que la Sobriété qui puiffe me bien fervir en cette occafion ; il faut qu'elle châtie rigoureufement cet étourdi, qu'elle vide fon carquois, ôte le fer de fes flèches, détende fon arc, éteigne fon flambeau, & affoibliffe fon corps par l'abftinence. Alors je me croirai bien vengée, & je ferai tout-à-fait contente fi je puis couper ces beaux cheveux blonds que j'ai fi fouvent accommodés moi-même, & fi je puis arracher les plumes de ces aîles que j'ai tant de fois parfumées. »

Après que Vénus eut ainfi parlé, elle fortit de fon palais toute en fureur. Cérès & Junon la rencontrèrent, & la voyant en cet état, elles lui demandèrent, pourquoi par un air fi chagrin, elle terniffoit l'éclat de fes beaux yeux ? « Vous venez ici fort à propos, leur dit-elle, redoubler l'excès de mes peines par vos railleries : vous devriez plutôt (& même je vous en prie) faire tout votre possible pour me découvrir cette Pſiché, qui eſt errante & fugitive par le monde ; car je ne doute pas que vous ne ſachiez une choſe auſſi publique que celle qui m'eſt arrivée, & à mon fils, que je ne dois plus regarder comme tel, après ce qu'il a fait. »

Ces divinités, qui ſavoient tout ce qui s'étoit paſſé, tâchèrent de calmer ſa colère en lui parlant ainſi : « quel mal vous a fait votre fils, déeſſe, pour vous oppoſer à ſes plaiſirs avec tant d'opiniâtreté, & pour vouloir perdre celle qu'il aime ? A-t-il commis un crime en ſe laiſſant toucher aux charmes d'une belle perſonne ? Avez-vous oublié ſon âge, ou parce qu'il eſt toujours beau & délicat, croyez-vous qu'il ſoit toujours un enfant ? Au reſte, vous êtes mère, & vous êtes prudente, de quel œil croyez-vous qu'on vous verra avec une attention continuelle ſur les galanteries de votre fils, condamner en lui des paſſions dont vous faites gloire, & lui interdire des plaiſirs que vous goûtez tous les jours ? Les hommes & les dieux pourront-ils ſouffrir, que vous, qui ne ceſſez point d'inſpirer la tendreſſe par tout l'univers, vous la banniſſiez ſi ſévèrement de votre famille ? & pourquoi voulez-vous empêcher les femmes de ſe prévaloir de l'avantage que leur beauté leur donne sur les cœurs » ? C'est ainsi que ces déesses redoutant les traits de Cupidon, prenoient son parti, quoiqu'il fût absent; mais Vénus indignée de voir qu'elles regardoient comme une bagatelle une chose qui lui tenoit si fort au cœur, les quitta & s'en alla fort vîte du côté de la mer.

Fin du cinquième Livre.

LIVRE SIXIÈME.

Cependant Psiché parcouroit cent contrées différentes, occupée nuit & jour du desir de retrouver son époux. Elle se promettoit que si elle ne pouvoit appaiser sa colère par des caresses, comme sa femme, elle pourroit du moins le fléchir par des soumissions, comme son esclave. Elle aperçut un temple sur le haut d'une montagne : peut-être, dit-elle, que le dieu mon maître habite en ce lieu-là : aussi-tôt elle y tourne ses pas & y monte fort vîte ; malgré sa lassitude, l'espérance & l'amour lui donnant de nouvelles forces. Elle n'est pas plutôt au haut de la montagne, qu'elle entre dans le temple ; elle y trouve des épis de froment en un monceau, d'autres dont on avoit fait des couronnes ; elle voit aussi des épis d'orge, des faux & tous les instrumens dont on se sert pour faire la moisson, épars de côté & d'autre confusément, comme les moissonneurs les jettent ordinairement quant ils reviennent las & fatigués du travail. Psiché se met à ranger toutes ces choses avec grand soin, croyant qu'elle ne devoit négliger le culte d'aucun dieu, & qu'il falloit qu'elle cherchât les moyens de se les rendre tous favorables.

Pendant qu'elle étoit dans cette occupation,

Cérès l'aperçut & lui cria de loin : «ah! malheureuse Pfiché, ne fais-tu pas que Vénus en fureur te cherche par tout le monde, & qu'elle a réfolu d'employer tout fon pouvoir pour te faire périr & fe venger; cependant tu t'occupes ici du foin de mon temple, & tu fonges à toute autre chofe qu'à mettre ta vie en fûreté». Alors Pfiché fe profterne par terre, baigne les pieds de la déeffe, de fes larmes, & les effuyant avec fes cheveux, implore fon affiftance par les prières les plus touchantes.

« Ayez pitié d'une malheureufe, lui dit-elle, je
» vous en conjure par cette main libérale, qui
» répand l'abondance des blés fur la terre, par
» les fêtes & les réjouiffances que les moiffonneurs
» font en votre honneur, par les facrifices myfté-
» rieux qu'on célèbre pour vous, par la fertilité de
» la Sicile, par votre char attelé de dragons aîlés,
» par celui qui fervit à l'enlèvement de Proferpine
» votre fille, par la terre qui s'ouvrit pour la
» cacher, par les ténèbres où fon mariage fut
» célébré, par fa demeure dans les enfers & fes
» retours fur la terre. Je vous conjure enfin par
» tout ce que le temple d'Eleufis qui vous eft
» confacré, dérobe aux yeux des profanes, laif-
» fez-vous toucher de compaffion pour la mal-
» heureufe Pfiché qui eft à vos pieds. Souffez que
» je puiffe refter cachée pour quelques jours fous
» ces épis de blé, jufqu'à ce que la colère d'une
» déeffe

« déesse aussi puissante que Vénus, soit calmée;
» ou du moins pendant ce tems-là je reprendrai
» un peu de forces, après tant de peines & de
» fatigues que j'ai essuyées ».

« Vos larmes & vos prières me touchent, lui
» dit Cérès, je voudrois vous secourir; mais il
» il n'y a pas moyen que je me brouille avec Vé-
» nus, qui est ma parente, avec qui je suis liée
» d'amitié depuis long-tems, & qui d'ailleurs est
» une déesse aimable & bienfaisante. Ainsi sortez
» d'ici, & croyez que je vous fais grace de vous
» laisser aller & de ne vous pas faire arrêter ».

Psiché voyant ses vœux rejetés contre son espérance, sortit le cœur pénétré d'un surcroît de douleur, & retournant sur ses pas, elle aperçut au bas de la montagne, dans le milieu d'un bois épais, un temple d'une structure merveilleuse. Comme elle ne vouloit négliger aucun moyen, quelqu'incertain qu'il pût être, de se tirer de l'état malheureux où elle étoit, & qu'elle avoit dessein d'implorer le secours de toutes les divinités, elle s'approcha de ce temple; elle vit de tous côtés de riches présens & des robes brodées d'or qui pendoient aux branches des arbres & à la porte du temple, où le nom de la déesse étoit écrit, & les bienfaits qu'en avoient reçu ceux de qui venoient ces offrandes. Psiché se mit à genoux; & ayant embrassé l'autel, où il paroissoit qu'on avoit sacrifié depuis peu, elle essuya ses larmes, & fit cette prière:

« Sœur & femme du grand Jupiter, soit que
» vous vous teniez dans les anciens temples de
» Samos, qui fait gloire de vous avoir vu naître
» & de vous avoir élevée; soit que vous habi-
» tiez l'heureux séjour de Carthage, où l'on vous
» adore sous la figure d'une fille qui monte au
» ciel sur un lion; soit enfin, que vous vous
» trouviez dans la fameuse ville d'Argos, qu'ar-
» rose le fleuve Inachus, où l'on vous appelle
» la femme du dieu qui lance le tonnerre, & la
» reine des déesses, vous qu'on honore dans tout
» l'Orient, sous le nom de Zygia, & sous celui
» de Lucine dans l'Occident, Junon secourable,
» ne m'abandonnez pas, je vous en conjure dans
» l'état déplorable où je suis réduite; délivrez-
» moi du péril affreux dont je suis menacée,
» après avoir souffert tant de peines; je l'espère
» d'autant plus, que je sais que vous avez cou-
» tume d'être favorable aux femmes enceintes
» qui ont besoin de votre secours ».

A cette humble prière Junon parut avec tout
l'éclat & la majesté qui l'environne. « Je souhai-
» terois, dit-elle à Psiché, pouvoir vous exaucer;
» mais la bienséance ne me permet pas de vous
» protéger contre Vénus, qui est ma bru (belle-
» fille) & que j'ai toujours aimée comme ma
» propre fille. D'ailleurs la loi qui défend de

» recevoir les esclaves fugitifs, malgré leurs maî-
» tres, suffit pour m'en empècher ».

Psiché accablée de ce dernier coup, perd toute espérance de pouvoir mettre ses jours en sûreté ; elle ne voit aucun moyen de retrouver son époux ; & réfléchissant sur la cruauté de sa destinée : « quel remède, disoit-elle, puis-je trouver à mes malheurs, puisque la bonne volonté que les déesses mêmes ont pour moi, m'est absolument inutile ? Où pourrai-je aller pour éviter les pièges qui me sont tendus de tous les côtés ? Dans quelle maison serai-je en sûreté ? Quelles ténèbres pourront me dérober aux yeux d'une déesse aussi puissante que Vénus ? Infortunée Psiché, que ne t'armes-tu d'une bonne résolution, que ne renonces-tu au frivole espoir de pouvoir te cacher, & que ne vas-tu te remettre entre les mains de ta maîtresse, & tâcher d'appaiser sa colère par ta soumission & tes respects ? Que sais-tu, si celui que tu cherches depuis si long-tems, n'est pas chez sa mère» ? Ainsi Psiché déterminée à se présenter à Vénus, quoiqu'il pût lui en arriver de funeste, commença à songer en elle-même de quelle manière elle lui parleroit pour tâcher de la fléchir.

Cependant Vénus lasse de la recherche inutile qu'elle faisoit de Psiché sur la terre, résolut de chercher du secours dans le ciel : elle ordonne qu'on lui prépare un chariot d'or, dont Vulcain lui avoit fait préfent avant que d'être fon époux. Ce dieu l'avoit travaillé avec tout l'art dont il étoit capable, & la perte de l'or que la lime en avoit ôté, ne l'avoit rendu que plus précieux par l'excellence & la beauté de l'ouvrage. Parmi un grand nombre de colombes, qui étoient autour de l'appartement de la déeffe, on en choifit quatre blanches, dont le cou paroiffoit de différentes couleurs, & on les attele à ce char, en paffant leurs têtes dans un joug tout brillant de pierreries. Vénus n'y fut pas plutôt montée, que ces courfiers aîlés partent & percent les airs. Quantité de moineaux & d'autres petits oifeaux volent autour du char, & annoncent par-tout l'arrivée de la déeffe par leurs ramages & leurs chants mélodieux, fans rien craindre des aigles, ni des autres oifeaux de proie. Les nuages s'écartent, le ciel s'ouvre, & reçoit fa fille avec joie.

Vénus va trouver Jupiter dans fon palais, & d'un air impérieux lui demande Mercure, dont elle avoit befoin pour publier ce qu'elle vouloit faire favoir. Jupiter le lui accorde; & cette déeffe fort contente, defcend du ciel avec lui, & lui parle ainfi. « Vous favez, mon frère, que je n'ai
» jamais rien fait fans vous le communiquer, &
» vous n'ignorez pas auffi, je crois, qu'il y a
» fort long-tems que je cherche une de mes efcla-
» ves, fans la pouvoir trouver. Je n'ai point d'autre

» ressource pour en venir à bout, que de faire
» publier par-tout, que je donnerai une récom-
» pense à celui qui m'en apprendra des nou-
» velles. Je vous prie de vous charger de ce soin,
» sans y perdre un moment, & de la désigner de
» manière qu'elle soit aisée à reconnoître, afin
» que ceux qui se trouveront coupables de l'avoir
» recelée, ne puissent s'excuser sur leur igno-
» rance. » En disant cela elle donne à Mercure
un écrit qui contenoit le nom de Psiché & les
signes qui pouvoient la faire connoître, & s'en
retourne dans son palais.

Mercure exécute aussitôt sa commission; il va
chez toutes les nations de la terre, & publie cet
avis en tous lieux : « si quelqu'un sait des nou-
» velles de la fille d'un roi, nommée Psiché, à
» présent esclave de Vénus & fugitive, qu'il
» puisse l'arrêter, ou découvrir le lieu où elle est
» cachée, il n'a qu'à venir trouver Mercure,
» chargé de la publication de cet avis, derrière
» les pyramides murtiennes; & pour ses peines
» il recevra sept baisers de Vénus, & un autre
» assaisonné de tout ce qu'un baiser peut avoir
» de plus doux ». Mercure n'eut pas plutôt fait
cette proclamation, que tous les hommes, animés
par l'espoir d'une récompense si agréable, se mirent à chercher les moyens de la mériter, & c'est
ce qui acheva de déterminer Psiché à ne pas

perdre un moment à s'aller livrer elle-même.

Comme elle approchoit du palais de Vénus, une des suivantes de cette déesse, nommée l'Habitude, vint au-devant d'elle, & lui cria de toute sa force : « enfin, esclave perfide, vous commen-
» cez à connoître que vous avez une maîtresse,
» n'aurez-vous pas encore l'impudence de faire
» semblant d'ignorer toutes les peines que nous
» nous sommes données à vous chercher ; mais
» vous ne pouviez mieux tomber qu'entre mes
» mains, & vous n'échapperez pas au châtiment
» que vous méritez ». En achevant ces mots elle la prend aux cheveux & la traîne cruellement, quoique Psiché ne fît aucune résistance.

Si-tôt que Vénus la vit, elle secoua la tête, & avec un ris moqueur, à la manière de ceux qui sont transportés d'une violente colère: « enfin,
» dit-elle, vous daignez venir saluer votre belle-
» mère, ou peut-être êtes-vous venue rendre
» visite à votre mari qui est dangereusement
» malade de la blessure que vous lui avez faite ;
» mais ne vous embarrassez de rien, je vais vous
» traiter en vraie belle-mère. Où sont, con-
» tinua-t-elle, deux de mes suivantes ; l'In-
» quiétude & la Tristesse » ? Elles parurent dans le-moment, & Vénus leur livra Psiché pour la tourmenter. Elles exécutèrent ses ordres ; & après l'avoir chargée de coups, & lui avoir fait souffrir

tout ce qu'elles purent imaginer de plus cruel, elles la lui ramenèrent. Vénus se mit à rire une seconde fois en la voyant : « elle pense, dit-elle,
» que sa grossesse excitera ma compassion, & que
» je l'épargnerai en faveur du digne fruit dont
» je dois être la grand'mère. Ne serai-je pas fort
» heureuse d'être aïeule, à la fleur de mon âge,
» & que l'enfant d'une vile esclave soit appelé
» le petit-fils de Vénus ? Mais que dis-je, cet
» enfant ne me sera rien, les conditions sont trop
» inégales : de plus, un mariage fait dans une
» maison de campagne, sans témoins & sans le
» consentement des parens, ne peut jamais rien
» valoir ; ainsi ce ne pourroit être qu'un enfant
» illégitime, quand même jusqu'à sa naissance
» je laisserois vivre la mère ».

En achevant ces mots, elle se jette sur elle, lui déchire sa robe, en plusieurs endroits, lui arrache les cheveux, & lui meurtrit le visage de plusieurs coups. Prenant ensuite du bled, de l'orge, du millet, de la graine de pavot, des pois, des lentilles & des fèves, & les ayant bien mêlés ensemble & mis en un monceau : « Tu me
» parois si déplaisante & si laide, dit-elle à Psiché,
» que tu ne peux jamais te faire aimer que par
» des services, & des soins empressés. Je veux
» donc éprouver ce que tu sais faire ; sépare-moi
» tous ces grains qui sont ensemble, & mets-en

» chaque espèce à part ; mais que je voie cela
» fait avant la nuit ». Après avoir donné cet
ordre, elle s'en alla à un festin de noces, où
elle avoit été invitée

La pauvre Psiché toute consternée d'un commandement si cruel, reste immobile devant cet affreux tas de grains différens, & croit qu'il est inutile de mettre la main à un ouvrage qui lui paroît impossible. Heureusement une fourmi se trouva là, qui ayant pitié de l'état où étoit réduite la femme d'un grand dieu, & détestant la cruauté de Vénus, alla vîte appeler toutes les fourmis des environs. « Laborieuses filles de la terre, leur dit-elle, ayez compassion d'une belle personne qui est l'épouse du dieu de l'amour ; hâtez-vous & venez la secourir, elle est dans un pressant danger ». Aussitôt les fourmis accourent de toutes parts, & l'on en voit une quantité prodigieuse qui travaillent à séparer tous ces grains différens, & après avoir mis chaque espèce en un monceau à part, elles se retirent promptement. Au commencement de la nuit, Vénus revient du festin, abreuvée de nectar, parfumée d'essences précieuses, & parée de quantité de roses. Ayant vu avec quelle diligence on étoit venu à bout d'un travail aussi surprenant qu'étoit celui-là ; « maudite créature, dit-elle à Psiché, ce n'est pas-là l'ouvrage de tes mains, mais bien plutôt de celui à qui, pour ton malheur & pour le sien, tu n'as que trop su plaire »; & lui ayant fait jeter un morceau de gros pain, elle alla se coucher.

Cependant Cupidon étoit étroitement gardé dans une chambre, au milieu du palais de sa mère, de peur que s'il venoit à sortir, il ne vînt retrouver sa chère Psiché, & n'aigrît son mal par quelque excès. Ces deux amans ainsi séparés sous un même toit, passèrent une cruelle nuit; mais si-tôt que l'aurore parut, Vénus fit appeler Psiché, & lui donna cet ordre : « vois-tu, lui dit-elle, ce bois qui s'étend le long des bords de cette rivière, & cette fontaine qui sort du pied de ce rocher ; tu trouveras-là des moutons qui ne sont gardés de personne, leur laine est brillante & de couleur d'or, & je veux, à quelque prix que ce soit, que tu m'en apportes tout présentement ».

Psiché s'y en alla sans répugnance, moins pour exécuter les ordres de la déesse, que dans le dessein de finir ses malheurs en se précipitant dans le fleuve ; mais elle entendit un agréable murmure que formoit un roseau du rivage, agité par l'haleine d'un doux zéphir, qui lui parla ainsi. « Quelques malheurs, dont vous soyez accablée, Psiché, gardez-vous bien de souiller la pureté de mes eaux par votre mort, & encore plus d'approcher de ces redoutables moutons pendant la grande ardeur du soleil, alors ils sont furieux &

très-dangereux par leurs cornes & leurs dents envénimées, dont les blessures sont mortelles; mais vous pouvez vous cacher sous ce grand arbre, que ce fleuve arrose aussi bien que moi, & quand la grande chaleur du jour sera passée, & que ces bêtes moins irritées se reposeront au frais le long de ces eaux, alors vous entrerez dans ce prochain bocage, où vous trouverez beaucoup de cette laine précieuse que vous cherchez, que ces animaux y ont laissée en passant contre les buissons ». Psiché profita de l'avis du roseau, qui s'intéressoit à sa conservation, & s'en trouva fort bien; car ayant fait exactement ce qu'il lui avoit prescrit, elle prit facilement & sans danger beaucoup de cette laine dorée, & la porta à Vénus.

Quelque périlleuse qu'eût été cette seconde commission, dont elle venoit de s'acquitter, Vénus n'en fut pas plus appaisée qu'elle l'avoit été de la première, & fronçant le sourcil avec un souris qui marquoit son dépit: « je n'ignore pas, lui dit-elle, qui est le perfide qui t'a donné les moyens de venir à bout de ce que je t'avois ordonné; mais je veux encore éprouver ton courage & ta prudence. Vois-tu bien, continua-t-elle, ce rocher escarpé qui est au haut de cette montagne, c'est-là qu'est la source des fleuves infernaux; de-là sortent ces eaux noirâtres qui, se précipitant avec un bruit terrible dans la vallée voisine, arrosent les marais du Stix, & grossissent le fleuve de Cocyte. Va tout présentement puiser de ces eaux dans leur source, & m'en rapporte dans ce vaisseau ». En même-tems elle lui donna un vase de cristal fort bien travaillé, & la menace des plus cruels supplices, si elle ne s'acquitte bien de sa commission.

Psiché y va avec empressement, & monte sur le haut de la montagne, dans l'espérance d'y trouver au moins la fin de sa déplorable vie. Si-tôt qu'elle y fut, elle vit l'impossibilité d'exécuter les ordres de la déesse. Un rocher prodigieux par sa grandeur & inaccessible par ses précipices, vomit ces affreuses eaux, qui tombant dans un vaste gouffre, & suivant ensuite le penchant de la montagne, se perdent dans le sentier profond d'un canal resserré, & sans être vues, sont conduites dans la vallée prochaine. De deux cavernes qui sont à droite & à gauche de cette source, deux effroyables dragons s'avancent & alongent la tête; le sommeil n'a jamais fermé leurs yeux, & ils font en ce lieu une garde perpétuelle; de plus, ces eaux semblent se défendre elles-mêmes, & par leur mouvement rapide articuler ces mots: « retire-toi, que fais-tu? Prends garde à toi, fuis, tu va périr ».

Tant de difficultés insurmontables abattirent

tellement l'esprit de Psiché, qu'elle resta immobile, comme si elle eût été changée en pierre. Elle étoit saisie d'une si grande douleur, qu'elle n'avoit pas même la force de verser des larmes pour se soulager ; mais la providence jeta les yeux sur cette infortunée, qui souffroit injustement. L'aigle, cet oiseau du souverain des dieux, se ressouvenant du service que l'amour avoit rendu à Jupiter, dans l'enlèvement de Ganimède, & respectant ce jeune dieu dans Psiché son épouse, descendit du haut des cieux, & vint auprès d'elle. « Vous êtes, lui dit-il, bien crédule, & vous avez bien peu d'expérience des choses du monde, si vous espérez dérober une seule goutte de l'eau de cette fontaine, non moins terrible que respectable, & si vous croyez même en approcher. N'avez-vous jamais ouï dire, combien ces eaux sont redoutables, & que les dieux jurent par le Stix, comme les mortels jurent par les dieux? Mais donnez-moi ce vase ». Et en même tems cet oiseau le prenant des mains de Psiché, vole vers cette fontaine, & voltigeant, tantôt d'un côté, tantôt de l'autre, entre les têtes des dragons, il puise de ces eaux malgré la répugnance qu'elles témoignent, & les avertissemens qu'elles lui donnent de se retirer ; mais l'aigle supposa qu'il en venoit chercher par l'ordre exprès de Vénus, & que c'étoit pour elle ; ce qui lui en rendit l'abord un peu plus aifé. Il revint & rendit le vafe plein à Pfiché, qui s'en alla bien joyeufe le préfenter vîte à Vénus.

Cela ne fut point capable de défarmer la colère de cette déeffe. Avec un fouris plein d'aigreur, elle menaça Pfiché de l'expofer à des peines nouvelles & plus cruelles. « Il faut, lui dit-elle, que tu fois quelqu'habile magicienne, pour avoir ainfi exécuté les ordres que je t'ai donnés. Mais ce n'eft pas tout ; il faut, ma belle enfant, que vous me rendiez encore quelques petits fervices : prenez cette boîte, & vous en allez dans les enfers la préfenter à Proferpine. Dites-lui : Vénus vous prie de lui envoyer un peu de votre beauté, feulement autant qu'il lui en faut pour un jour, parce qu'elle a ufé toute la fienne pendant la maladie de fon fils ; mais furtout revenez vîte, ajouta-t-elle, j'en ai befoin pour me trouver à une affemblée des dieux ».

Pfiché connut alors tout ce que fa deftinée avoit d'affreux. Elle vit bien qu'on en vouloit ouvertement à fa vie. Que pouvoit elle penfer autre chofe, puifqu'on l'envoyoit dans le féjour des morts ? Sans différer davantage, elle s'achemine vers une tour fort élevée ; elle y monte dans le deffein de fe précipiter du haut en bas. Elle croyoit que c'étoit là le moyen le plus fûr & le plus aifé pour defcendre dans les enfers. Mais la tour commença à parler :

« pourquoi, malheureuse Pfiché, lui dit-elle, voulez-vous finir vos jours de cette manière ? Pourquoi fuccombez-vous fi facilement fous le dernier péril, où Vénus doit vous expofer ? Si votre ame eft une fois féparée de votre corps, certainement vous irez aux enfers, mais vous n'en reviendrez jamais ; ainfi écoutez mes avis. Affez proche de la fameufe ville de Lacédémone, qui n'eft pas loin d'ici, cherchez dans des lieux détournés & à l'écart, vous y trouverez le Ténare ; c'eft un foupirail des enfers, & une de leurs portes, où vous verrez un chemin impratiqué, qui vous conduira droit au palais de Pluton ; mais gardez-vous bien d'aller les mains vides dans ces lieux ténébreux, il faut que vous ayez dans chaque main un gâteau de farine d'orge pétri avec du miel, & deux pièces de monnoie dans votre bouche.

» Quand vous ferez environ à moitié chemin, vous trouverez un âne boiteux, chargé de bois, conduit par un ânier qui fera boiteux aufli ; il vous priera de lui ramaffer quelques petits bâtons, qui feront tombés de la charge de fon âne, paffez fans lui répondre un feul mot. Vous arriverez enfuite au fleuve des morts, où vous verrez Caron qui attend qu'on le paye, pour embarquer les paffagers dans fon méchant petit bateau, & les rendre à l'autre rive. Faut-il donc que l'avarice règne aufli parmi les morts ? Que Pluton lui-même, quelque grand dieu qu'il soit, ne fasse rien pour rien, & que si un pauvre mourant n'a pas de quoi payer son passage, il ne lui soit pas permis de mourir? Donnez donc à cet avare nautonnier une des pièces de monnoie que vous aurez apportées, de manière cependant qu'il la prenne lui-même de votre bouche. Traversant ensuite ces tristes eaux, vous y verrez nager le spectre hideux d'un vieillard, qui vous tendant les mains, vous priera de l'aider à monter dans le bateau; n'en faites rien, & ne vous laissez pas toucher d'une pitié qui vous seroit funeste.

» Lorsque vous serez arrivée à l'autre bord du fleuve, vous n'aurez pas beaucoup marché, que vous trouverez de vieilles femmes occupées à faire de la toile, qui vous prieront de les aider un moment, il ne faut pas seulement que vous touchiez à leur ouvrage. Ce sont autant de piéges que Vénus vous tendra pour vous faire tomber des mains au moins un des gâteaux que vous devez porter avec vous, & ne croyez pas que ce fût une perte légère; car si vous en laissez échapper un, vous ne reverrez jamais la lumière. Vous trouverez devant le palais de Proserpine un chien d'une grandeur énorme, qui a trois têtes, dont il aboye d'une manière effrayante, & qui ne pouvant faire de mal aux morts, tâche de les épouvanter par ses hurlemens. Il garde continuellement l'entrée de ce palais ; fi vous lui jetez un de vos gâteaux, vous pafferez devant lui fans peine, & vous arriverez à l'appartement de Proferpine, qui vous recevra avec bonté, & vous invitera de vous affeoir & de vous mettre avec elle à une table magnifiquement fervie ; mais gardez-vous bien d'en rien faire ; affeyez-vous à terre, & demandez du pain noir que vous mangerez. Enfuite ayant dit à Proferpine le fujet qui vous amène, recevez ce qu'elle vous donnera, & retournant fur vos pas, fauvez-vous de la fureur du chien, en lui jetant le gâteau qui vous reftera ; donnez enfuite à Caron votre autre pièce de monnoie, & ayant repaffé le fleuve, reprenez le même chemin par où vous aurez été, & vous reverrez la lumière des cieux. Mais fur toutes chofes, je vous avertis de vous bien garder d'ouvrir cette boîte que vous rapporterez, de ne pas fuccomber à la curiofité de voir ce tréfor de beauté divine qu'elle renferme ». C'eft ainfi que cette tour s'acquitta de la commiffion qu'elle avoit d'apprendre à Pfiché ce qu'elle devoit faire.

Auffitôt Pfiché s'en alla vers le Tenare, & ayant fait provifion de deux gâteaux & de deux pièces d'argent, elle prend la route des enfers, elle paffe devant l'ânier boiteux fans lui dire un mot, elle paye Caron d'une de fes pièces pour fon paffage, elle méprife l'inftance que lui fait le vieillard qui nageoit fur le fleuve, elle réfifte aux prières trompeufes

peufes des vieilles qui faifoient de la toile, & après avoir appaifé la rage de Cerbère, en lui jetant un de fes gâteaux, elle entre dans le palais de Proferpine, où, après avoir refufé conftamment de s'affeoir & de fe mettre à table avec cette Déeffe, elle s'affied humblement à fes pieds, & fe contente de gros pain. Elle lui apprend enfuite pour quel fujet Vénus l'avoit envoyée. Proferpine remplit la boîte, la referme & la lui remet entre les mains; & Pfiché ayant donné fon autre gâteau à Cerbère, & fa dernière pièce de monnoie à Caron, revient au monde avec joie. Si-tôt qu'elle eut revu la lumière de ce monde, par une curiofité indifcrète, elle fentit rallentir fon empreffement d'aller chez Vénus. « Ne ferois-je pas bien fimple, dit-elle en elle-même, fi ayant entre mes mains la beauté des Déeffes, je n'en prenois pas un peu pour moi-même, afin de regagner par-là le cœur de mon cher amant ». En même-tems elle ouvre la boîte; mais au lieu de la beauté qu'elle y croyoit trouver, il en fort une vapeur noire, une exhalaifon infernale qui l'environne, & dans l'inftant un fi profond fommeil s'empare de tous fes fens, qu'elle tombe fans mouvement, & comme un corps privé de vie.

Mais l'amour, dont la bleffure étoit affez bien guérie, ne pouvant fupporter plus long-tems l'abfence de fa Pfiché, s'envole par une fenêtre de la chambre, où l'on le gardoit; & comme un assez long repos avoit fortifié ses aîles, il va d'un seul vol à l'endroit où elle étoit. Il ramasse toute cette vapeur assoupissante dont elle étoit entourée, & la renferme dans la boîte; ensuite il l'éveille, en la piquant doucement d'une de ses flèches. « Eh bien! lui dit-il, infortunée Psiché, votre curiosité ne vous a-t-elle pas mise encore à deux doigts de votre perte; mais ne perdez point de tems, allez, exécutez l'ordre que ma mère vous a donné, je prendrai soin du reste ». Il s'envole en achevant ces mots, & Psiché se hâte d'aller porter à Vénus le présent de Proserpine.

Cependant Cupidon brûlant d'amour, & craignant que sa mère ne le livrât bientôt à la Sobriété, dont elle l'avoit menacé, eut recours à ses ruses ordinaires. Il élève son vole jusques dans les cieux, va se jeter aux pieds de Jupiter, & lui fait entendre ses raisons. Ce maître des dieux, après l'avoir baisé, lui dit : « mon fils, dont j'éprouve moi-même le pouvoir, quoique tu ne m'aies jamais rendu les honneurs que je reçois des autres dieux; quoique tu m'aies souvent blessé, moi qui règle les élémens & le cours des astres, & que m'ayant enflamé tant de fois pour des beautés mortelles, tu m'aies diffamé parmi les hommes, en me faisant commettre, contre les bonnes mœurs & contre les loix, un grand nombre d'adultères, & m'obligeant de couvrir ma divinité sous je ne sai combien de formes ridicules, de serpent, de feu, de bêtes farouches, d'oiseaux & d'autres animaux; cependant je n'écouterai que ma bonté ordinaire, d'autant plus que tu as été élevé dans mes bras. Tu peux donc t'assurer que je t'accorderai tout ce que tu demandes, à condition néanmoins que tu auras des égards pour ceux qui aiment comme toi, & que si tu vois sur la terre quelque fille d'une excellente beauté, tu la rendras sensible pour moi, en reconnoissance du service que je vais te rendre ».

Jupiter ayant ainsi parlé, donne ordre à Mercure de convoquer promptement une assemblée de tous les dieux, & de déclarer que ceux qui ne s'y trouveroient pas, seroient mis à une grosse amende. La crainte de la payer les fait venir de toutes parts; ils prennent tous leurs places; & Jupiter assis sur son trône leur parle ainsi. « Dieux, dont le nom est écrit
» dans le livre des muses, vous connoissez tous cet
» enfant, leur dit-il, en montrant l'amour, il a été
» élevé dans mes bras; j'ai formé le dessein de mettre
» un frein à l'impétuosité de ses premiers feux; il
» est assez perdu de réputation, par tous les mau-
» vais discours qu'on tient de ses débauches; il
» faut lui ôter l'occasion de les continuer, & mo-
» dérer par le mariage l'ardeur de sa jeunesse : il
» a fait choix d'une fille, il l'a séduite, je suis
» d'avis qu'il l'épouse, & qu'il soit heureux & con-

» tent avec Pfiché, dont il eft amoureux. S'adref-
» fant enfuite à Vénus : & vous ma fille, lui dit-
» il, ne vous affligez point, & ne craignez point
» que votre fils déroge à fa naiffance en époufant
» cette mortelle; je vais rendre les conditions
» égales, & faire un mariage dans toutes les
» formes ». Et fur le champ ayant donné ordre à Mercure d'amener Pfiché dans le ciel, il lui préfente un vafe plein d'ambroifie : « Prenez Pfiché,
» lui dit-il, & foyez immortelle, jamais l'amour
» ne fe féparera de vous, je l'unis a vous pour
» toujours par les liens du mariage ».

Auffitôt on dreffa le fomptueux appareil du feftin de la noce; l'amour & fa Pfiché occupoient les premières places, Jupiter & Junon étoient enfuite, & après eux toutes les autres Divinités felon leur rang. Ganimède, ce jeune berger, l'échanfon de Jupiter, lui fervoit à boire du nectar. Bacchus en fervoit aux autres dieux, Vulcain faifoit la cuifine, les Heures femoient des fleurs de tous côtés, les Graces répandoient des parfums, & les Mufes chantoient. Apollon joua de la lyre, Vénus danfa de fort bonne grace; & pendant que les neuf Mufes formoient un chœur de mufique, un Satyre jouoit de la flûte, & Pan du flageolet. C'eft ainfi que Pfiché fut mariée en forme à fon cher Cupidon. Au bout de quelque tems ils eurent une fille que nous appelons la Volupté.

Voilà le conte que cette vieille à moitié ivre, faisoit à la jeune fille que les voleurs tenoient prisonnière, & moi qui l'avois écouté d'un bout à l'autre, j'étois véritablement fâché de n'avoir point de tablettes pour écrire une aussi jolie fable que celle-là. Dans le moment, nos voleurs arrivèrent tous chargés de butin; il falloit qu'ils eussent essuyé quelque rude combat, car il y en avoit plusieurs de blessés qui restèrent dans la caverne pour panser leurs plaies pendant que ceux qui étoient les plus alertes se disposoient à aller querir le reste de leur vol qu'ils avoient caché, à ce qu'ils disoient, dans une grotte. Après qu'ils eurent mangé un morceau à la hâte, ils nous emmenèrent, mon cheval & moi, & nous firent marcher à coups de bâtons par des valons, & des lieux détournés, jusqu'au soir que nous arrivâmes, fort fatigués, proche d'une caverne d'où ils tirèrent beaucoup de hardes, & nous en ayant chargés, sans nous laisser prendre haleine, ils nous firent repartir dans le moment. Ils nous faisoient marcher avec tant de précipitation, craignant qu'on ne courût après eux, qu'à force de coups dont ils m'assommoient, ils me firent tomber sur une pierre qui étoit proche du chemin, d'où, tout blessé que j'étois au pied gauche & à la jambe droite, ils me firent relever en me maltraitant encore plus qu'auparavant. « Jusqu'à quand, dit l'un d'eux, nourrirons-nous cet âne éreinté, dont nous tirons si peu de service, & que voilà présentement encore boiteux. Il nous a apporté le malheur avec lui, dit un autre; depuis que nous l'avons, nous n'avons pas fait une seule affaire un peu considérable; nous n'avons presque gagné que des coups, & les plus braves de notre troupe ont été tués. Je vous jure, dit un troisième, que nous ne serons pas plutôt arrivés avec ces hardes, qu'il semble si fâché de porter, que je le jetterai dans quelque précipice pour en régaler les vautours ».

Pendant que ces honnêtes gens raisonnoient ainsi entr'eux sur la manière dont ils me feroient mourir, nous arrivâmes en peu de tems à leur habitation ; car la peur m'avoit, pour ainsi dire, donné des aîles. Ils déchargèrent à la hâte ce que nous apportions, & sans songer à nous donner à manger, ni à me tuer, comme ils avoient dit, ils se remirent tous en chemin avec précipitation, emmenèrent avec eux leurs camarades, qui étoient restés d'abord à cause de leurs blessures. Ils alloient, disoient-ils, querir le reste du butin qu'ils avoient fait, dont ils n'avoient pu nous charger.

Je n'étois pas cependant dans une petite inquiétude, sur la menace qu'on m'avoit faite de me faire mourir. « Que fais-tu ici, Lucius, disois-je en moi-même ? qu'attends-tu ? une mort cruelle que les voleurs te destinent ? Ils n'auront pas grand peine à en venir à bout, tu vois bien ces pointes de rocher dans ces précipices ; en quelque endroit que tu tombes, ton corps sera brisé & tes membres dispersés. Que ne t'armes-tu d'une bonne résolution ? Que ne te sauves-tu pendant que tu le peux faire ? Tu as la plus belle occasion du monde de t'enfuir, présentement que les voleurs sont absens. Crains-tu cette misérable vieille qui te garde, qui ne vit plus qu'à demi, que tu peux même achever de faire mourir tout-à-fait d'un seul coup de pied, quand ce ne seroit que de ton pied boiteux ? Mais où iras-tu ? qui voudra te donner retraite ? Voilà certainement, continuois-je en moi-même, une inquiétude bien ridicule & bien digne d'un âne ; car peut-il y avoir quelqu'un dans les chemins qui ne soit fort aise de trouver une monture, & qui ne l'emmène avec lui ».

Dans le moment, faisant un vigoureux effort, je romps le licou qui me tenoit attaché, & je m'enfuis à toutes jambes. Je ne pus cependant éviter que cette fine vieille ne m'aperçût. Si-tôt qu'elle me vit détaché, elle accourut à moi avec une force & une hardiesse au-dessus de son sexe & de son âge, me prit par le bout de mon licou, & fit tous ses efforts pour me ramener ; mais comme j'avois toujours dans l'esprit la cruelle résolution que les voleurs avoient prise contre moi, je fus impitoyable pour elle, & lui lançant quelques ruades, je l'étendis tout de son long par terre. Quoiqu'elle fût en cet état, elle tint bon & ne lâcha point mon licou, de manière qu'en fuyant je la traînai quelques pas après moi. Elle se mit à crier de toute sa force, & à appeler du secours ; mais elle avoit beau crier & se lamenter, il n'y avoit personne pour lui aider que cette jeune fille que les voleurs avoient prise, qui accourant au bruit vit un fort beau spectacle. Elle trouva une vieille Dircé traînée, non par un taureau, mais par un âne. Cette fille prenant une courageuse résolution, s'enhardit à faire une action merveilleuse ; car ayant arraché la longe de mon licou des mains de la vieille femme, & m'ayant flatté pour m'arrêter, elle monte tout d'un coup sur moi, & m'excite à courir de toute ma force.

L'envie que j'avois de m'enfuir & de délivrer cette jeune fille, jointe aux coups qu'elle me donnoit pour me faire aller plus vîte, me faisoit galoper, comme auroit pu faire un bon cheval. Je tâchois de répondre aux paroles flatteuses qu'elle me disoit par mes hennissemens, & quelquefois détournant la tête pour faire semblant de me gratter les épaules, je lui baisois les pieds. Cette fille alors poussant un profond soupir, & levant ses tristes yeux au ciel : « grands dieux, » dit-elle, ne m'abandonnez - pas, dans l'ex-

» trême péril où je me trouve; & toi, fortune trop
» cruelle, cesse d'exercer tes rigueurs contre moi;
» tu dois être contente de tous les maux que tu
» m'as fait souffrir. Mais toi, cher animal, qui
» me procures la liberté, & me sauves la vie,
» si tu me portes heureusement chez moi, & que
» tu me rendes à ma famille & à mon cher amant,
» quelles obligations ne t'aurai-je point ! quels
» honneurs ne recevras-tu point de moi ! &
» comment ne seras-tu pas soigné & nourri !
» Premièrement, je peignerai bien le crin de ton
» encollure, & je l'ornerai de mes joyaux, je
» séparerai le poil que tu as sur la tête & le fri-
» serai; je démêlerai aussi ta queue qui est affreuse
» à force d'être négligée; j'enrichirai tout ton
» harnois de bijoux d'or, qui brilleront sur toi
» comme des étoiles, & quand tu paroîtras ainsi
» pompeux dans les rues, le peuple te suivra avec
» empressement & avec joie. Je te porterai tous
» les jours à manger dans mon tablier de soie,
» tout ce que je pourrai imaginer de plus délicat
» & de plus friand pour toi, comme à l'auteur
» de ma liberté ; & même avec la bonne chère
» que tu feras, avec le repos & la vie heureuse
» dont tu jouiras, tu ne laisseras pas d'avoir beau-
» coup de gloire ; car je laisserai un monument
» éternel de cet évenement & de la bonté des
» dieux ; je ferai faire un tableau qui représen-

» tera cette fuite, que j'attacherai dans la grande
» salle de ma maison. On le viendra voir, on en
» contera l'histoire en tous lieux, & la postérité
» la verra écrite par les fameux auteurs, sous ce
» titre: l'illustre fille se sauvant de captivité sur
» un âne. Cette aventure sera au nombre des
» merveilles de l'antiquité; & comme on saura
» qu'elle est véritable, on ne doutera plus que
» Phryxus n'ait traversé la mer sur un bélier,
» qu'Arion ne se soit sauvé sur le dos d'un dau-
» phin, & qu'Europe n'ait été enlevée par un
» taureau, il n'est pas impossible que sous la
» figure de cet âne quelqu'homme ou quelque
» dieu ne soit caché ».

Pendant que cette fille raisonnoit ainsi; & qu'elle faisoit des vœux au ciel, en soupirant continuellement, nous arrivâmes à un carrefour. Aussitôt elle me tourna la tête avec mon licou, pour me faire aller à main droite, parce que c'étoit le chemin qui conduisoit chez son père; mais moi qui savois que les voleurs avoient pris cette route pour aller chercher le reste du vol qu'ils avoient fait, j'y résistois de toute ma force. « A quoi penses-tu? disois-je en moi-même, fille infortunée? que fais-tu? quel est ton empressement de chercher la mort? pourquoi me veux-tu faire aller par un chemin qui sera celui de notre perte à l'un & à l'autre »? Pendant que nous étions dans cette contestation, la fille me voulant faire aller à droite, & moi voulant aller à gauche, comme si nous eussions disputé pour les limites d'un héritage, pour la propriété d'un terrein, ou pour la séparation d'un chemin; les voleurs, qui revenoient chargés du reste de leur butin, nous rencontrent, & nous ayant reconnus de loin au clair de la lune, ils nous saluent avec un ris moqueur. « Pourquoi, nous dit l'un de la troupe, courez-vous ainsi à l'heure qu'il est? N'avez-vous point de peur des esprits & des fantômes qui rodent pendant la nuit? Etoit-ce pour aller voir vos parens en cachette, la bonne enfant, que vous faisiez tant de diligence? Mais nous vous donnerons de la compagnie dans votre solitude, & nous vous montrerons un chemin plus court que celui-ci, pour aller chez vous ». En achevant ces mots, il étend le bras, me prend par mon licou, & me fait retourner sur mes pas en me frappant rudement avec un bâton plein de nœuds qu'il tenoit en sa main.

Alors voyant qu'on me faisoit aller par force trouver la mort qui m'étoit destinée, je me souvins de la blessure que j'avois au pied, & commençai à boiter tout bas, & à marcher la tête entre les jambes. Oh! oh! dit celui qui m'avoit détourné de notre chemin, tu chancelles & tu boites plus que jamais; tes mauvais pieds sont excellens pour fuir, mais pour retourner ils n'en ont pas la force : il n'y a qu'un moment que tu surpaſſois en vîteſſe Pégaſe même avec ſes aîles. Pendant que ce bon compagnon plaiſantoit ainſi agréablement avec moi, me donnant de tems en tems quelques coups de bâton, nous avancions toujours chemin; nous arrivâmes enfin à la première enceinte du lieu de leur retraite. Nous trouvâmes la vieille femme pendue à une branche d'un grand Cyprès. Les voleurs commencèrent par la détacher & la jetèrent dans un précipice, avec la corde qui l'avoit étranglée, qu'elle avoit encore au cou. Ayant enſuite lié & garotté la jeune fille, ils ſe jettent comme des loups affamés ſur des viandes que la malheureuſe vieille leur avoit apprêtées; & pendant qu'ils les mangent, ou plutôt qu'ils les dévorent, ils commencent à délibérer entr'eux quelle vengeance ils prendroient de nous, & de quel ſupplice ils nous feroient mourir.

Les opinions furent différentes, comme il arrive ordinairement dans une aſſemblée tumultueuſe; l'un diſant qu'il falloit brûler la fille toute vive; un autre étoit d'avis qu'elle fût expoſée aux bêtes féroces; le troiſième la condamnoit à être pendue; le quatrième vouloit qu'on la fît mourir au milieu des ſupplices; enfin, ſoit d'une manière ou d'une autre, il n'y en avoit pas un ſeul qui ne la condamnât à la mort. Un d'entr'eux ayant fait faire ſilence, commença à parler ainſi :

« Il ne convient point aux regles de notre société, à la clémence de chacun de vous en particulier, ni à ma modération, qu'on punisse cette fille avec tant de rigueur, & plus que sa faute ne le mérite. Il n'est pas juste de l'exposer aux bêtes, de l'attacher au gibet, de la brûler, de lui faire souffrir des tourmens, ni même de hâter sa mort. Suivez plutôt mon conseil, accordez-lui la vie, mais telle qu'elle le mérite. Vous n'avez pas oublié, je crois, la résolution que vous avez prise, il y a long-tems, touchant cet âne, qui travaille fort peu, & qui mange beaucoup; qui faisoit semblant d'être boiteux il n'y a qu'un moment, & qui servoit à la fuite de cette fille. Je vous conseille donc d'égorger demain cet animal, de vider toutes ses entrailles, & que cette fille qu'il a préférée à nous, soit enfermée toute nue dans son ventre; de manière qu'elle n'ait que la tête dehors, & que le reste de son corps soit caché dans celui de l'âne, qu'on aura recousu; & de les exposer l'un & l'autre, en cet état, sur un rocher à l'ardeur du soleil. Ils seront ainsi punis tous deux de la manière que vous l'avez résolu, avec beaucoup de justice. L'âne souffrira la mort qu'il a méritée depuis long-tems, & la fille sera la pâture des bêtes, puisque les vers la mangeront. Elle souffrira le supplice du feu, quand les rayons brûlans du soleil auront échauffé le corps de l'âne; elle éprouvera les tourmens de ceux qu'on laisse mourir attachés au gibet, quand les chiens & les vautours viendront dévorer ses entrailles. Imaginez-vous encore tous les autres supplices où elle sera livrée; elle sera enfermée vivante dans le ventre d'une bête morte; elle sentira continuellement une puanteur insupportable; la faim l'accablera d'une langueur mortelle, & n'ayant pas la liberté de ses mains, elle ne pourra se procurer la mort ». Après que ce voleur eut cessé de parler, tous les autres approuvèrent son avis; ce qu'ayant entendu de mes longues oreilles, que pouvois-je faire autre chose que de déplorer ma triste destinée, mon corps ne devant plus être le lendemain qu'un cadavre?

Fin du sixième Livre.

LIVRE SEPTIÈME.

Si-tôt que le retour du soleil eut diffipé les ténèbres de la nuit, on vit arriver un homme qui étoit fans doute un des camarades de nos voleurs: à l'accueil réciproque qu'ils fe firent, il étoit aifé de le connoître ; s'étant affis à l'entrée de la caverne, & après avoir un moment repris fon haleine, il leur parla ainfi:

« A l'égard de la maifon de Milon, que nous pillâmes dernièrement à Hippate, nous n'avons rien à craindre, & nous fommes en toute sûreté ; car, après que vous en fûtes partis pour revenir ici, chargés de butin, je me fourrai parmi le peuple, & faifant femblant d'être touché, & même indigné de ce qui venoit d'arriver, j'écoutois ce qui fe difoit, quelle réfolution l'on prenoit pour découvrir les auteurs de ce vol, & quelle recherche on en feroit, pour venir vous en rendre compte, comme vous me l'aviez ordonné. Tout le monde, d'une commune voix, en accufoit un certain Lucius, non fur de foibles conjectures, mais fur des indices très-forts & très-vraifemblables : on difoit qu'il étoit venu quelques jours auparavant avec de fauffes lettres de recommandation pour Milon, & que contrefaifant l'honnête homme, il avoit fi bien gagné ses bonnes graces, que ce vieillard l'avoit logé chez lui ; que ce Lucius étoit regardé comme un de ses meilleurs amis, & que pendant ce tems-là il avoit séduit la servante de son hôte, faisant semblant d'être amoureux d'elle, & avoit examiné avec beaucoup de soin, toutes les serrures, & les verroux des portes de la maison, & remarqué l'endroit où Milon serroit son argent, & ce qu'il avoit de plus précieux. L'on alléguoit même une preuve bien forte de son crime; on disoit qu'il s'étoit enfui la nuit, pendant qu'on pilloit la maison, & qu'il n'avoit point paru depuis ce tems-là : on ajoutoit, que pour se garantir de ceux qui le poursuivoient, & aller plus vîte se mettre en sûreté en quelqu'endroit fort éloigné, il s'étoit sauvé sur un cheval blanc qui étoit à lui. Qu'au reste, on avoit trouvé son valet dans le logis; que la justice l'avoit fait mettre en prison, pour lui faire déclarer les crimes, & les complices de son maître; que dès le lendemain ce valet avoit été appliqué à la question, & qu'enfin on la lui avoit donnée de toutes les manières les plus rigoureuses & les plus cruelles, sans qu'il ait jamais rien voulu avouer sur toute cette affaire ; qu'on avoit envoyé cependant plusieurs gens dans le pays de ce Lucius, pour tâcher de le découvrir, afin de le faire punir comme son crime le mérite ».

Pendant que ce voleur faisoit un tel rapport,

je gémissois du fond de mon cœur, en comparant l'état misérable où je me voyois réduit sous la forme d'un âne, à la vie heureuse dont je jouissois pendant que j'étois Lucius; & je pensois en moi-même que ce n'étoit pas sans raison que nos sages anciens ont nommé la fortune aveugle, & l'ont représentée même sans yeux, puisqu'elle répand ses faveurs sur des scélérats & des gens indignes, & ne choisit jamais personne avec discernement. Que dis-je? Elle s'attache à suivre ceux qu'elle fuiroit continuellement, si elle voyoit clair; & ce qui est plus cruel, elle nous donne ordinairement une réputation que nous ne devons point avoir, & qui est même toute contraire à celle que nous méritons : de manière qu'un méchant homme passe souvent pour homme de bien, & que le plus juste & le plus innocent est quelquefois condamné & puni, comme s'il étoit coupable. Enfin, moi, qui par une disgrace affreuse de cette même fortune, me voyois sous la forme du plus vil & du plus misérable de tous les animaux; moi, dis-je, dont l'état déplorable auroit excité la pitié de l'homme le plus dur, & le plus méchant, je me voyois encore accusé d'avoir volé mon hôte, pour qui j'avois beaucoup d'amitié; ce qu'on devoit regarder, avec raison, moins comme un vol, que comme un parricide; & il m'étoit impossible de défendre mon innocence, ni même

P

de proférer une feule parole, pour nier le fait. Cependant ma patience étant à bout, de peur qu'il ne parût que le reproche de ma mauvaife confcience, me faifoit avouer tacitement un crime fi odieux, je voulus m'écrier : non, je ne l'ai pas fait ; je dis bien le premier mot, avec ma voix forte & rude, & je le dis plufieurs fois ; mais je ne pus jamais prononcer le refte, de quelque manière que je tournaffe mes grandes lèvres. Ainfi, je m'en tins à cette parole : non, non ; & je la répétai plufieurs fois : mais qu'ai-je encore à me plaindre des cruautés de la fortune, après qu'elle n'a pas eu honte de me foumettre au même joug & au même efclavage que mon cheval.

Pendant que je repaffois tout cela dans mon efprit, il me vint une inquiétude bien plus vive, & bien plus preffante, par le fouvenir de la réfolution que les voleurs avoient prife de m'immoler aux manes de la jeune fille ; & regardant fouvent mon ventre, il me fembloit déjà que j'étois prêt d'accoucher de cette pauvre malheureufe. Cependant celui qui venoit de rapporter cette fauffe accufation qu'on faifoit contre moi, tira mille écus d'or, qu'il avoit cachés & coufus dans fon habit. Il les avoit pris, à ce qu'il difoit, à plufieurs paffans, & les apportoit à la bourfe commune, comme un homme de probité qu'il étoit. Enfuite il s'informa foigneufement de l'état & de la santé de tous ses camarades ; & quand ils lui eurent appris que plusieurs de ceux qui avoient le plus de mérite & de valeur, étoient morts en diverses occasions, où ils s'étoient signalés, il leur conseilla de laisser pour quelque tems les chemins libres, & de ne faire aucune entreprise, mais de songer plutôt à remplacer ceux qui avoient péri, & à remettre leur vaillante troupe au même nombre qu'elle étoit ; qu'à l'égard de ceux qui ne voudroient pas se joindre à eux, ils pourroient les y forcer par des menaces, & y engager par des récompenses ceux qui avoient bonne volonté ; qu'il y en avoit beaucoup, qui, las d'une condition basse & servile, aimoient bien mieux embrasser un genre de vie qui tenoit de la puissance & de l'indépendance des rois. Que pour lui, il avoit déjà traité, il y avoit quelque tems, avec un jeune homme, grand, fort & vigoureux, qui lui avoit conseillé, & l'avoit enfin persuadé d'employer ses mains engourdies par une longue oisiveté, à de meilleurs usages qu'il ne faisoit, de profiter de la santé dont il jouissoit, pendant qu'il le pouvoit, & plutôt que d'étendre le bras pour demander l'aumône, de s'en servir pour avoir de l'or.

Ils approuvèrent tous ce conseil, & résolurent de recevoir dans leur troupe l'homme dont il venoit de leur parler, comme un digne sujet, & d'en chercher encore d'autres pour remplacer ceux qui manquoient. Ce voleur part auſſitôt, & après avoir été quelque tems dehors, il ramène avec lui, comme il l'avoit promis, un jeune homme d'une taille extraordinaire, & à qui pas un de la troupe ne pouvoit être comparé ; car, outre qu'il paroiſſoit extrêmement fort & robuſte, il étoit plus grand de toute la tête que tous tant qu'ils étoient; à peine commençoit-il à avoir de la barbe ; il étoit à moitié couvert d'un habit fait de vieux haillons d'étoffes différentes, mal couſus enſemble, qui, trop étroit, & ſe joignant à peine, laiſſoit voir ſon ventre & ſa poitrine tout couverts de craſſe. Si-tôt qu'il fut entré ; « je vous ſalue, leur dit-il, braves favoris du dieu Mars, vous que je regarde déjà comme mes fidèles compagnons. Recevez avec bonté un homme plein de courage, qui vient avec vous de bon cœur, qui reçoit plus volontiers des coups & des bleſſures ſur ſon corps, que de l'argent dans ſa main, & que le péril de la mort que les autres craignent, ne rend que plus intrépide. Au reſte, ne croyez pas que je ſois quelque pauvre malheureux, & ne jugez pas de mon mérite par ces méchans haillons dont je ſuis couvert ; car j'ai été capitaine d'une bonne troupe de gens courageux & déterminés, & j'ai ravagé toute la Macédoine. Je ſuis ce fameux voleur Hemus de Thrace, dont le ſeul nom fait trembler toutes ces provinces, fils de Théron, cet insigne brigand, qui m'a élevé au milieu de sa troupe, qui m'a nourri dans le sang & le carnage, & m'a rendu le digne héritier de sa valeur. Mais j'ai perdu en peu de tems tous mes braves compagnons, & les richesses immenses que j'avois amassées, pour avoir attaqué témérairement un homme qui avoit été receveur des finances de César, pendant qu'il passoit pour se rendre au lieu de son exil, où, par un revers de fortune, il avoit été condamné; & pour vous mieux instruire du fait, je vais vous le compter d'un bout à l'autre:

« Il y avoit à la cour un homme de grande distinction, illustre par les emplois qu'il avoit possédés, & fort bien dans l'esprit de l'empereur; mais par les calomnies de quelques envieux de sa fortune, il fut disgracié & envoyé en exil. Son épouse, qui se nomme Plotine, femme uniquement attachée à ses devoirs, & d'une vertu singulière, dont il avoit eu dix enfans, se résolut de l'accompagner; & sans se soucier des délices & du luxe des villes, elle voulut partager son malheur. Elle coupa ses cheveux comme ceux d'un homme, en prit l'habit, & mit plusieurs ceintures autour d'elle, pleines d'or monnoyé & de joyaux d'un grand prix. En cet état, elle suivit son mari, au milieu des soldats armés qui le gardoient; elle eut part à tous les périls qu'il courut,

& veillant continuellement à fa sûreté, elle fupportoit toutes fortes de travaux, avec un courage fort au-deffus de fon fexe.

» Après qu'ils eurent fouffert beaucoup de fatigues par les chemins, & effuyé les dangers de la navigation, pour aller à Zacynte, où cet homme étoit malheureufement rélégué pour un tems, ils arrivèrent au rivage d'Actium, où nous exercions le brigandage depuis que nous étions fortis de Macédoine. Pour mieux repofer, ils furent paffer la nuit à terre, proche de leur vaiffeau, dans un petit cabaret, qui étoit fur le bord de la mer. Nous forçâmes la maifon, & nous prîmes tout ce qu'ils avoient. Ce ne fut pas fans beaucoup de dangers, à la vérité, que nous nous tirâmes de cette affaire; car d'abord que Plotine entendit du bruit à la porte, elle fe mit à courir par toute la maifon, la rempliffant de fes cris, appelant au fecours les foldats, les voifins & fes domeftiques, qu'elle nommoit tous par leur nom; mais heureufement ils ne fongèrent qu'à fe cacher les uns & les autres, chacun craignant pour fa propre vie. Ainfi, nous nous retirâmes fans accident.

» Cependant cette courageufe femme, qui, par fon rare mérite, (car il faut lui rendre juftice) s'étoit acquis l'eftime & la confidération de tout le monde, intercéda fi bien auprès de l'empereur, qu'elle obtint en peu de tems le retour de fon mari, & l'entière punition du vol que nous leur avions fait. Enfin, César voulut que ma troupe fût exterminée, & cela fut fait en moins de rien, tant la simple volonté d'un grand prince a de pouvoir. Ainsi, tous mes camarades ayant été à la fin taillés en pièces, j'eus beaucoup de peine à me sauver, & seul je me tirai des bras de la mort, de la manière que vous allez entendre : je me mis sur le corps un habit de femme assez propre & fort ample ; je me couvris la tête d'une de leurs coiffures, & je me chauffai avec des souliers blancs & légers, comme elles les portent d'ordinaire. Ainsi déguisé & transformé en un autre sexe que le mien, je me sauvai au travers des troupes ennemies, sur un âne qui portoit quelques gerbes d'orge.

» Les soldats croyant que je fusse une paysanne, me laissèrent passer librement, d'autant plus qu'en ce tems-là j'étois fort jeune, & n'avois point encore de barbe. Je n'ai cependant pas dégénéré pour cela de la gloire que mon père s'est acquise, ni de ma première valeur ; car quoique je ne fusse pas sans crainte, étant si près des troupes de l'empereur, je n'ai pas laissé, à la faveur de mon déguisement, d'attaquer seul quelques maisons de campagne & quelques châteaux, & d'en arracher cette petite subsistance. En même tems il tira de ces méchans haillons dont il étoit vêtu, deux mille écus d'or, qu'il jeta au milieu de la place : & voilà, continua-t-il, un préfent que je vous fais à tous, ou plutôt, ma dot que je vous apporte, & je m'offre d'être votre capitaine, fi vous m'en jugez digne, vous affurant qu'avant qu'il foit peu, je convertirai en or cette maifon qui n'eft que de pierre ».

Dans l'inftant même, tous les voleurs, d'un commun confentement, l'élurent pour leur chef, & lui préfentèrent un habit un peu plus propre que les leurs, afin qu'il s'en revêtît, & qu'il quittât fes vieux haillons. Dès que cela fut fait, il les embraffa tous l'un après l'autre ; enfuite on le mit à table, à la place la plus honorable, & tous enfemble célébrèrent fa réception par un grand repas, où chacun but beaucoup. En caufant tous de chofes & d'autres, ils lui apprirent la manière dont la jeune fille s'étoit voulu fauver par mon moyen, & la mort affreufe qu'ils nous avoient deftinée à l'un & à l'autre. Il leur demanda où étoit la fille ; ils l'y conduifirent, & l'ayant vue chargée de chaînes, il s'en revint avec un vifage refroigné. « Je ne fuis pas, leur dit-il, affez mal avifé, ni affez téméraire pour m'oppofer à ce que vous avez réfolu ; mais je me croirois coupable, fi je ne vous difois pas mon fentiment fur ce qui regarde vos intérêts. Permettez-moi donc, puifque c'eft pour votre bien, de vous dire librement ce que je penfe, d'autant plus que vous êtes toujours les maîtres de retourner à votre premier avis, si le mien ne vous plaît pas. Cependant, je suis persuadé qu'il n'y a point de voleurs de bon sens qui doivent rien préférer à leur profit, ni même la vengeance qui leur a souvent attiré de grands malheurs, ainsi qu'aux autres hommes qui l'ont pratiquée. Si vous enfermez donc cette jeune fille dans le corps de l'âne, il ne vous en reviendra rien autre chose que d'avoir satisfait votre colère sans aucune utilité. Je vous conseille bien plutôt de la mener à quelque ville pour la vendre. Une fille aussi jeune que celle-là se vendra fort cher, & je connois depuis long-tems quelques hommes qui font ce trafic, dont il y en a un, entr'autres, qui pourra, je crois, l'acheter beaucoup d'argent, pour la produire à tous venans ; ce qui est plus convenable à une fille de sa qualité, que de courir les champs, & de s'enfuir comme elle faisoit. Votre vengeance même sera satisfaite en quelque façon, par l'état infame où elle sera réduite. Voilà quel est mon sentiment, que je vous ai déclaré avec franchise ; après cela, vous êtes les maîtres de suivre le vôtre, & de disposer comme il vous plaira de ce qui vous appartient ». C'est ainsi que cet excellent avocat plaida pour le profit de toute la troupe, en nous voulant faire conserver la vie à la fille & à moi.

Cependant, j'avois une inquiétude mortelle,

voyant les longues confultations que faifoient fur cela les voleurs, & la peine qu'ils avoient à fe déterminer. A la fin ils reviennent tous à l'avis de leur nouveau capitaine, & dans le même tems ils délient la jeune fille. J'avois remarqué que fi-tôt qu'elle eut jeté les yeux fur ce jeune homme, & qu'elle l'eut entendu parler d'un lieu de débauche, & de ces fortes de gens qui font un commerce honteux, elle s'étoit mife à rire de tout fon cœur; de manière qu'avec jufte raifon toutes les femmes me parurent dignes d'un grand mépris, voyant qu'une fille, après avoir feint d'aimer & de regretter un jeune amant qu'elle étoit prête d'époufer, fe réjouiffoit tout d'un coup de la feule idée d'une infame proftitution. Ainfi les mœurs & la conduite des femmes étoient foumifes en ce moment-là à la cenfure d'un âne.

Ce nouveau chef de la troupe reprenant la parole : « pourquoi, leur dit-il, ne célébrons-nous pas une fête en l'honneur du dieu Mars, notre protecteur, pour aller vendre enfuite cette fille, & chercher les hommes que nous devons affocier avec nous ? Mais, à ce que je peux voir, nous n'avons pas une feule bête pour immoler, ni affez de vin pour boire. Envoyez donc dix de nos camarades avec moi, ce nombre me fuffit pour aller à un château qui n'eft pas loin d'ici, d'où je vous rapporterai de quoi faire bonne chère ». Si-tôt qu'il fut parti avec ceux qui devoient l'accompagner, les autres, qui restoient, allumèrent un grand feu, & dressèrent un autel au dieu Mars avec du gazon. Peu de tems après, les autres reviennent, apportant trois outres pleines de vin, & conduisant devant eux un troupeau de bêtes, dont ils choisissent un vieux bouc fort grand, & bien chargé de poil, & qu'ils sacrifient au dieu des combats.

Aussitôt ils travaillent aux apprêts d'un fort grand repas. Le nouveau venu prenant la parole : « il faut, leur dit-il, que vous connoissiez que je ne suis pas seulement digne d'être votre chef dans vos expéditions militaires, & dans vos brigandages, mais que je mérite encore de l'être dans ce qui regarde vos plaisirs ». En même tems mettant la main à l'ouvrage, il s'acquitte de tout ce qu'il entreprend avec une facilité merveilleuse ; il balaye la place, dresse les lits pour se mettre à table, fait cuire les viandes, apprête les sauces, & sert le repas fort proprement ; mais surtout il prend soin d'exciter ses camarades à boire de grands coups & souvent, pour les enivrer. Cependant, faisant quelquefois semblant d'aller chercher des choses dont il avoit besoin, il s'approchoit souvent de la jeune fille, & d'un air riant, il lui donnoit quelques morceaux de viande, qu'il avoit pris en cachette, & lui présentoit des verres de vin, dont il avoit goûté auparavant. Elle prenoit avec plaisir tout ce qu'il lui apportoit, & de tems en tems il lui donnoit quelques baisers, auxquels elle répondoit de tout son cœur, ce qui me déplaisoit extrêmement. « Quoi! disois-je en moi-même, fille indigne, as-tu déjà oublié ton amant, & les sacrés liens qui devoient t'unir à lui, & préfères-tu cet inconnu, ce cruel meurtrier, à ce jeune amant, dont je t'ai entendu parler, que tes parens t'avoient destiné pour époux? Ta conscience ne te reproche-t-elle rien? Une vie infame & débordée, au milieu de ces coupe-jarrets, te peut-elle faire oublier un amour honnête & légitime? Mais si les autres voleurs viennent à s'apercevoir par hasard de ce que tu fais, ne crains-tu point qu'ils ne reviennent à leur premier dessein? & ne seras-tu point cause une seconde fois qu'on résoudra ma mort? En vérité le mal d'autrui ne te touche guère ».

Pendant que je raisonnois ainsi en moi-même, plein d'indignation contre cette fille, que j'accusois injustement, je découvris par quelques-uns de leurs discours, obscurs à la vérité, mais qui cependant ne l'étoient pas trop pour un âne d'esprit, que ce n'étoit point Hemus, ce fameux voleur, qui causoit avec elle, mais Tlépolème son époux; & même, comme il continuoit à lui parler, ne se défiant pas de ma présence, il lui dit en termes plus clairs : prenez bon courage, ma chère Carite ; car, avant qu'il soit peu, je vous livrerai enchaînés tous ces ennemis que vous avez ici. Comme il s'étoit ménagé sur le vin, & qu'il étoit de sang froid, il recommença à ranimer la débauche des voleurs, qui étoient déjà bien ivres, & ne cessa point de les exciter encore plus, qu'il n'avoit fait, à boire beaucoup de vin pur, qu'on avoit tant soit peu fait tiédir. A la vérité, je le soupçonnai d'avoir mis quelque drogue assoupissante dans le vin ; car enfin, ils restèrent tous tant qu'ils étoient sans connoissance, & comme des gens morts, étendus de côté & d'autre.

Alors Tlépolême les lie tous avec de bonnes cordes comme il veut, & sans nul obstacle, met la fille sur mon dos, & s'achemine pour retourner chez lui. D'abord que nous entrâmes dans la ville, tout le peuple qui avoit tant souhaité leur retour, accourt autour de nous, ravi de les revoir. Parens, amis, vassaux, domestiques, esclaves, tous s'empressent aussi de venir au-devant d'eux, la joie peinte sur le visage. C'étoit un spectacle bien nouveau & bien extraordinaire, de voir cette quantité de monde de tous âges & de tous sexes, qui accompagnoit une fille qu'on menoit en triomphe sur un âne. Moi-même enfin, qui avois lieu d'être plus content, pour marquer, autant qu'il dépendoit de moi, la part que je prenois à la joie publique, ouvrant les nazeaux, & dreſſant les oreilles, je me mis à braire de toute ma force, & fis entendre une voix de tonnerre.

Carite étant remiſe entre les mains de ſes parens, pendant qu'ils prenoient ſoin d'elle dans ſa chambre, Tlépolème, ſans tarder davantage, me fit retourner d'où nous venions, avec pluſieurs chevaux, & grand nombre de gens de la ville. J'y allois de fort bon gré; car outre que j'étois curieux naturellement, j'étois bien aiſe de voir prendre les voleurs, que nous trouvâmes encore plus enchaînés par le vin, pour ainſi dire, que par les cordes dont ils avoient été liés. On tira hors de la caverne l'or, l'argent, & toutes les hardes qui y étoient, qu'on nous chargea ſur le corps; enſuite on jeta une partie des voleurs, liés comme ils étoient, dans des précipices, & l'on coupa la tête aux autres avec leurs propres épées. Après cette vengeance, nous revînmes à la ville, joyeux & contens. Toutes ces richeſſes que nous apportions furent dépoſées dans le tréſor public. La fille fut à bon droit donnée en mariage à Tlépolème, qui venoit de la retirer des mains des voleurs. Dès ce moment-là elle eut toujours beaucoup de ſoin de moi, ne m'appelant jamais autrement que ſon libérateur, & le jour de ſes noces elle ordonna qu'on mît de l'orge tout plein dans ma mangeoire, & qu'on me donnât tant de foin, qu'un chameau en auroit eu suffisamment.

Cependant quelles malédictions assez grandes pouvois-je donner à Fotis de m'avoir changé en âne plutôt qu'en chien, voyant quantité de ces animaux qui étoient bien souls, & qui avoient fait bonne chère, tant des viandes qu'ils avoient dérobées, que des restes d'un repas magnifique. Le lendemain de la noce, la nouvelle mariée ne cessa point de parler à son époux, & à ses parens des obligations qu'elle prétendoit m'avoir, tant qu'enfin ils lui promirent de me combler d'honneurs ; & les amis particuliers de la famille assemblés, on délibéra de quelle manière l'on pourroit me récompenser dignement. Il y en eut un qui étoit d'avis qu'on me gardât à la maison sans me faire travailler, en m'engraissant avec de l'orge broyée, des fèves & de la vesce ; mais l'avis d'un autre prévalut : il conseilla qu'on me mît plutôt en liberté à la campagne, avec des jumens, pour produire des mulets.

On fit donc venir celui qui avoit le soin des haras, à qui l'on ordonna de m'emmener, après qu'on m'eut bien recommandé à lui. J'allois, à la vérité, avec une fort grande joie où l'on me menoit, songeant que je ne serois plus obligé de porter aucun fardeau, & qu'étant en liberté je pourrois trouver quelques roses au retour du printems, quand l'herbe des prés commence à pouffer. Il me venoit même souvent en pensée que, puisqu'on me traitóit si bien sous ma figure d'âne, ce seroit encore toute autre chose quand j'aurois repris ma forme humaine.

Mais d'abord que cet homme m'eut mené à la campagne, je n'y trouvai ni les plaisirs, ni la liberté que j'espérois; car sa femme, qui étoit avare & méchante, me mit aussitôt sous le joug, pour me faire tourner la meule du moulin, & me frappant souvent avec un bâton, elle préparoit de quoi faire du pain pour sa famille, aux dépens de ma peau. Non contente de me faire travailler pour elle, elle me faisoit moudre le bled de ses voisins, dont elle retiroit de l'argent, & malgré toutes mes peines, infortuné que j'étois, encore ne me donnoit-elle pas l'orge qu'on avoit ordonné pour ma nourriture; elle me le faisoit moudre, & le vendoit aux paysans des environs, & après que j'avois tourné tout le jour cette pénible machine, elle ne me donnoit le soir que du son malpropre, non criblé, & tout plein de gravier.

Au milieu de tant de malheurs, dont j'étois accablé, la fortune cruelle m'en suscita de nouveaux, afin que, selon le proverbe, je pusse me vanter de mes hauts faits, tant en paix qu'en guerre; car ce brave intendant des haras, exécutant l'ordre de son maître, un peu tard à la vérité,

vérité, me mit enfin avec les jumens. Etant donc en liberté, plein de joie, fautant & gambadant, je choififfois déjà les cavalles qui me paroiffoient être les plus propres à mes plaifirs; mais dans cette occafion, comme dans plufieurs autres, l'efpérance agréable dont je m'étois flatté, fe vit bientôt détruite; car les chevaux qu'on engraiffoit depuis long-tems pour fervir d'étalons, qui d'ailleurs étoient fiers, vigoureux, & beaucoup plus forts que quelque âne que ce pût être, fe défiant de moi, & craignant de voir dégénérer leur race, fi j'approchois des jumens, me pourfuivirent en fureur comme leur rival, fans aucun égard pour les droits facrés de l'hofpitalité. L'un fe cabrant me préfente fon large poitrail, & m'affomme avec fes pieds de devant, l'autre me tournant la croupe, me lance des ruades; un troifième me menaçant avec un henniffement qui marquoit fa colère, accourt à moi l'oreille baffe, en me montrant fes dents aiguës, dont il me mord de tous côtés. C'étoit à peu près la même chofe que ce que j'avois lu dans l'hiftoire d'un roi de Thrace, qui faifoit dévorer fes hôtes infortunés par des chevaux fauvages qu'il avoit, ce redoutable tyran aimant mieux les nourrir de corps humains, que d'orge, tant il étoit avare! Ainfi me voyant tout meurtri, & la peau toute déchirée, par le mauvais traitement que je venois d'essuyer, je regrettois encore le tems que je tournois la meule du moulin.

Mais la fortune qui ne se lassoit point de me persécuter, me prépara de nouveaux tourmens. On me destina à aller querir du bois à la montagne, sous la conduite d'un jeune garçon, le plus méchant qu'il y eût au monde. Je ne souffrois pas seulement beaucoup de la fatigue de grimper au haut de cette montagne, qui étoit fort élevée, & de m'user la corne des pieds sur des pierres aiguës, mais encore de la quantité de coups de bâton que je recevois continuellement, qui me causoient une si grande douleur, que je la ressentois jusques dans la moëlle des os, & ce maudit valet, à force de donner sur ma cuisse droite, & à la même place, m'emporta la peau, & me fit une très-grande plaie, sur laquelle cependant il ne laissa pas toujours de frapper. Outre cela, il me donnoit une si grande charge de bois, qu'à la voir, vous l'auriez crue plutôt destinée pour un éléphant que pour un âne.

Quand il arrivoit que mon fardeau penchoit, au lieu de me soulager tant soit peu en me déchargeant de quelques morceaux de bois du côté qui pesoit trop, ou du moins en les transportant de l'autre côté pour rendre le poids égal, il y ajoutoit au contraire des pierres, & remédioit ainsi à l'inégalité du fardeau ; cependant, malgré toutes les peines que j'endurois, il n'étoit pas content de l'énorme charge que je portois, & si nous trouvions par hasard quelque ruisseau à traverser, pour ne se pas mouiller les pieds, il se jetoit sur moi, & s'asseyoit sur mon dos, comme une légère augmentation au poids qu'il m'avoit mis sur le corps. S'il arrivoit quelquefois que le bord du chemin fût glissant, de manière que chargé comme j'étois, je ne pusse me soutenir, & que je tombasse par terre, mon brave conducteur, au lieu de m'aider à me relever en me soulevant avec mon licou, ou par la queue, ou d'ôter une partie de mon fardeau, jusqu'à ce que je fusse au moins debout, ne cessoit point de me frapper depuis la tête jusqu'aux pieds, avec un grand bâton, & c'étoit tout le secours qu'il me donnoit, jusqu'à ce que je fusse relevé.

Il s'avisa d'une nouvelle méchanceté : il fit un petit paquet d'épines, dont la piqûre étoit vénimeuse ; il me l'attacha à la queue afin que par le mouvement que je leur donnerois en marchant, leurs pointes dangereuses m'entrassent dans la peau. Je souffrois donc une double peine, si j'allois bon train, pour éviter d'être battu, les épines me piquoient cruellement, & si je m'arrêtois un moment pour faire cesser la douleur qu'elles me caufoient, on me donnoit des coups de bâton pour me faire marcher. Enfin, il fembloit que ce maudit valet n'eût autre chofe en tête que de me faire périr de quelque manière que ce pût être ; il m'en menaçoit même quelquefois, en jurant qu'il en pafferoit fon envie, & il arriva une chofe qui anima encore fa déteftable malice contre moi.

Un jour ma patience étant abfolument à bout, par fes mauvais traitemens, je lui lançai une ruade de toute ma force, & voici ce qu'il imagina pour s'en venger. Il me chargea d'étoupes, qu'il attacha comme il faut avec des cordes ; enfuite il me met en chemin, & prenant un charbon ardent au premier hameau par où nous pafsâmes ; il le fourre au milieu de ma charge. Le feu s'étant confervé & nourri quelque tems dans ces étoupes, la flamme commença à paroître, & bientôt je fus tout en feu, fans que je puffe imaginer aucun moyen de m'en garantir, ni d'éviter la mort, un embrafement de cette nature ayant plutôt fait fon effet qu'on n'a feulement eu le tems de fonger à y remédier. Mais dans cette cruelle extrémité, la fortune vint à mon fecours, & me garantit du trépas qui m'avoit été préparé, pour me réferver peut-être à de nouvelles peines. Ayant aperçu proche de moi une mare bourbeufe, que la pluie du jour précédent avoit remplie, je me jetai dedans tout d'un coup, & la flamme qui m'alloit brûler étant éteinte, j'en fortis foulagé de mon fardeau, & délivré de la mort; mais ce méchant petit coquin avec une effronterie fans pareille, rejetta fur moi la faute de l'infigne méchanceté qu'il venoit de me faire, & affura à tous les pâtres de la maifon, que paffant proche d'un feu que faifoient les voifins, je m'étois laiffé tomber dedans, exprès pour brûler ce que je portois, & me regardant avec un ris moqueur : « jufqu'à quand, continua-t-il, nourritous-nous ce boute-feu, qui ne nous rend aucun fervice ».

Au bout de quelques jours, il imagina de plus grandes cruautés pour me tourmenter. Après avoir vendu le bois que j'apportois, à la première cabane que nous recontrâmes, il me ramena à vide, criant de toute fa force qu'il lui étoit impoffible de s'aider de moi, tant j'étois méchant; qu'il renonçoit au pénible emploi de me conduire. « Voyez-vous, difoit-il, cet animal tardif & pefant, plus âne encore par fon incontinence que par fa pareffe, outre toutes les peines qu'il me donne ordinairement, il m'en caufe encore de nouvelles, par le danger où il m'expofe à tout moment. D'abord qu'il voit quelques perfonnes dans les chemins, soit un jeune garçon, soit une femme, jeune ou vieille, il n'importe, il jette sa charge à terre, & quelquefois même son bât, & court à elles, comme un furieux, avec des intentions abominables, & les ayant renversées par terre, avec sa grande vilaine bouche il leur mord le visage, ce qui est capable de nous attirer des querelles & des procès, & peut-être même quelque affaire criminelle. La dernière fois, ce dépravé voyant une honnête jeune femme, jeta de côté & d'autre le bois dont il étoit chargé, fut à elle avec impétuosité, & la renversa dans la boue. Heureusement quelques passans accoururent aux cris qu'elle faisoit, & la retirèrent toute tremblante du danger où elle étoit exposée ; cependant, sans leur secours, nous aurions eu une affaire terrible sur les bras, & qui nous auroit perdus».

Ce malheureux ajoutant plusieurs autres mensonges à ceux-là, me causoit d'autant plus de peine que je ne pouvois le démentir. Enfin, par ces sortes de discours, il anima si cruellement tous les pâtres contre moi, que l'un d'eux prenant la parole : «pourquoi donc souffrons-nous, dit-il, ce mari bannal, cet adultère public ? Que ne l'immolons-nous comme il le mérite, pour expier ses crimes ? Coupons lui la tête tout à l'heure, continua-t-il, donnons ses entrailles à manger à nos chiens, & gardons le reste de sa chair pour le souper de nos ouvriers, nous rapporterons à notre maître sa peau saupoudrée de cendre & séchée, & nous lui ferons croire facilement que les loups l'ont étranglé ».

Aussitôt ce scélérat qui m'avoit accusé faussement, & qui même se chargeoit avec joie d'exécuter la sentence que les bergers avoient prononcée contre moi, se met à repasser son coûteau sur une pierre à aiguiser, insultant à mon malheur, & se souvenant des coups de pieds que je lui avois lâchés, & qui n'avoient point eu leur effet, dont j'étois certainement bien fâché. Mais un de ces paysans prenant la parole : « c'est grand dommage, dit-il, de tuer une si belle bête, & de se priver du service si utile qu'on en peut tirer, parce qu'il est accusé d'être vicieux, puisque d'ailleurs, en le châtrant, nous pouvons le rendre sage, & nous mettre à couvert par-là des dangers, où il nous expose, outre qu'il en deviendra plus gras, & prendra plus de corps. J'ai vu plusieurs chevaux très-fougueux, que leur ardeur pour les jumens rendoit furieux & indomptables, & que cette opération a rendu doux, traitables, propres à porter des fardeaux, & à faire tout ce qu'on vouloit. Enfin, à moins que vous ne soyez d'un autre sentiment que le mien, pendant le peu de tems que je mettrai à aller au marché, qui n'eſt pas loin d'ici, où j'ai réſolu de faire un tour, je puis prendre chez moi les inſtrumens néceſſaires pour faire ce que je viens de vous dire, & revenir auſſi-tôt couper ce vilain animal qui eſt ſi furieux, & le rendre plus doux qu'un mouton ».

Me voyant délivré de la mort, par l'avis de ce berger, pour me réſerver à un ſupplice très-cruel, j'étois bien affligé, & je pleurois comme ſi j'euſſe dû périr entièrement, en perdant une partie de mon corps. Enfin, il me vint en penſée de me faire mourir moi-même, en m'abſtenant de manger, ou en me jetant dans quelque précipice; c'étoit mourir, à la vérité, mais au moins c'étoit mourir entier. Pendant que je rêvois quel genre de mort je choiſirois, l'heure du matin venue, ce jeune garçon qui étoit mon bourreau, me ramène à la montagne comme à l'ordinaire. Après qu'il m'eut attaché à la branche d'un grand chêne vert, il s'écarte un peu du chemin, & ſe met à abattre du bois avec ſa coignée, pour me charger. Alors un ours terrible ſort tout d'un coup de ſa caverne, qui étoit près delà; dans le moment que je l'apperçus, tout tremblant & tout effrayé, je me laiſſe aller ſur mes jarrets, & hauſſant la tête, je romps le licou qui me tenoit attaché, & je prends la fuite. Je deſcends la montagne bien vîte, non-seulement avec les pieds, mais même avec tout le corps en roulant ; je me jette à travers champs, & me mets à courir de toute ma force, pour me sauver de cet ours effroyable, & de ce valet encore plus méchant que l'ours même.

Un homme qui passoit, me voyant seul errer à l'aventure, me prend, saute sur moi, & me frappant d'un bâton qu'il tenoit, me fait marcher par des endroits détournés & solitaires. C'étoit de bon cœur que je courois, évitant ainsi la cruelle opération qu'on avoit résolu de me faire. Au reste, je me mettois fort peu en peine des coups de bâton qu'on me donnoit, parce que j'étois accoutumé à en recevoir ; mais la fortune, toujours attachée à me persécuter, s'opposa bientôt à l'envie que j'avois, avec tant de raison, de fuir & de me cacher, pour me livrer à de nouvelles peines. Car les pâtres, dont j'ai parlé, ayant parcouru différens endroits, pour retrouver une genisse qu'ils avoient perdue, nous rencontrèrent par hasard, & me prenant aussitôt par mon licou, qui avoit servi à me faire reconnoître, ils se mirent en devoir de m'emmener ; mais l'homme, qui étoit sur moi, leur résistant avec beaucoup de hardiesse, attestoit les hommes & les dieux. « Pourquoi, leur disoit-il, usez-vous de violence avec moi ? Pourquoi m'arrêtez-vous ? « Te traitonsnous injuſtement, lui répondirent les pâtres? Toi, qui emmène notre âne, dis-nous plutôt où tu as caché le jeune homme qui le conduiſoit, que tu as tué ſans doute ». En diſant cela, ils le jettent à terre, & le maltraitent à coups de poing & de pied. Pendant qu'il leur juroit qu'il n'avoit vu perſonne avec l'âne ; qu'il l'avoit trouvé ſeul qui s'enfuyoit, & qu'il l'avoit pris, dans le deſſein de le rendre à ſon maître, pour avoir quelque choſe pour ſa peine : « & plût au ciel, continua-t-il, que cet animal, que je voudrois n'avoir jamais vu, pût parler, & rendre témoignage de mon innocence ! certainement vous ſeriez fâchés de la manière indigne dont vous me traitez ».

Tout ce que cet homme put dire fut inutile ; car ces maudits payſans l'attachèrent avec une corde par le cou, & le menèrent dans la forêt ſur la montagne, vers l'endroit, où le jeune homme avoit coutume de prendre du bois ; ils le cherchèrent en vain pendant quelque tems ; enfin, ils trouvèrent ſon corps déchiré en pluſieurs morceaux, & ſes membres diſperſés de côté & d'autre. Je connus bien que c'étoit l'ours qui l'avoit ainſi mis en pièces, & j'aurois aſſurément dit ce que j'en ſavois, ſi j'avois eu l'uſage de la parole ; tout ce que je pouvois faire étoit de me réjouir en moi-même, de voir que j'étois vengé, quoique ce ne fût pas si-tôt que je l'avois souhaité.

Quand ils eurent trouvé toutes les parties de ce cadavre, & qu'ils les eurent assemblées avec assez de peines, ils l'enterrèrent sur le lieu même, & menèrent chez eux l'homme qu'ils avoient trouvé qui m'emmenoit, après l'avoir bien lié & garotté comme un voleur pris sur le fait, & comme un homicide, pour le mettre le lendemain, à ce qu'ils disoient, entre les mains de la justice, & lui faire faire son procès. Cependant dans le tems que les parens du jeune homme déploroient sa mort par leurs cris & leurs larmes, arriva ce paysan, qui s'offrit de me faire l'opération, qui avoit été résolue. « Ce n'est pas là, lui dit un de ceux qui étoient présens, ce qui cause notre peine à l'heure qu'il est; mais demain vous pourrez couper à cette méchante bête tout ce que vous voudrez, même la tête, si vous le voulez, & tous mes camarades vous aideront ».

C'est ainsi que mon malheur fut remis au lendemain, & je rendois grace en moi-même à ce bon garçon, qui, du moins par sa mort, retardoit ma perte d'un jour; mais je ne pus, même pendant ce peu de tems, lui avoir l'obligation de jouir de quelque repos ; car la mère de ce jeune homme, pleurant fa mort prématurée, accourt vêtue d'une robe noire, faifant des cris lamentables, & s'arrachant fes cheveux blancs, tous couverts de cendre. Elle fe jette dans mon étable, en fe donnant plufieurs grands coups fur la poitrine, & criant dès la porte : « quoi ! ce maudit âne eft là tranquillement la tête dans fon auge, à fatisfaire fa gourmandife, & à fe remplir continuellement le ventre, fans fe mettre en peine de mes déplaifirs, & fans fe fouvenir de la cruelle deftinée de celui qui avoit le foin de le conduire. Il femble au contraire qu'il me méprife, à caufe de mon peu de force, & de mon grand âge; il s'imagine peut-être qu'un crime auffi énorme que le fien, demeurera impuni : peut-être même a-t-il l'audace de vouloir paffer pour innocent; car, c'eft l'ordinaire des fcélérats, d'efpérer l'impunité de leurs mauvaifes actions, malgré les reproches que leur fait leur confcience. De par tous les dieux! animal le plus méchant qu'il y ait au monde, quand même l'ufage de la parole te feroit accordé pour quelque tems, quel eft l'homme affez fimple à qui tu pourrois perfuader qu'il n'y a point de ta faute dans le malheur qui vient d'arriver ? Ne pouvois-tu pas t'oppofer au meurtrier de mon malheureux fils, & le chaffer avec les pieds & avec les dents, puifque tu as bien pu le frapper souvent lui-même ? Pourquoi n'as-tu pas eu la même vigueur pour le défendre, quand on en vouloit à sa vie ? Tu devois bien au moins l'emporter avec vîtesse, & le tirer des cruelles mains du voleur qui l'attaquoit ; enfin, tu ne devois pas t'enfuir seul, comme tu as fait, après avoir jeté par terre ton protecteur, ton conducteur, ton camarade, & celui qui avoit soin de toi. Ignore-tu qu'on punit aussi ceux qui refusent leur secours aux malheureux qui sont en danger de périr, parce qu'ils péchent contre la justice & les bonnes mœurs ? Mais, homicide que tu es, tu ne te réjouiras pas plus long-tems de mon infortune ; je vais faire en sorte que tu connoîtras, que les grandes afflictions donnent des forces ».

En achevant ces mots, elle détache sa ceinture, & me lie les pieds ensemble, tant qu'elle peut, afin de m'ôter les moyens de me venger ; & prenant une grande perche qui servoit à fermer la porte de l'écurie en-dedans, elle se met à me battre, & ne cesse point, jusqu'à ce qu'étant lasse, & ne pouvant plus soutenir ce grand bâton, il lui tomba des mains. Ainsi se plaignant de la foiblesse de ses bras, elle court chercher du feu ; & apportant un tison ardent, elle me le met entre les cuisses, jusqu'au moment que me servant du seul moyen qui me restoit pour me défendre, je lui emplis les yeux & tout le visage d'ordure, & fis cesser par-là le mal qu'elle me faisoit. Sans cela, malheureux âne ! j'étois sur le point de périr, comme un autre Méléagre, par le tison ardent de cette Althée en fureur.

Fin du septième Livre.

LIVRE HUITIÈME.

A la pointe du jour, on vit arriver de la ville prochaine un jeune homme qui me parut être un des domestiques de Carite, cette fille qui avoit souffert les mêmes déplaisirs & les mêmes peines que moi, pendant que nous étions entre les mains des voleurs. Cet homme s'étant assis auprès du feu, au milieu de ses camarades, leur racontoit des choses affreuses & surprenantes sur la manière dont elle étoit morte, & sur les malheurs de sa maison:

Vous qui êtes chargés du soin des chevaux, leur dit-il, vous qui gardez les moutons & vous qui menez les bœufs au pâturage, apprenez que nous avons perdu l'infortunée Carite, & par un accident effroyable; mais au moins n'est-elle pas descendue seule aux enfers. Et pour vous instruire de tout, je vais vous conter la chose, comme elle s'est passée dès le commencement, ce qui certainement méritoit bien, pour servir d'exemple à la postérité, d'être rédigé en forme d'histoire par les habiles gens, à qui la nature a donné le talent de bien écrire:

Il y avoit dans cette ville, qui est proche d'ici, un jeune homme nommé Thrasile, d'une naifsance illustre; il tenoit rang entre les chevaliers, & d'ailleurs étoit extrêmement riche, mais d'une débauche outrée, passant sa vie dans les cabarets & dans les mauvais lieux, ce qui l'avoit mis en commerce avec des scélérats & des voleurs; même le bruit couroit qu'il avoit commis plusieurs meurtres, & cela étoit vrai. Si-tôt que Carite fut en âge d'être mariée, entre les principaux qui la recherchèrent, il fut un des plus empressés, & il avoit fait tous ses efforts pour l'obtenir. Mais quoi-qu'il fût d'une naissance au-dessus de ses rivaux, & qu'il eût tâché de gagner les parens de la fille par de grands présens, ses mauvaises mœurs lui firent donner l'exclusion, & il eut la honte d'en voir un autre préféré. Cependant quand Carite fut unie au vertueux Tlépolème, Thrasile nourrissant toujours son amour, à qui l'on avoit ôté toute espérance, & joignant à sa passion la rage qu'il avoit conçue du refus qu'on avoit fait de lui, chercha les moyens d'exécuter un crime affreux.

Enfin trouvant l'occasion favorable, il commence à prendre des mesures pour venir à bout du dessein qu'il méditoit depuis long-tems, & le jour que Carite fut délivrée des cruelles mains des voleurs, par l'adresse & la valeur de son époux, il se mêle parmi ceux qui les venoient féliciter, marquant une joie extraordinaire de ce qu'ils étoient hors de danger, & de l'espérance qu'on avoit de

voir

voir dans la suite des fruits de cet heureux mariage. Il eut entrée dans la maison & y fut reçu entre les plus considérables qui la fréquentoient, à cause de sa naissance, & dissimulant ses pernicieux desseins, il y joüoit le personnage d'un ami très-fidèle.

Se rendant agréable, & se faisant aimer de plus en plus chez nous par l'assiduité qu'il avoit à y venir converser tous les jours, y mangeant même quelquefois, l'amour, sans qu'il s'en aperçût, le précipita peu-à-peu dans un abîme de malheurs, & cela n'est pas surprenant, car les feux de ce dieu cruel étant peu de chose dans les commencemens, échauffent agréablement, mais se nourrissant dans la suite par l'habitude de voir l'objet qui les a fait naître, ils deviennent violens & terribles, & consument ceux qui les ressentent.

Thrasile cependant rêvoit depuis long-tems en lui-même comment il pourroit trouver quelqu'occasion favorable pour parler du moins à Carite en particulier. Il voyoit par la quantité de monde qui étoit toujours autour d'elle, que les moyens de conduire sa passion criminelle lui devenoient difficiles de plus en plus. Il considéroit encore qu'il n'étoit pas possible de rompre les liens d'un amour naissant, & qui se fortifioit tous les jours dans le cœur de ces deux époux, & que quand bien même Carite répondroit à ses defirs, ce qu'elle étoit bien éloignée de faire, fon manque d'expérience à tromper fon mari, l'empêcheroit d'en trouver l'occafion. Cependant, malgré tous ces obftacles, fa malheureufe opiniâtreté le poufloit à vouloir venir à bout d'une chofe abfolument impoffible, comme fi elle ne l'eût pas été. Les chofes qui paroiffent difficiles à faire, quand l'amour commence à naître, femblent aifées, lorfque le tems lui a donné de nouvelles forces. Mais voyez, je vous prie, & confidérez avec attention jufqu'où la violence d'un amour infenfé l'a conduit.

Un jour Tlépolème, accompagné de Thrafile, alloit à la quête de quelquelque bête fauvage, fi toutefois le chevreuil fe peut nommer ainfi, Carite ne voulant point que fon mari s'expofât à la chaffe des animaux dangereux par leurs dents ou par leurs cornes. Les toiles étoient déjà tendues autour d'une colline couverte d'un bois très-épais, & les véneurs avoient lâché les chiens deftinés à aller à la quête & à relancer les bêtes jufques dans leur fort. Ces chiens, fuivant qu'ils étoient dreffés, fe féparent & fuivent des routes différentes. D'abord tout étoit dans le filence; mais fi-tôt qu'on eut donné le fignal, l'air eft rempli de cris différens & redoublés de toute la meute. Cependant aucun chevreuil, aucun daim, ni aucune biche ne fort du bois, nul de ces animaux doux & timides ne paroît, mais on voit un sanglier terrible & d'une grandeur extraordinaire, gros, charnu, couvert de longues soies affreuses & toutes hérissées. De sa gueule écumante, il faisoit entendre le bruit de ses dents qu'il frappoit les unes contre les autres. Le feu semble sortir de ses yeux menaçans, & de même que la foudre, il renverse tout ce qu'il rencontre. Avec ses défenses qu'il présentoit de tous côtés, il met d'abord en pièces les chiens les plus ardens à l'attaquer; ensuite au premier effort qu'il fait pour forcer les toilés, il les renverse & gagne la plaine : & nous, saisis de frayeur, n'étant accoutumés qu'aux chasses où l'on ne court aucun dangers, d'ailleurs sans armes & sans défense, nous nous cachons le mieux que nous pouvons sous d'épais feuillages ou derrière des arbres.

Thrasile voyant l'occasion favorable pour exécuter la perfidie qu'il méditoit, dit artificieusement à Tlépolême : « pourquoi donc laissons-nous échapper une si bonne proie d'entre nos mains, troublés & surpris, ou plutôt effrayés comme ces misérables valets, & tremblans de peur comme de simples femmes? Que ne montons-nous à cheval, & que ne poursuivons-nous vivement cette bête? Prenez cet épieu, continua-t-il, pour moi je prends cette lance ». Dans le moment ils montent tous deux à cheval, & vont après le sanglier avec beaucoup d'ardeur; mais cet animal se confiant à sa force naturelle, se retourne, leur fait tête, & marquant sa férocité par le bruit qu'il faisoit avec ses dents, il les regarde tous deux, incertain sur lequel il se jettera le premier. Tlépolème lui lance le javelot qu'il tenoit en sa main, & lui perce le dos. Cependant Thrasile épargnant la bête, frappe avec sa lance le cheval de Tlépolème, & lui coupe les jarrets. Ce cheval perdant son sang, & ne pouvant plus se soutenir, tombe & jette, malgré lui, son maître par terre. En même-tems le sanglier en fureur vient à la charge sur lui; & dans cet état, lui ayant déchiré ses habits, il le déchire lui-même en plusieurs endroits avec ses défenses, pendant qu'il faisoit ses efforts pour se relever.

Thrasile, cet ami généreux, n'eut aucun remords de l'action détestable qu'il avoit commencée, & quoique sa cruauté dût être rassasiée, il ne fut point encore satisfait; car dans le tems que Tlépolème, tout troublé, tâchoit de couvrir ses blessures, & qu'il imploroit tendrement son secours, il lui perce la cuisse droite avec sa lance ; ce qu'il fit avec d'autant plus de hardiesse, qu'il jugea que cette plaie ressembleroit à un coup de défenses de la bête; il ne laissa pas ensuite de percer d'outre en outre le sanglier avec assez de facilité.

Après que ce jeune homme eut ainsi été tué, tous tant que nous étions de ses domestiques, nous fortîmes des lieux où nous étions cachés, & nous accourûmes à lui fort affligés. Quoique Thrasile fût venu à bout de son dessein, & qu'il fût fort aise de s'être défait de celui qu'il regardoit comme son ennemi, il cachoit néanmoins sa joie sous un visage triste; il ride son front, contrefait l'affligé, & embrassant avec transport ce corps qu'il avoit lui-même privé de la vie, il fait toutes les démonstrations d'une violente douleur, à ses larmes près, qu'il ne put jamais faire couler. Se conformant ainsi à l'affliction véritable que nous ressentions, il rejetoit faussement sur le sanglier le crime qu'il avoit commis lui-même.

A peine cette action venoit-elle d'être exécutée, que le bruit d'un si grand malheur se répand de tous côtés, & parvient aussi-tôt dans la maison de Tlépolème, & jusqu'aux oreilles de sa malheureuse épouse. Elle ne sait pas plutôt cette nouvelle, qui étoit la plus cruelle qu'elle pût jamais apprendre, que l'esprit tout égaré, & comme une bacchante en fureur, elle se met à courir par la ville au milieu du peuple, & delà dans les champs, faisant des cris terribles & pitoyables sur la malheureuse destinée de son mari. Les bourgeois affligés accourent par troupes, & tous ceux qui la rencontrent la suivent, mêlant leur douleur à la sienne; enfin, tout le peuple sort de la ville pour voir ce funeste spectacle. Carite arrive au lieu, où étoit le corps de son époux ; le cœur & les forces lui manquent ; elle se laisse tomber sur lui, & il ne s'en fallut guères qu'elle n'expirât en cet état, & qu'elle ne lui sacrifiât une vie qu'elle lui avoit consacrée ; mais ses parens, quoiqu'avec beaucoup de peine, l'arrachèrent de dessus ce corps privé de vie, & l'empêchèrent, malgré elle, de mourir.

Cependant on porte le corps de Thlépolème au tombeau, tout le peuple accompagnant cette pompe funèbre. Alors Thrasile commença à faire des cris extraordinaires, à se battre la poitrine, & sa joie s'augmentant dans le fond de son cœur, il répandit des larmes, qu'il n'avoit pu verser au commencement de sa feinte douleur, & cachoit la vérité de ses sentimens par plusieurs noms de tendresse qu'il donnoit à Thlépolème ; il l'appeloit d'une voix triste & lugubre, son ami, son camarade & son frère. Pendant ce tems-là, il ne laissoit pas d'avoir soin de retenir les mains de Carite, quand elle vouloit se donner des coups sur la poitrine, & de faire ses efforts pour arrêter les transports de sa douleur, & pour modérer ses cris & ses sanglots, il tâchoit même d'adoucir l'excès de son affliction par des discours affectueux, qu'il entremêloit de plusieurs exemples des revers de la fortune inconstante. Au milieu de toutes ces fausses démonstrations d'une amitié généreuse, il avoit cependant attention à prendre de tems en tems les bras & les mains de Carite, qu'il touchoit avec un plaisir qui nourrissoit encore son détestable amour.

Les funérailles achevées, cette jeune femme ne songe qu'à aller au plutôt rejoindre son mari, elle en recherche avec soin les moyens, & entr'autres, elle en choisit un doux, tranquille, où l'on n'avoit besoin d'aucunes armes, & qui ressemble à un paisible sommeil. Pour cet effet, elle se renferme dans un lieu ténébreux, avec une forte résolution de se laisser mourir, en se négligeant absolument, & s'abstenant de toute nourriture. Mais Thrasile fait tant d'instances auprès d'elle, & lui en fait faire de si pressantes, tant par tous les amis qu'elle avoit, & par ses domestiques, que par toute sa famille, qu'il obtient enfin qu'elle prenne quelque soin de sa personne négligée, pâle, & défigurée, en se mettant dans le bain, & en prenant un peu de nourriture.

Carite, qui d'ailleurs avoit une grande vénération pour ses parens, faisoit malgré elle, avec un visage un peu plus serein, ce qui étoit nécessaire pour conserver sa vie, vaincue par le respectueux devoir qui la forçoit de leur obéir. Cependant languissante & pénétrée jusqu'au fond du cœur, d'une affliction & d'une tristesse profondes, elle paſſoit les jours & les nuits dans les regrets & dans les pleurs, & rendant des honneurs divins à l'image de ſon époux, qu'elle avoit fait faire ſous la figure du dieu Bacchus, elle nourriſſoit encore ſa douleur, par cette eſpèce de conſolation.

Cependant Thraſile voulant aller trop vîte, comme un homme inconſidéré qu'il étoit, ſans attendre que les larmes qu'elle répandoit euſſent ſatisfait à ſon affliction, ni que le trouble de ſon ame fût un peu calmé, & qu'un tems conſidérable en eût diminué la violence, n'héſita point à lui parler de mariage, pendant qu'elle pleuroit encore ſon époux, qu'elle déchiroit ſes habits, & qu'elle s'arrachoit les cheveux; & à lui laiſſer entrevoir par ſon imprudente pourſuite le ſecret de ſon cœur & ſes noirs artifices.

A ce diſcours Carite indignée & ſaiſie d'horreur, tombe ſans connoiſſance, comme ſi elle eût été frappée de l'impreſſion mortelle de quelque funeſte conſtellation, ou d'un coup de foudre lancé par Jupiter même. Au bout de quelque tems elle reprend peu à peu ſes eſprits, & recommence ſes cris affreux & ſes regrets ; & démêlant la conduite criminelle de cet homme abominable, elle remet la réponſe qu'elle a à lui faire, juſqu'à ce qu'elle en ait mûrement délibéré.

Pendant ce délai, l'ombre de Tlépolème qui

avoit été si cruellement massacré, interrompt son sommeil, & lui apparoît avec un visage pâle, sanglant & défiguré « Ma chère épouse, lui dit-il, » si mon souvenir vous est cher encore, ne souf- » frez jamais que personne soit en droit de vous » nommer ainsi. Mais si le funeste accident qui » m'a ôté la vie, rompt les liens de notre amour, » contractez un hymen plus heureux avec qui » vous voudrez, pourvu que ce ne soit point » avec le sacrilège Thrasile. Rompez tout com- » merce avec lui ; ne souffrez plus qu'il mange » avec vous, & gardez-vous bien de le recevoir » dans votre lit. Fuyez la main de mon meur- » trier, encore teinte de mon sang, & ne com- » mencez point vos noces par un parricide. Ces » plaies que vous voyez, que vous avez lavées de » vos larmes, n'ont pas toutes été faites par les » dents du sanglier; c'est la lance du perfide Thra- » sile qui m'a séparé de vous ». Ensuite il lui révéla toutes les circonstances & la manière dont ce crime avoit été exécuté.

Carite avoit l'esprit si accablé de tristesse, lorsqu'elle s'étoit mise au lit & qu'elle s'étoit endormie, que ses larmes ne laissoient pas de couler & de mouiller ses belles joues pendant son sommeil. Cette vision l'ayant éveillée comme un coup de foudre, elle s'abandonne à la violence de son affliction, pousse des cris douloureux, déchire ses vêtemens, & avec ses cruelles mains, se meurtrit entièrement les bras, qu'elle avoit si beaux. Néanmoins, sans communiquer à personne l'apparition de son époux, sans faire semblant d'avoir aucune connoissance des circonstances de sa mort; elle prend la résolution de punir son cruel meurtrier, & de se délivrer ensuite d'une vie qui lui étoit insupportable.

Cependant cet odieux & téméraire amant vient derechef la fatiguer par les propositions d'un mariage dont elle étoit bien éloignée; mais Carite le refusant avec honnêteté, & dissimulant son dessein avec une adresse merveilleuse, répond ainsi à ses prières & à ses empressemens : « L'agréable
» image de mon cher époux, que vous regardiez
» comme votre frère, est encore présente à mes
» yeux; l'aimable Tlépolème vit encore dans mon
» cœur. Ne refusez donc pas d'accorder à sa veuve
» infortunée, le tems qu'il faut pour porter le
» deuil de sa mort, & souffrez que le reste de
» l'année destinée à ce devoir légitime, soit
» écoulé; ce que je vous demande ne regarde pas
» seulement la bienséance par rapport à moi, cela
» regarde aussi votre sûreté, par la crainte que j'ai
» qu'en précipitant trop notre hymenée, nous
» n'irritions, avec raison, l'ombre terrible de mon
» époux, & qu'elle n'attente sur vos jours ».

L'empressement de Thrasile ne put être modéré

par cette considération, ni même par la joie qu'il devoit avoir de la promesse qu'elle lui faisoit de l'épouser au bout de quelque tems. Au contraire, il ne cessa point de la persécuter très-souvent par une infinité de discours pressans, tant qu'enfin Carite feignant de se rendre : « il faut du moins, lui dit-elle, Thrasile, que vous m'accordiez une prière que je vous fais avec la dernière instance, qui est que nous vivions secrètement ensemble, comme si nous étions mariés, & sans qu'aucun de nos domestiques s'en aperçoive, jusqu'à ce que le tems qui reste pour finir l'année de mon deuil soit expiré ». Thrasile vaincu par cette trompeuse promesse, se rendit & consentit avec joie au commerce secret qu'elle lui proposoit. Il souhaitoit avec passion que la nuit fût bientôt de retour, préférant la possession de Carite à toutes les choses du monde. « Mais au moins, lui dit-elle, venez bien enveloppé d'un manteau, sans aucune suite, & dans le commencement de la nuit, approchez-vous de ma maison sans faire le moindre bruit. Donnez seulement un coup de sifflet, & attendez ma nourrice, qui sera au guet derrière la porte, elle vous ouvrira & vous conduira, sans lumière, dans ma chambre ».

Thrasile ne se défiant de rien, approuva l'appareil de ces funestes noces; il étoit seulement fâché d'être obligé d'attendre le retour de la nuit, & se plaignoit que le jour duroit trop long-tems. Enfin si-tôt que la lumière eut fait place aux ténèbres, cet homme séduit par une douce espérance, s'enveloppa dans un manteau, comme l'avoit exigé Carite, & fut conduit dans la chambre où elle couchoit, par l'artificieuse nourrice qui l'avoit attendu à la porte de la rue. Alors cette vieille lui faisant beaucoup d'amitiés, suivant l'ordre qu'elle en avoit reçu de sa maîtresse, apporta, sans faire de bruit, des verres, avec un grand vase plein de vin, où l'on avoit mêlé une drogue assoupissante, & lui faisant croire que Carite étoit auprès de son père qui étoit malade, & que c'étoit ce qui l'empêchoit de le venir trouver si-tôt, à force de verres de vin qu'elle lui présenta, qu'il buvoit avec plaisir & sans aucune défiance, elle l'ensevelit dans un profond sommeil.

Si-tôt que Thrasile fut en cet état, étendu de son long & exposé à tous les outrages qu'on voudroit lui faire, Carite, que la nourrice avoit été avertir, entre dans la chambre, animée d'un courage au-dessus de son sexe, & s'approche avec empressement du meurtrier de son mari, en frémissant de fureur. « Voilà, dit-elle, ce fidèle compagnon
» de mon époux; voilà cet illustre chasseur; voilà
» ce cher mari : c'est cette main qui a versé mon
» sang; c'est dans ce cœur que se sont formé tant
» de pernicieux desseins : ce sont-là les yeux à qui

» j'ai plu pour mon malheur, qui font obfcurcis
» de ténèbres par avance, comme s'ils avoient
» prévu qu'ils vont être pour jamais privés de la
» lumière, & qu'ils euffent prévenu leur fupplice.
» Dors tranquillement, perfide, & jouis des rêves
» agréables dont tu es flatté préfentement : je ne
» te frapperai point avec une épée, ni avec aucune
» autre arme; aux dieux ne plaife que je veuille
» t'égaler à mon mari par un genre de mort pareil
» au fien. Tes yeux mourront pendant ta vie, &
» tu ne verras plus jamais rien qu'en fonge. Je
» vais faire en forte que la mort de ton ennemi te
» femblera préférable à ta vie; tu ne verras plus
» la lumière; il te faudra un guide pour te con-
» duire; tu ne pofféderas point Carite; tu n'auras
» point le plaifir d'être fon époux; tu ne jouiras
» point du repos que la mort procure, & tu feras
» privé des plaifirs qu'on goûte pendant la vie.
» Mais comme un fantôme, qui n'eft ni mort ni
» vivant, tu feras errant fur la terre entre les té-
» nèbres de l'enfer & la lumière du foleil; tu
» chercheras long-tems la main qui t'aura plongé
» dans les ténèbres, & ce qu'il y aura de plus
» cruel pour toi dans ton malheur, tu ne fauras
» de qui tu auras le plus à te plaindre de toi ou de
» moi. J'arroferai le tombeau de mon cher Tlé-
» polème du fang qui fortira de tes yeux, que je

» facrifierai à fes manes facrés. Mais pourquoi
» faut-il que ton jufte fupplice foit différé de
» quelques momens par mon retardement? Peut-
» être même que tu rêves préfentement que tu
» me tiens dans tes bras, lorfque les miens te
» vont être fi funeftes. Quitte des ténèbres que
» caufe le fommeil, éveille-toi pour entrer dans
» une autre nuit affreufe & cruelle, élève ton
» vifage privé de la lumière, reconnois ma ven-
» geance, conçois ton infortune, & repaffe dans
» ton efprit tous les malheurs où tu es livré. C'eft
» en cet état feul que tes yeux ont pu plaire à une
» femme vertueufe; c'eft ainfi que les torches nup-
» tiales éclaireront ton hymenée; les Furies ven-
» gereffes en conduiront l'appareil, l'aveuglement
» t'accompagnera, & les remords de ta confcience
» ne te laifferont jamais en repos ».

Après que Carite lui eut ainfi prédit ce qui lui
alloit arriver, elle prend fon aiguille de tête,
qu'elle lui enfonce plufieurs fois dans les yeux; &
le laiffant ainfi aveuglé, pendant que la douleur
qu'il reffent, & dont il ignore la caufe, diffipe
fon fommeil, & les vapeurs du vin qu'il avoit
bu, elle fe faifit de l'épée que Tlépolême avoit
coutume de porter, quelle tire du fourreau, paffe
au travers de la ville, & va droit au tombeau de
fon époux, comme une perfonne en fureur, qui

médite quelque chose de terrible. Tous, tant que nous étions de ses domestiques, nous courons après elle, ainsi que tout le peuple de la ville, nous exhortons les uns & les autres à lui arracher ce fer d'entre les mains ; mais si-tôt qu'elle fut proche du cercueil de Tlépolême, elle écarte tout le monde avec la pointe de son épée ; & voyant que chacun versoit des larmes & faisoit des cris douloureux : « Cessez, dit-elle, ces pleurs qui » redoublent ma peine ; bannissez cette dou- » leur, qui ne convient point à mon courage. Je » suis vengée du cruel meurtrier de mon époux, » j'ai puni le scélérat qui a rompu les liens de » mon mariage : il est tems que ce fer m'ouvre le » chemin des enfers pour aller rejoindre mon » cher Tlépolême ». Ensuite ayant conté par ordre tout ce que son mari lui avoit révélé en songe, & l'artifice dont elle s'étoit servie pour venir à bout de Thrasile, elle se plonge son épée dans le sein, & tombe baignée dans son sang, & après s'être agitée quelques instans, en proférant des mots interrompus, & qu'on ne pouvoit entendre, elle rend son ame généreuse. Aussitôt les amis de l'infortunée Carite ont pris son corps, & après l'avoir lavé avec beaucoup de soin, ils l'ont enfermé dans le même tombeau avec Tlépolême, & l'ont réunie pour jamais à son cher époux.

Thrasile ayant appris tout ce qui venoit de se passer, n'a pas cru qu'il se pût donner une mort digne des malheurs qu'il avoit causés, & sachant qu'une épée ne suffisoit pas pour expier des crimes aussi grands que les siens, il s'est fait conduire au tombeau des deux époux, où après avoir répété plusieurs fois : « Ombres que j'ai persécutées, voici » votre victime qui vient d'elle-même s'offrir à » vous ; » il a fermé soigneusement la porte du sépulcre sur lui, résolu de se laisser mourir de faim, suivant l'arrêt qu'il en avoit déjà prononcé contre lui-même.

Voilà ce que ce domestique de Carite racontoit avec beaucoup de larmes & de soupirs à ces pâtres qui en étoient extrêmement touchés. Alors ces valets craignant la domination d'un nouveau maître, & déplorant les malheurs de celui qu'ils venoient de perdre, & de toute sa maison, résolurent de s'enfuir. Le maître des haras, ce même homme qu'on avoit chargé d'avoir soin de moi, & à qui l'on m'avoit tant recommandé, pilla ce qu'il y avoit de plus précieux dans cette petite maison, qu'il gardoit dans un lieu bien fermé, dont il me chargea, ainsi que les autres bêtes de voiture ; & nous faisant partir, il quitta son ancienne habitation. Nous portions des enfans, des femmes, des poulets, des oies, des chevreaux &
des

des petits chiens ; enfin, tout ce qui, ne pouvant nous suivre assez vîte, auroit pu retarder notre fuite ; & quoique mon fardeau fût extrêmement pesant, je n'avois aucune peine à le porter, par la joie que je ressentois de fuir l'abominable paysan, qui vouloit me faire cette fâcheuse opération.

Après que nous fûmes montés au haut d'une montagne fort élevée, couverte d'une forêt, & que nous fûmes descendus de l'autre côté dans la plaine, le jour commençant extrêmement à baisser, nous arrivâmes à un bourg fort riche & bien peuplé, dont les habitans nous avertirent de ne point marcher pendant la nuit, ni même le matin, à cause, disoient-ils, d'une quantité de loups furieux, & d'une grandeur extraordinaire, qui désoloient tout le pays, qui assiégeoient même les chemins, & qui attaquoient les passans, comme auroient pu faire des voleurs. Bien plus, que poussés quelquefois par une faim enragée, ils se jetoient jusques dans les métairies du voisinage, & que les hommes même n'étoient plus en sûreté contre la fureur de ces bêtes, qui n'attaquoient auparavant que les animaux les plus timides. Ils ajoutoient encore que nous trouverions dans le chemin, par où nous étions obligés de passer, des cadavres d'hommes à moitié dévorés, & quantité

S

d'offemens dépouillés de leur chair ; qu'ainfi, nous ne devions nous mettre en chemin qu'avec beaucoup de précaution, & que pour nous garantir des périls qui nous menaçoient de tous côtés, il ne falloit pas marcher dans ces lieux dangereux, écartés les uns des autres, mais tous raffemblés en un peloton, & feulement quand il fait grand jour, & que le foleil brille beaucoup, parce que la lumière ralentit la fureur de ces cruels animaux.

Mais ces maudits fugitifs qui nous emmenoient méprifant cet avertiffement falutaire, & fans attendre même qu'il fût jour, nous firent partir, chargés comme nous étions, environ à minuit, par un empreffement téméraire, & par l'inquiétude qu'ils avoient qu'on ne les pourfuivît. Comme j'étois bien informé du danger auquel nous étions expofés, pour me mettre en sûreté contre les attaques de ces loups, je me fourrai le mieux que je pu au milieu des autres bêtes de charge qu'on faifoit marcher ferrées, & nos conducteurs étoient fort furpris de me voir aller plus vîte que les chevaux. Mais la diligence que je faifois, étoit moins un effet de ma vigueur, que de la peur dont j'étois faifi, & je penfois en moi-même que ce n'étoit autre chofe que la peur qui avoit donné tant de vîteffe au fameux cheval Pégafe, & que ce qui avoit fait dire qu'il avoit des aîles, ce fut le saut que la crainte d'être mordu par la Chimère qui vomissoit du feu, lui fit faire jusqu'au ciel.

Cependant ces pâtres qui nous emmenoient, s'étoient préparés comme pour un combat. Ils étoient armés de lances, d'épieux, de javelots, ou de bâtons. Il y en avoit même quelques-uns, qui avoient fait provision de pierres qu'ils trouvoient abondamment dans le chemin, & d'autres qui tenoient des perches pointues par le bout. Avec cela, ils portoient la plupart des torches allumées, pour épouvanter les bêtes féroces, & rien ne manquoit à cette troupe qu'une trompette, pour ressembler à un petit corps d'armée prêt à donner combat.

Mais après avoir eu une terreur inutile, nous tombâmes dans un péril beaucoup plus grand que celui que nous avions craint; car aucun loup ne vint nous attaquer, soit qu'ils eussent été épouvantés par le bruit que faisoit ce grand nombre de jeunes gens qui marchoient ensemble, ou par les flambeaux allumés qu'ils portoient, soit qu'ils fussent allés d'un autre côté chercher leur proie, enfin l'on n'en vit pas un seul. Mais les paysans d'un village, par où nous vînmes à passer, prenant notre troupe pour des voleurs, furent saisis d'une grande frayeur, &

songeant à leur propre sûreté, ils excitèrent contre nous par toutes sortes de cris, des chiens d'une grandeur terrible, qu'ils nourrissoient exprès pour leur défense, & qui étoient plus furieux & plus cruels que quelques loups, & quelques ours que ce pût être. Ces dogues, outre leur férocité naturelle, étant animés par la voix & les clameurs de leurs maîtres, accourent sur nous de tous côtés, se jettent sur les hommes & sur les chevaux indifféremment ; & après s'être acharnés long-tems sur les uns & sur les autres, ils en renversèrent plusieurs par terre. Certainement c'étoit un spectacle bien surprenant, mais encore plus pitoyable de voir ce grand nombre de chiens en fureur, les uns se jeter sur ceux qui s'enfuyoient, les autres s'acharner contre ceux qui tenoient pied ferme, d'autres passer par-dessus le corps de ceux qui étoient par terre, & courir à travers notre troupe, mordant tout ce qu'ils rencontroient.

A ce grand péril qui nous pressoit, il s'en joignoit un autre encore plus terrible ; car ces paysans, du haut des toits de leurs maisons, & d'une petite colline qui étoit proche du village, firent voler sur nous une grêle de pierres, de manière que nous ne savions duquel des deux nous devions plutôt songer à nous garantir, ou des chiens qui nous attaquoient de près, ou des pierres dont

nous étions assaillis de loin. Il y en eut une qui blessa à la tête une femme que je portois. La douleur de ce coup lui fit faire aussitôt des cris & des lamentations pitoyables, appelant à son secours son mari, qui étoit le chef de notre troupe. Cet homme essuyant le sang qui sortoit de la blessure, que sa femme venoit de recevoir, crioit de toute sa force aux paysans, en attestant les dieux : « Pour-
» quoi, leur disoit-il, attaquez-vous avec tant
» de fureur de pauvres passans fatigués du voyage,
» & pourquoi nous accablez-vous ainsi ? Avez-
» vous peur que nous ne vous volions ? Quel est le
» tort que nous vous avons fait, dont vous vous
» vengez si cruellement ? Encore n'habitez-vous
» pas dans des cavernes comme des bêtes féroces,
» ou dans des rochers comme des sauvages, pour
» vous faire un plaisir de répandre ainsi le sang
» humain. »

A peine eut-il achevé de parler, que cette grêle de cailloux cessa, & que les chiens rappelés par leurs maîtres s'appaisèrent. Enfin, un des paysans qui étoit monté sur le haut d'un ciprès, prit la parole : « Pour nous, dit-il, ce que nous
» en faisons n'est point dans l'envie de vous
» voler, ni de profiter de vos dépouilles ; mais
» nous nous sommes mis en devoir de nous ga-
» rantir d'un pareil accident que nous craignions.

S iij

» de votre part. Au reste, vous pouvez présente-
» ment passer votre chemin en paix & en toute
» sûreté. » A ces mots, nous continuâmes notre
route, fort maltraités & blessés en différens endroits, les uns par les coups de pierre, les
autres par les chiens, sans qu'aucun en eût été
exempt.

Après avoir marché quelque tems, nous arrivâmes dans un bois agréable, couvert d'arbres
fort élevés. Nos conducteurs jugèrent à propos de
s'y arrêter pour manger & pour panser, le mieux
qu'ils pourroient, les plaies qu'ils avoient en plusieurs endroits de leur corps. S'étant donc tous
mis par terre de côté & d'autre, ils travaillèrent
d'abord à reprendre des forces par la nourriture;
ensuite ils se hâtèrent de faire quelques remèdes
à leurs blessures; les uns les lavoient au bord d'un
ruisseau qui couloit près de là; les autres ap-
pliquoient des éponges mouillées sur leurs contusions, & d'autres bandoient leurs plaies avec du
linge. Ainsi, chacun faisoit de son mieux pour se
raccommoder.

Pendant ce tems-là, un vieillard les regardoit
faire du haut d'une colline qui étoit proche; des
chèvres qui paissoient autour de lui, faisoient assez
connoître que c'étoit un berger. Un des nôtres lui
demanda s'il n'avoit point de lait à vendre, ou

du fromage mou ; mais ce vieillard branlant plufieurs fois la tête : « Eh quoi, lui répondit-il, » vous fongez à boire & à manger ! ignorez-vous en » quel lieu vous êtes ». Après ces mots, il fit marcher fon troupeau, & fe retira fort loin. Le difcours de ce berger & fa fuite alarmèrent extrèmement nos gens, & pendant que tous effrayés ils cherchoient à apprendre en quel endroit ils étoient, fans trouver perfonne qui pût les en inftruire, ils aperçurent du côté du chemin un autre grand vieillard, accablé fous le poids des années, & ne marchant qu'avec peine, tout courbé fur un bâton. Il s'approcha d'eux en pleurant à chaudes larmes. Après qu'il les eut regardés, il fe jeta à leurs pieds ; & leur embraffant les genoux aux uns & aux autres : « Puiffiez-vous, leur dit-il,
» toujours en joie & en fanté, parvenir à un âge
» auffi avancé que le mien ; mais je vous conjure
» par ce que vous avez de plus cher au monde,
» & par vous-même de fecourir un vieillard qui
» perd l'efpoir de fa famille : retirez des bras de
» la mort un jeune enfant qui m'appartient, &
» le rendez à ma vieilleffe ; c'eft mon petit-fils,
» & le cher compagnon de mon voyage. Il s'eft
» par hafard détourné pour tâcher de prendre un
» moineau qui chantoit dans ce buiffon, & il eft
» tombé dans une foffe ici près, qui étoit cachée

» par des feuillages & de petits arbres. Il est près
» de mourir, j'entens bien, aux cris & aux plaintes
» qu'il fait, en m'appelant à son secours, qu'il
» est encore en vie ; mais n'ayant plus aucune
» force, comme vous le voyez, il m'est impos-
» sible de le secourir, & il vous sera facile, à vous
» qui êtes jeunes & vigoureux, d'assister un vieil-
» lard malheureux, & de lui conserver cet en-
» fant qui est son unique successeur & le seul
» de sa famille ».

Les prières & les larmes de ce vieillard qui s'arrachoit ses cheveux blancs, nous touchèrent tous de compassion. Un de nos bergers plus hardi, plus jeune & plus fort que les autres, & le seul qui n'avoit point été blessé dans la malheureuse aventure qui venoit de leur arriver, se lève délibérément, & s'étant informé du lieu où l'enfant étoit tombé, il accompagna gaiement le vieillard qui lui montroit du doigt d'horribles buissons d'épines qui n'étoient pas fort loin. Cependant, après qu'on nous eut fait repaître, & que nos bergers eurent achevé de manger, & de panser leurs blessures, chacun d'eux plia bagage, & l'on se remit en chemin, après avoir appelé plusieurs fois par son nom celui qui étoit allé avec ce vieillard. Enfin, inquiets de ce qu'il tardoit si long-tems, ils l'envoyèrent chercher par un autre, pour l'avertir qu'il étoit tems de partir, & le ramener avec lui. Ce dernier revint au bout de fort peu de tems, & tout tremblant & pâle comme la mort, il leur conta des choses étonnantes touchant leur camarade. Il leur dit, qu'il l'avoit vu renversé sur le dos, à moitié mangé, proche d'un dragon d'une grandeur prodigieuse, qui achevoit de le dévorer, & que pour le malheureux vieillard, il ne paroissoit en aucun endroit.

Nos gens se hâtèrent de quitter ces lieux dangereux, cette nouvelle ayant du rapport avec le discours que leur avoit tenu le berger qu'ils avoient vu sur le haut de la colline, qui, sans doute, leur avoit voulu faire entendre, qu'il n'y avoit que ce dragon qui habitât le canton où ils étoient. Ils s'en éloignèrent donc fort vîte, en nous faisant doubler le pas à coups de bâton. Après avoir marché long-tems, & d'une grande diligence, nous arrivâmes dans un bourg, où nous passâmes la nuit à nous reposer, & où j'appris une aventure bien extraordinaire, qu'il faut que je vous conte :

Il y avoit un esclave, à qui son maître avoit donné la conduite de toutes ses affaires, & qui faisoit valoir une grande métairie, où nous étions logés. Il avoit épousé une des esclaves qui servoient avec lui ; cependant il étoit devenu pasfionnément amoureux d'une femme de condition libre, qui n'étoit pas de la maifon. Sa femme au défefpoir de ce commerce, brûla tous les papiers & les regiftres de fon mari, & même tout ce qui étoit ferré dans fon magafin. Non contente de s'être ainfi vengée du mépris qu'il avoit fait d'elle, s'armant contre elle-même & contre fon propre fang, elle attache une corde autour d'elle, à laquelle elle lie un enfant qu'elle avoit eu de fon mariage, & fe précipite avec lui dans un puits très-profond. Le maître extrêmement fâché de leur mort, prit l'efclave qui par fes débauches avoit été la caufe d'une action fi terrible, & l'ayant fait dépouiller tout nu, & frotter avec du miel, depuis les pieds jufqu'à la tête, il l'attacha avec de bonnes cordes à un figuier, dont le tronc pourri étoit plein d'une quantité prodigieufe de fourmis qu'on voyoit aller & venir continuellement. Si-tôt qu'elles eurent fenti l'odeur du miel dont le corps de ce malheureux étoit frotté, elles s'attachèrent contre fa peau, & par un nombre infini de petites morfures, mais fréquentes & continuelles, elles lui rongèrent peu à peu la chair & les entrailles, & après qu'il eut long-tems fouffert un fupplice fi cruel, fes os furent enfin dépouillés entièrement, de manière qu'on les voyoit encore fort fecs & fort blancs, attachés à cet arbre funefte.

Nous quittâmes cette maudite maison, & nous nous remîmes en chemin, laissant les habitans de ce bourg encore très-affligés de ces malheurs. Après que nous eûmes marché tout le jour dans un pays plat, nous arrivâmes bien fatigués dans une ville fort belle & fort peuplée. Nos bergers résolurent de s'y arrêter, & de s'y établir pour toujours, tant à cause que ce lieu paroissoit fort propre pour se cacher de ceux qui viendroient de loin, exprès pour les rechercher, que parce que les vivres y étoient en abondance. On nous mena au marché tout ce que nous étions de chevaux & d'ânes, après nous avoir laissés trois jours à l'écurie pour nous refaire, & pour être mieux vendus.

Quand le crieur public eut déclaré à haute voix le prix de chacun de nous, tout fut acheté par de riches marchands, hors moi qui restai, la plupart de ceux qui venoient me regarder, ne s'y arrêtant point, & me laissant là avec mépris. Ennuyé de toutes les perquisitions qu'on faisoit de mon âge, en me touchant les dents, je pris la main sale & mal propre d'un homme qui venoit souvent la fourrer dans ma bouche, & me gratter les gencives avec ses vilains doigts, & je la lui écrasai entre mes dents, ce qui fit que personne n'eut plus envie de m'acheter, comme étant un animal trop farouche.

Alors le crieur public se rompant la tête à force de clabauder, faisoit cent mauvaises plaisanteries sur moi, avec sa voix enrouée. « Jusqu'à quand, » disoit-il, exposerons nous inutilement en vente » cette vieille & misérable rosse dont les jambes » sont ruinées, qui est d'un vilain poil, outre cela, » qui est furieux au milieu de sa paresse & de sa » stupidité, & dont la peau n'est plus bonne qu'à » faire un crible ? Que n'en faisons-nous un pré- » sent, s'il se trouve quelqu'un qui en veuille, & » qui ne se soucie pas de perdre son foin ». Par ces sortes de discours, ce crieur faisoit rire le peuple qui étoit autour de lui.

Ma mauvaise fortune, qu'il m'avoit été impossible d'éviter, en quelqu'endroit que j'eusse été, ni de fléchir par tout ce que j'avois souffert, vint encore me regarder de travers, en me trouvant, par un hasard extraordinaire, un acheteur tel qu'il le falloit pour faire durer mes malheurs. C'étoit un vieux Eunuque chauve, à qui il pendoit encore quelques cheveux gris & crépus, l'un de ces misérables qui font demander l'aumône à la déesse de Syrie, la portant par les chemins & dans les villes, au son de quelques instrumens. Cet homme ayant fort grande envie de m'acheter, s'informe au crieur de quel pays j'étois. Celui-ci lui répond, « que j'étois de Cappadoce, & d'une

» assez bonne force ». L'autre lui demanda ensuite quel âge j'avois : « certain astrologue qui a fait son
» horoscope, répond le crieur en raillant, nous a
» assurés qu'il avoit cinq ans ; mais cet animal le
» peut savoir lui-même mieux que personne, par
» la déclaration de sa naissance, que ses parens
» ont faite au greffe public. Et quoique je me
» rende coupable des peines portées par la loi
» Cornélia, si de dessein prémédité je vous vends
» un citoyen Romain pour un esclave, ne laissez
» pas d'acheter sur ma parole ce bon serviteur, il
» vous rendra beaucoup de services utiles, tant
» aux champs qu'à la maison ».

Ce vilain homme qui me marchandoit, continua de lui faire un grand nombre de questions tout de suite, & lui demanda pour conclusion si j'étois bien doux : « ce n'est pas un âne que vous
» voyez-là, lui répond le crieur, c'est un mouton
» prêt à faire tout ce qu'on veut, qui jamais ne
» mord, ni ne rue, & tel enfin qu'il semble qu'un
» homme modeste & paisible soit caché sous sa
» peau ; ce qui n'est pas difficile à connoître, &
» vous en ferez l'expérience aisément : vous n'avez
» qu'à mettre votre tête entre ses cuisses, & vous
» verrez quelle grande patience il vous montrera ».

Ainsi le crieur se moquoit de ce vieux débauché ; mais lui s'apercevant de la raillerie : « Que

» la toute-puissante déesse Syrienne, mère de la
» nature, s'écria-t-il en colère, que le dieu Bac-
» chus, que Bellone, que Cibelle & Vénus avec
» son Adonis, te puissent rendre aveugle, sourd
» & muet, maudit crieur, qui te moques de moi
» depuis si longtems! Crois-tu, extravagant que
» tu es, continua-t-il, que j'aille exposer la déesse
» sur un âne vicieux & féroce, qui ne manque-
» roit pas de la jeter d'abord par terre & de la
» briser; & moi, malheureux, je serois obligé
» de courir de tous côtés les cheveux épars, & de
» chercher quelqu'un pour la raccommoder ».

Quand je l'entendis parler de la sorte, il me vint en pensée de me mettre à sauter tout d'un coup comme un furieux, afin de lui faire perdre l'envie de m'acheter. Mais cet homme empressé de m'avoir, prévint mon dessein, ayant compté dans le moment dix-sept deniers (1) à mon maître, qui les reçut avec plaisir, dont j'étois bien fâché. En même tems, attaché comme j'étois d'un licou de jonc, il me livre à Philèbe, c'étoit le nom de mon nouveau maître, qui me prend & m'emmène aussi-tôt à son logis. En entrant dans la maison: « Jeunes filles, s'écria-t-il, je vous ai acheté un beau serviteur que je vous amène ». Au reste, ce

---

(1) Environ six livres seize sols de notre monnoie.

qu'il appeloit des filles, n'étoit autre chose qu'une troupe d'eunuques, qui firent tout d'un coup éclater une joie extraordinaire en élevant leurs voix cassées, rauques & efféminées, s'imaginant, sans doute, que c'étoit quelque esclave propre à leur rendre de bons services. Mais d'abord qu'ils virent la supposition, non d'une biche à la place d'une fille, mais d'un âne au lieu d'un homme, ils se renfrognèrent le visage, & firent cent railleries à leur maître, ensuite ils m'attachèrent au râtelier.

Il y avoit parmi eux un jeune homme robuste & bien taillé qui jouoit parfaitement du hautbois, qu'ils avoient acheté au lieu où l'on expose les esclaves en vente, de l'argent qu'ils avoient amassé de côté & d'autre; ils le faisoient marcher jouant de son instrument, & ils s'en servoient dans la maison pour d'autres usages. D'abord qu'il m'eut aperçu, il m'apporta abondamment de quoi manger : « Enfin, disoit-il avec un transport de joie, » te voilà venu pour me seconder dans mes péni- » bles travaux; puisses-tu vivre long-tems ! plaire » à tes maîtres, & me donner le moyen de réparer » mes forces ». L'entendant parler de la sorte, je rêvois en moi-même aux nouvelles fatigues où j'allois être exposé.

Le lendemain ils sortirent tous habillés de couleurs différentes, ajuftés d'une manière hideufe & ridicule, ayant le vifage barbouillé avec de la boue, les paupières peintes, des efpèces de mitres fur la tête, & des robes, les unes de lin, les autres de foie, & d'autres couleur de fafran; quelques-uns en avoient de blanches avec de petites raies couleur de pourpre; tous avec des ceintures autour du corps & des fouliers jaunes. Ils me donnèrent la déeffe à porter, couverte d'un voile de foie, & tenant dans leurs mains de grands couteaux & des haches; après s'être dépouillés les bras jufqu'aux épaules, ils fe mettent aux champs en danfant, & fautant au fon de la flûte, comme font les bacchantes dans leurs plus grands tranfports.

Après avoir paffé devant quelques méchantes cabanes, ils arrivèrent à la maifon de campagne d'un homme fort riche; faifant des cris & des hurlemens dès le pas de la porte, ils y entrèrent comme des furieux : fi-tôt qu'ils y furent, ils fe mirent à pencher la tête de tous côtés, tournant le cou de différentes manières, faifant auffi voler leurs cheveux épars en rond, & fe mordant les bras de tems en tems, que chacun d'eux fe taillada enfuite avec fon couteau à deux tranchans. Il y en eut un qui parut encore plus tranfporté que les autres; il faifoit femblant d'avoir l'efprit abfolument égaré, & par de grands foupirs qu'il tiroit du fond de fon eftomac, estomac, il vouloit persuader qu'il étoit plein de quelque divinité ; comme si la présence des dieux n'étoit pas ordinairement avantageuse aux hommes, & qu'elle leur fût funeste, en les rendant plus foibles ou malades.

Mais vous allez voir de quelle manière la providence les récompensa. Il commença par déclarer faussement qu'il étoit coupable, & à s'accuser à haute voix d'un ton de prophète, qu'il avoit commis quelque faute contre les loix de la sainte religion. Ensuite il demanda à ses mains, qu'elles eussent à le punir, & à lui faire souffrir le supplice que son crime méritoit. En même tems il prit un de ces fouets que ces hommes efféminés portent ordinairement, qui est composé de plusieurs longues cordes de laine, où sont enfilés quantité de petits os de mouton de figure carrée, dont il se donna mille coups, & se déchira toute la peau, supportant sa douleur avec une fermeté admirable. Vous auriez vu la terre toute teinte du sang que ces infames s'étoient tiré en se tailladant avec leurs couteaux, & se frappant avec leurs fouets, ce qui me causoit une inquiétude qui n'étoit pas médiocre. Voyant ce sang qui sortoit de tant de plaies & en si grande abondance, je craignois que l'estomac de cette déesse étrangère n'eût envie du sang d'un âne, comme l'estomac de certains hommes demande du lait d'ânesse.

T

Quand ils furent las, ou du moins qu'ils crurent s'être affez déchiquetés les membres, ils mirent fin à cette boucherie. Alors quantité de gens, à l'envi les uns des autres, leur offrant des pièces de monnoie de cuivre & même d'argent, ils tendirent leurs robes pour les recevoir. On leur donna, outre cela, un baril de vin, du lait, des fromages & quelque farine d'orge & de froment ; quelques-uns donnèrent auffi de l'orge pour l'âne qui portoit la déeffe. Ils ramafsèrent toutes ces chofes dans des facs faits exprès pour ces fortes de quêtes, & me les chargèrent fur le corps ; de manière que portant tout-à-la-fois leurs provifions & l'image de la déeffe, je leur fervois en même-tems de temple & de magafin. C'eft ainfi qu'allant de côté & d'autre ils faifoient contribuer tout le pays.

Un jour qu'ils étoient de bonne humeur, parce qu'ils avoient fait une quête plus abondante qu'à l'ordinaire, ils fe difposèrent à fe bien régaler & à fe réjouir dans un certain château. Ils demandent d'abord un mouton gras au fermier d'une métairie, après lui avoir dit fa bonne aventure, pour immoler, difoient-ils, à la déeffe Syrienne, qui avoit une fort grande faim, & ayant fait tous les apprêts du repas, ils vont aux bains. Au retour ils amènent fouper avec eux un payfan d'une taille & d'une force extraordinaires. A peine eurent-ils mangé de quelques légumes, qu'ils commencent à exercer leurs abominations.

Je ne pus supporter la vue de ces crimes affreux, & je voulus m'écrier : O citoyens ! mais il me fut impossible de prononcer autre chose que la premiere syllabe O, d'une voix, à la vérité, claire, forte & convenable à un âne, mais fort mal-à-propos dans ce moment-là; car plusieurs jeunes gens du bourg prochain, qui cherchoient un âne qu'on leur avoit volé la nuit, & qui alloient avec soin dans toutes les hôtelleries, voir s'ils ne le trouveroient point, m'ayant entendu braire dans cette maison, & croyant que ce fût leur âne qu'on y avoit caché, y entrèrent avec précipitation, à l'heure qu'on y pensoit le moins, dans le dessein de reprendre leur bien, & surprirent ces infames au milieu de leurs débordemens. Ces jeunes gens appellent aussitôt tous les voisins, & leur font part de cet horrible spectacle, donnant des louanges, en raillant, à la sainte chasteté de ces prêtres. Eux, consternés & fort affligés d'une si cruelle aventure, dont le bruit se répandoit déjà parmi le peuple, & qui les rendoit odieux & exécrables à tout le monde, ramassent tout ce qu'ils avoient, & sortent secrétement du château, environ à minuit.

Après avoir fait un chemin assez considérable, avant le lever du soleil, & s'étant trouvés au grand jour en des lieux écartés & déserts, ils raisonnent beaucoup entr'eux, & se disposent à me faire mourir. Ils ôtent la déesse de dessus mon dos, & l'ayant

T ij

posée à terre, ils me dépouillent de mon harnois; m'attachent à un chêne, & me donnent tant de coups de ce fouet armé d'os de mouton, qu'ils me mettent à deux doigts de la mort. Il y en avoit un qui vouloit à toute force me couper les jarrets avec sa hache, parce que j'avois scandalisé si honteusement une chasteté aussi pure que la sienne. Mais les autres furent d'avis qu'on me laissât la vie, non par aucune considération pour moi, mais à cause de la déesse qui étoit par terre.

Ils me remettent donc ma charge sur le corps, & me faisant marcher à coups de plat d'épée, ils arrivent dans une grande ville. Un de ses plus considérables habitans, qui entendit le son des cymbales, le bruit des tambours, & les doux accens de de la musique phrygienne, vint aussitôt au-devant de nous. C'étoit un homme fort religieux, & qui révéroit extrêmement les dieux. Il reçut la deesse dans sa maison, & nous logea tous dans des appartemens fort grands & fort spacieux. Il faisoit tous ses efforts pour se rendre cette divinité favorable par ses profonds respects & par des sacrifices.

Il me souvient que je fus en ce lieu-là dans un grand danger de perdre la vie. Certain homme de la campagne avoit fait présent à notre hôte, qui étoit son seigneur, de la cuisse d'un cerf fort gras & fort grand qu'il avoit tué à la chasse : on l'avoit pendue négligemment assez bas derrière la porte de

la cuisine; un chien de chasse s'étoit jeté dessus, &
s'étoit sauvé avec sa proie. Quand le cuisinier se fut
aperçu du malheur qui venoit de lui arriver, après
s'être blâmé lui-même de sa négligence, s'être fort
affligé, & avoir longtems versé des larmes inutiles par la crainte que son maître, qui devoit bientôt demander à souper, ne le châtiât rigoureuse-
ment, il prend une corde pour s'étrangler, ayant
auparavant tendrement embrassé un petit enfant
qu'il avoit, pour lui dire adieu.

Mais sa femme qui l'aimoit beaucoup, apprit
bientôt l'accident qui venoit de lui arriver. Elle
accourut à lui, & saisissant de toute sa force avec
ses deux mains la funeste corde qu'il tenoit: « Quoi,
» lui dit-elle, faut-il que la frayeur que ce mal-
» heur vous cause, vous fasse perdre l'esprit, &
» que vous n'y voyez pas un remède que vous offre
» heureusement la providence des dieux »!

» S'il vous reste donc encore quelque raison dans
» cette extrémité, écoutez-moi avec attention.
» Conduisez l'âne qu'on a amené ici, dans quel-
» qu'endroit éloigné, & l'égorgez; ensuite cou-
» pez-lui une cuisse qui ressemblera assez à celle
» du cerf que vous avez perdue; mettez-la en ha-
» chis avec une bonne sauffe, & servez-la à notre
» maître à la place de l'autre ». Ce maraut jugea
à propos de conserver sa vie aux dépens de la

mienne; & après avoir extrêmement loué l'esprit de sa femme, il se mit à aiguiser ses couteaux pour exécuter le conseil qu'elle venoit de lui donner.

Fin du huitième Livre.

LIVRE NEUVIÈME.

C'est ainsi que ce détestable bourreau armoit ses mains scélérates contre ma vie. Il n'y avoit pas de tems à perdre dans un danger si pressant; il falloit prendre son parti sur le champ. Je résolus de me garantir par la fuite, de la mort qu'on me préparoit; & dans le moment, rompant le licou qui me tenoit attaché, je m'enfuis de toute ma force, en ruant souvent, de peur qu'on ne m'arrêtât. Ayant bientôt traversé le premier portique, je me jette sans balancer dans la salle à manger où le maître de la maison régaloit les prêtres de la déesse, avec la viande des victimes qu'il avoit immolées. Je brise & renverse une bonne partie des viandes qui étoient apprêtées, les tables même & d'autres meubles. Le maître du logis, fort fâché d'un si grand désordre, me fit mettre entre les mains d'un de ses gens, & lui ordonna de m'enfermer avec grand soin, en quelqu'endroit bien sûr, comme un animal fougueux & emporté, afin que je ne revinsse pas une autre fois avec une pareille insolence, renverser son festin. M'étant donc sauvé par cette adresse, des mains de ce maudit cuisinier, j'étois fort aise de me voir dans une prison qui me servoit d'asyle.

Mais certainement les hommes ont beau faire, pour être heureux ; quand il ne plaît pas à la fortune, ils ne sauroient le devenir, & toute l'adresse & la prudence humaine ne peuvent s'opposer à l'ordre de la providence, ni même y rien changer. Ce que je venois d'imaginer pour me mettre en sûreté, du moins pendant quelque tems, fut ce qui me jeta dans un autre péril terrible, qui pensa me coûter la vie dans le moment ; car un des valets, comme je l'appris depuis, à quelques discours que les domestiques tenoient entr'eux, accourt tout troublé dans la salle du banquet ; & avec un visage effrayé, il rapporte à son maître qu'un chien enragé étoit entré tout d'un coup dans la maison par une porte de derrière, qui répondoit dans une petite rue ; qu'il s'étoit d'abord jeté en fureur sur les chiens de chasse ; qu'ensuite il avoit passé dans les écuries où il avoit fait le même ravage sur les chevaux, & qu'enfin il n'avoit pas même épargné les hommes ; qu'il avoit mordu en plusieurs endroits le muletier Mirtil, Hepheftion le cuisinier, Hypathius le valet de chambre, Apollonius le médecin, & plusieurs autres domestiques, comme ils vouloient le chasser ; il ajoutoit que quelques-uns des chevaux qui avoient été mordus, ressentoient déjà les effets de la rage.

Cette nouvelle donna l'alarme à tous ceux qui étoient dans la salle, qui, s'imaginant par ce qu'on m'avoit vu faire, que j'étois attaqué du même mal, s'armèrent de tout ce qu'ils purent rencontrer, s'exhortant les uns & les autres à se garantir du péril qui les menaçoit, & se mirent après moi comme des enragés qu'ils étoient bien plutôt que moi. Ils m'alloient mettre en pièces avec les lances, les épieux & les haches que les valets leur fournissoient, si pour me mettre à couvert de cet orage, je ne me fusse sauvé dans une des chambres où l'on avoit logé mes maîtres. Alors, ceux qui me poursuivoient ayant fermé la porte sur moi, me tinrent assiégé là-dedans, en attendant que le poison de cette rage prétendue m'eût fait mourir, sans qu'ils s'exposassent au danger de m'attaquer. Me trouvant donc seul en liberté, je profitai de l'occasion que la fortune m'offroit; je me couchai sur un lit comme un homme, & je m'endormis; cette manière de reposer m'ayant été interdite depuis longtems.

M'étant bien remis de ma lassitude sur ce bon lit, je me levai gai & dispos. Il étoit déjà grand jour, & j'entendois ceux qui avoient passé la nuit à me garder, qui disoient entr'eux : « Mais pouvons-nous croire que ce malheureux âne soit continuellement dans les transports de la rage? Il est plutôt à présumer que sa fureur est calmée, & que son accès est passé ». Comme chacun disoit sur cela son avis, ils convinrent tous, qu'il falloit éprouver ce qui en étoit, & regardant par une fente au travers de la porte, ils me voient sur mes jambes, tranquille comme un animal qui se porte bien & qui est doux & paisible; ils ouvrent la porte & examinent avec plus d'attention si j'étois appaisé.

Un d'entr'eux, comme s'il eût été envoyé du ciel pour me sauver la vie, apprit aux autres un moyen pour connoître si j'étois malade, qui étoit de mettre un vaisseau plein d'eau fraîche devant moi, disant que si j'en approchois sans répugnance, & comme j'avois accoutumé de faire c'étoit une marque que je n'avois aucun mal, & que je me portois fort bien; au contraire, que si je la fuyois, & que j'eusse de l'horreur de la voir & d'y toucher, c'étoit une preuve certaine que la rage continuoit de m'agiter, ajoutant que c'étoit l'expérience qu'on avoit coutume de faire en ces sortes d'occasions, & qu'on la trouvoit écrite même dans les anciens livres.

Ils approuvèrent tous ce conseil, & dans le moment ils apportent un grand vaisseau plein d'une eau très-claire, prise d'une fontaine qui étoit près de la maison, & me le présentent, en se tenant encore sur leurs gardes. Je vais d'abord au-devant d'eux, d'autant plus que j'avois une fort grande soif; & baissant la tête, je la plongeai jusqu'au fond du vaisseau, & me mis à boire de cette eau, qui m'étoit certainement bien salutaire. Alors je souffris avec tranquillité qu'ils me flattassent en me passant la main sur le corps

& sur les oreilles, & qu'ils me ramenassent par mon licou; enfin, je leur laissai faire tout ce qu'ils voulurent pour m'éprouver, jusqu'à ce qu'ils fussent entièrement rassurés par ma douceur, sur la mauvaise opinion qu'ils avoient conçue de moi.

M'étant ainsi sauvé de deux grands dangers, le lendemain on me remit sur le corps l'image de la déesse, avec les choses qui servoient à son culte, & nous partîmes au son des castagnettes, des cymbales & des tambours, pour aller demander l'aumône dans les villages. Après que nous eûmes parcouru un assez grand nombre de maisons de paysans, & quelques châteaux, nous arrivâmes dans un bourg bâti sur les ruines d'une ville qui avoit été fort opulente autrefois, à ce que disoient les habitans. Nous entrâmes dans la première hôtellerie qui se rencontra, où l'on nous conta une histoire assez plaisante, de la manière dont la femme d'un pauvre homme lui avoit fait une infidélité; je suis bien aise que vous la sachiez aussi.

Cet homme réduit dans une grande nécessité, n'avoit autre chose pour vivre que le peu qu'il pouvoit gagner par son travail journalier. Il avoit une femme qui étoit aussi fort pauvre, mais très-fameuse par l'excessive débauche où elle s'abandonnoit. Un jour son mari étant sorti de chez lui dès le matin, pour aller travailler, un homme hardi & effronté y entra secrétement l'instant d'après. Pendant que la femme & lui étoient ensemble, comme des gens qui se croient en sûreté, le mari qui ne savoit rien de ce qui se passoit, & qui n'en avoit même aucun soupçon, revint chez lui, bien plutôt qu'on ne l'attendoit, & louant en lui-même la bonne conduite de sa femme, parce qu'il trouvoit la porte de sa maison déjà fermée aux verroux, il frappe & siffle, pour marquer que c'étoit lui qui vouloit entrer. Sa femme, qui étoit adroite, & fort stilée en ces sortes d'occasions, fait retirer l'homme d'auprès d'elle, & le cache promptement dans un vieux tonneau vide qui étoit au coin de la chambre, à moitié enfoncé dans la terre; ensuite ayant ouvert la porte à son mari, elle le reçoit en le querellant: « c'est donc ainsi, lui dit-elle, que tu reviens les mains vides, pour demeurer les bras croisés à ne rien faire, & que tu ne continueras pas ton travail ordinaire, pour gagner de quoi avoir quelque chose à manger? Et moi, malheureuse que je suis, je me romps les doigts jour & nuit, à force de filer de la laine, afin d'avoir au moins de quoi entretenir une lampe pour nous éclairer le soir dans notre pauvre maison. Hélas! que Daphné, notre voisine, est bien plus heureuse que moi ! elle qui, dès le matin, se met à table, & boit tout le jour avec ses amans ».

Le mari se voyant si mal reçu, « que veux-tu, lui dit-il, quoique le maître de notre attelier, occupé à la suite d'un procès qui le regarde, ait fait cesser le travail, cela n'a pas empêché que je n'aie trouvé le moyen d'avoir de quoi manger aujourd'hui. Vois-tu, continua-t-il, ce tonneau inutile, qui occupe tant de place, & qui ne sert à autre chose qu'à nous embarrasser dans notre chambre, je l'ai vendu cinq deniers (1) à un homme, qui va venir dans le moment le payer & l'emporter : prépare-toi donc à m'aider un peu à le tirer de là, pour le livrer tout présentement. « En vérité, dit aussitôt cette artificieuse femme, en faisant un grand éclat de rire, mon mari est un brave homme, & un marchand fort habile, d'avoir laissé pour ce prix-là une chose que j'ai vendue il y a longtems sept deniers, moi qui ne suis qu'une femme toujours renfermée dans la maison ».

Le mari bien-aise de ce qu'il entendoit ; « qui est donc celui qui l'a acheté si cher, lui dit-il. « Pauvre innocent que tu ès, lui répondit-elle, il y a déjà je ne sai combien de tems qu'il est

---

(1) Environ quarante sols de notre monnoie.

dans le tonneau, à l'examiner de tous côtés ». Le galant entra à merveille dans la fourberie, & fortant tout d'un coup de fa niche : « ma bonne femme, dit-il, voulez-vous que je vous dife la vérité, votre tonneau eft trop vieux, & fendu en je ne fai combien d'endroits ». Se tournant enfuite du côté du mari : « & toi, bon-homme, continua-t-il, fans faire femblant de le connoître, que ne m'apportes-tu tout préfentement de la lumière, afin que je puiffe être sûr, en grattant les ordures qui font dedans, s'il pourra me fervir; car tu t'imagines bien que je ne me foucie point de perdre mon argent, comme fi je l'avois gagné par de mauvaifes voies ». Ce brave & fubtil mari, fans tarder & fans avoir le moindre foupçon, allume la lampe, & lui dit : « rangez-vous de-là & me laiffez faire, jufqu'à ce que je vous l'aie rendu bien net ». En même-tems il ôte fon habit, prend la lumière, fe fourre dans le tonneau, & commence à racler toute la vieille lie qui y étoit attachée. Le galant mit l'occafion à profit, & pendant ce tems, la femme qui fe faifoit un plaifir de jouer fon mari, baiffant la tête dans le tonneau, lui montroit avec le doigt, tantôt un endroit à nettoyer, tantôt un autre, & puis encore un autre, & puis encore un autre, jufqu'à ce qu'enfin tout fût achevé; & ce misérable manœuvre fut encore obligé, après avoir reçu sept deniers, de porter le tonneau jusques dans la maison du galant de sa femme (1).

Après que les saints prêtres de la déesse eurent demeuré quelques jours dans ce bourg, où ils faisoient bonne chère, aux dépens du public, & qu'ils eurent amassé quantité de toutes sortes de choses, qu'ils gagnoient à dire la bonne aventure, ils inventèrent une nouvelle manière de faire venir de l'argent. Par une seule réponse qu'ils imaginèrent, qui pouvoit se rapporter à des évènemens différens, ils trompoient ceux qui venoient les consulter sur toutes sortes de sujets. Voici ce que contenoit l'oracle :

>   Les bœufs, qu'au même joug on lie,
>   De la terre entr'ouvrent le sein,
>   Afin qu'avec usure elle rende le grain,
>   Que le laboureur lui confie.

Ainsi, si quelques-uns venoient les consulter pour savoir les ordres du destin sur un mariage qu'ils vouloient faire, ils leur disoient que l'oracle répondoit juste à leur demande; qu'il falloit qu'ils se missent sous le joug de l'hymenée, & qu'ils produiroient bientôt de beaux enfans. Si un autre venoit les interroger sur l'envie qu'il avoit d'acheter des terres, ils lui faisoient voir que c'étoit avec raison que l'oracle parloit de bœufs, de labourage

---

(1) Cet épisode a fourni le sujet du *Cuvier*, conte de la Fontaine & du *Tonnelier*, opéra comique.

& de riches moissons. Si quelqu'autre venoit consulter le sort sur un voyage qu'il devoit entreprendre, ils lui expliquoient que les plus doux de tous les animaux étoient déjà attelés ensemble, & prêts à partir, & que la fécondité de la terre signifioit que son voyage lui rapporteroit un gain considérable. Si quelqu'un avoit un combat à donner ou à poursuivre une troupe de voleurs, & qu'il voulût savoir si l'évènement en seroit heureux ou malheureux, ils soutenoient que l'oracle, par sa réponse, lui promettoit la victoire, que ses ennemis seroient subjugués, & qu'il profiteroit d'un grand butin.

Ces prêtres ne gagnèrent pas peu d'argent à cette manière captieuse de prédire l'avenir; mais fatigués des questions continuelles qu'on venoit faire, auxquelles leur oracle ne donnoit jamais que la même réponse, ils continuèrent leur route par un chemin bien plus mauvais que celui que nous avions fait la nuit précédente; il étoit plein de grands trous & rompu en plusieurs endroits par des rigoles qu'on y avoit faites pour donner de l'écoulement aux eaux, dont elles étoient encore à moitié pleines, & le reste étoit couvert de boue & fort glissant. Après que je me fus bien fatigué & meurtri les jambes par plusieurs glissades & plusieurs chûtes que je faisois à tout moment dans ce maudit chemin, je gagnai enfin, avec beaucoup
de

de peines, un sentier uni qui étoit dans la campagne, quand tout d'un coup une troupe de cavaliers armés vient fondre sur nous ; & après avoir eu assez de peine à retenir leurs chevaux, ils se jettent brusquement sur Philèbe & sur ses camarades, & les saisissant au colet ; ils les frappent à coups de poing, les appelant sacrilèges & impudiques ; ensuite ils les attachent avec des menottes, en leur répétant sans cesse « qu'ils eussent à tirer
» de leurs sacs la coupe d'or ; qu'ils missent au
» jour ce vase dont la valeur les avoit éblouis jus-
» qu'à leur faire commettre un sacrilège ; cette
» coupe qu'ils venoient de dérober jusques sur
» les autels de la mère des dieux, lorsqu'enfermés
» dans son temple, ils faisoient semblant de célé-
» brer ses secrets mystères ; ajoutant qu'ils étoient
» ensuite sortis de la ville dès la pointe du jour
» sans parler à personne, comme s'ils eussent
» pu fuir le châtiment que méritoit un si grand
» crime ». En même-tems un de ces gens-là fourrant sa main dans le sein de la déesse que je portois, trouva la coupe d'or & la fit voir à tout le monde.

Ces infames hommes ne parurent ni consternés, ni même effrayés de se voir convaincus d'un tel sacrilège, & tournant la chose en raillerie : « Voilà, disoient-ils, un grand malheur, & une chose bien épouvantable ? Oh· combien d'in-

V

» nocens, continuoient-ils, courent risque sou-
» vent d'être punis, comme s'ils étoient cou-
» pables, puisque des prêtres qui n'ont commis
» aucune faute, se trouvent en danger de perdre
» la vie pour un petit gobelet dont la mère des
» dieux a fait présent à la déesse de Syrie sa sœur,
» qui étoit venue lui rendre visite ». Malgré ces
mauvais discours & plusieurs autres semblables,
ces hommes les ramènent & les jettent en prison. L'on remit la coupe dans le temple, avec
l'image de la déesse que je portois, pour y rester
toujours. Le lendemain on me conduisit au marché, où l'on me fit mettre en vente pour la seconde fois par le crieur public.

Un meûnier d'un château des environs m'acheta
sept deniers plus cher que n'avoit fait Philébe;
& m'ayant aussitôt mis sur le corps une bonne
charge de bled qu'il venoit d'acheter aussi, il
me mena à son moulin, par un chemin fort
rude, plein de pierres & de racines d'arbres. J'y
trouvai quantité de chevaux ou mulets qui faisoient aller plusieurs meules différentes. Ce n'é-
toit pas seulement le long du jour qu'on faisoit
de la farine, ces sortes de machines tournoient
même pendant toute la nuit, à la lumière de la
lampe. De peur que l'apprentissage d'un tel exercice ne me rebutât d'abord, mon nouveau maître
me reçut fort honnêtement chez lui, & me traita

parfaitement bien ; car il me laiſſa tout ce jour-là dans l'écurie, & me donna abondamment de quoi manger : mais cette félicité de ne rien faire & d'être bien nourri, n'alla pas plus loin. Dès le lendemain on m'attacha pour faire aller une meule, qui me paroiſſoit la plus grande de toutes, & après qu'on m'eut couvert la tête, on me mit dans un petit ſentier creux qui formoit un cercle, pour y marcher, & en faire continuellement le tour.

N'ayant pas oublié mes ruſes ordinaires, je me montrai fort novice en cet exercice ; & quoique j'euſſe vu ſouvent, pendant que j'étois homme, la manière dont on faiſoit agir ces ſortes de machines, cependant je reſtois là ſans branler, avec une feinte ſtupidité, comme ſi ce travail m'eût été abſolument inconnu, & que je n'euſſe ſu comment m'y prendre. Je penſois que lorſqu'on verroit que je n'y étois point propre, on me feroit faire quelqu'autre choſe qui me fatigueroit moins, ou qu'on me nourriroit peut-être ſans me faire travailler ; mais ma fineſſe ne me ſervit de rien, & me coûta bien cher ; car pluſieurs hommes armés de bâtons m'entourèrent, & comme je ne me défiois de rien, ayant la tête couverte, & ne voyant goutte, ils ſe donnèrent le ſignal, par un cri qu'ils firent tous à la fois, & me déchargèrent en même tems un grand nombre de coups. Ils m'épouvantèrent tellement par leur bruit, que mettant bas tout artifice, & m'abandonnant sur les longes qui me tenoient attaché à la meule, je me mis à courir de toute ma force. Par un changement de conduite si subite, j'excitai une grande risée dans toute la troupe.

Quand le jour fut près de finir, outre que j'étois fort fatigué, on m'ôta les cordes de jonc qui me tenoient attaché à la machine, & l'on me mit à l'écurie. Quoique je fusse accablé de faim & de lassitude, & que j'eusse un grand besoin de réparer mes forces, cependant excité par ma curiosité ordinaire, négligeant la mangeaille qui étoit devant moi en abondance, j'examinois soigneusement, avec une espèce de plaisir, la manière dont on gouvernoit cet affreux moulin. O Dieu ! quelle espèce d'hommes travailloient là-dedans, leur peau étoit toute meurtrie de coups de fouet ; ils avoient sur leur dos plein de cicatrices quelques méchans haillons déchirés, qui les couvroient un peu sans les habiller ; quelques-uns n'avoient qu'un petit tablier devant eux, enfin les mieux vêtus l'étoient de manière, qu'on leur voyoit la chair de tous côtés ; ils avoient des marques imprimées sur le front, les cheveux à moitié rasés, & les fers aux pieds ; outre cela ils étoient affreux par la pâleur de leur visage, & la vapeur du feu, jointe à l'épaisse fumée des fours où l'on cuisoit le pain, leur avoit mangé les paupières, & gâté entièrement la vue ; ils étoient avec cela, tout couverts & tout blancs de farine, comme les athlètes le sont de poussière, lorsqu'ils combattent.

Mais que vous dirai-je de mes camarades, les animaux qu'on faisoit travailler dans ce moulin, & comment pourai-je vous les bien dépeindre ? Quels vieux mulets, & quels chétifs & misérables chevaux hongres ! Ils étoient là autour de la mangeoire, la tête basse, qui dévoroient des bottes de paille. Ils avoient le cou tout couvert de plaies ; une toux continuelle leur faisoit ouvrir les nazeaux ; les cordes de jonc, avec lesquelles on les attachoit pour tourner la meule, leur avoient entièrement écorché le poitrail ; leurs côtes étoient tellement dépouillées par la quantité de coups de bâton qu'on leur donnoit continuellement, que l'os en étoit découvert ; la corne de leurs pieds étoit devenue d'une largeur extraordinaire, à force de marcher, & par-dessus tout cela ils avoient la peau toute couverte d'une gale invétérée.

La peur que j'eus de tomber dans l'état misérable où je voyois ces pauvres bêtes, jointe au souvenir du bonheur dont je jouissois pendant que j'étois Lucius, que je comparois à l'extrémité où j'étois réduit, m'accabloit de tristesse, & la seule chose qui pouvoit m'être de quelque consolation dans la vie malheureuse que je menois, étoit le plaisir que j'avois de contenter ma curiosité naturelle, par tout ce que j'entendois dire, & tout ce que je voyois faire, personne ne se contraignant devant moi. Certainement c'étoit avec beaucoup de raison que le divin auteur de l'ancienne poésie grecque, voulant dépeindre un homme d'une sagesse & d'une prudence consommées, a dit : que ce même homme s'étoit acquis les plus grandes vertus, par ses voyages dans plusieurs villes, & par le commerce qu'il avoit eu avec quantité de nations différentes ; car j'avoue que je ne laisse pas d'être redevable à ma figure d'âne, de ce qu'étant caché sous cette forme, j'ai éprouvé un grand nombre d'aventures qui m'ont instruit de bien des choses, si du moins elles ne m'ont pas rendu plus sage, & je vais vous conter une histoire qui m'a paru des plus plaisantes ; la voici :

Ce meûnier qui m'avoit acheté, bon homme d'ailleurs, & fort doux, étoit marié à la plus méchante, & la plus scélérate de toutes les femmes, qui le rendoit si malheureux de toutes façons, qu'en vérité j'étois souvent touché moi-même de son état ; car il ne manquoit aucun vice à cette maudite femme. Elle les possédoit tous généralement, sans en excepter aucun ; elle étoit pleine de malignité, cruelle, impudique, adonnée au vin, obstinée, acariâtre, d'une avarice sordide, & d'une avidité terrible à prendre le bien d'autrui ; prodigue pour ce qui regardoit ſes infames débauches, & l'ennemie déclarée de la bonne foi & de la pudeur : à tout cela, elle joignoit l'impiété, elle mépriſoit les dieux immortels, & la vraie religion, & d'un eſprit ſacrilége, feignant de révérer par de vaines cérémonies, un dieu qu'elle diſoit être ſeul & unique, elle trompoit tout le monde & ſon mari auſſi, & dès le matin elle s'enivroit, & le reſte du jour elle ſe proſtituoit.

Cette abominable femme avoit conçu une averſion terrible contre moi ; car avant qu'il fût jour, elle ordonnoit, étant encore dans ſon lit, qu'on fît travailler au moulin l'âne qu'on avoit acheté depuis peu, & ſi-tôt qu'elle étoit levée, elle me faiſoit donner cent coups de bâton en ſa préſence. Lorſqu'on faiſoit ceſſer le travail aux chevaux & aux mulets, pour les faire dîner, elle m'y faiſoit encore reſter long-tems après eux. Ces cruautés qu'elle exerçoit contre moi, avoient extrêmement augmenté ma curioſité ſur ce qui regardoit ſes mœurs & ſa conduite. Je m'apercevois qu'un certain jeune homme venoit tous les jours la trouver juſques dans ſa chambre, & j'aurois bien voulu le voir au viſage, ſi ce qu'on me mettoit ſur la tête pour me couvrir les yeux ne m'en eût empêché ; car je n'euſſe pas manqué d'induſtrie pour découvrir, de manière ou d'autre, les débauches de cette méchante créature.

Certaine vieille femme, qui étoit sa confidente, & qui conduisoit toutes ses intrigues, étoit continuellement avec elle, du matin jusqu'au soir. Elles commençoient par déjeûner ensemble, & en buvant l'une & l'autre, à qui mieux mieux, quantité de vin pur, la vieille imaginoit des fourberies pour tromper le malheureux meûnier. Alors, quoique je fusse fort fâché de la méprise de Fotis, qui, pensant me changer en oiseau, m'avoit changé en âne, j'avois du moins la consolation, dans ma triste difformité, de ce qu'avec mes grandes oreilles, j'entendois facilement ce qui se disoit assez loin de moi, & voici le discours qu'un jour cette vieille tenoit à la meûnière :

« Ma maîtresse, voyez donc ce que vous voulez faire de cet ami indolent & timide, que vous avez pris sans mon conseil, qui tremble à n'en pouvoir plus, quand il voit seulement froncer le sourcil à votre désagréable & odieux mari, & qui par conséquent vous cause tant de chagrin, par la langueur & la foiblesse de son amour, qui répond si mal à la passion que vous avez pour lui. Oh ! que Philésitère est bien un autre homme, continua-t-elle ! il est jeune, beau, libéral, vaillant, & tel que la vigilance inutile des maris ne fait que l'animer encore davantage. C'est, je vous jure, le seul homme qui mérite d'avoir les bonnes graces de toutes les femmes, & le seul qui soit digne de porter une couronne d'or sur sa tête, quand ce ne seroit que pour ce qu'il imagina dernièrement, avec tant d'esprit, contre un mari jaloux. Au reste, écoutez-moi, & remarquez la différence qu'il y a d'un tel homme à votre amant. Vous connoissez un nommé Barbarus, l'un des sénateurs de notre ville, que le peuple nomme communément le Scorpion, à cause de son humeur aigre & piquante. Il a une femme, qui est de bonne famille, & d'une très-grande beauté, qu'il tient renfermée chez lui, avec toutes les précautions imaginables. « Vraiment, dit la meûnière, je la connois parfaitement bien ; vous voulez parler d'Arète, qui a été autrefois ma compagne d'école. « Vous savez donc, reprit la vieille, l'histoire de Philésitère ? « Nullement, répondit-elle ; mais je meurs d'envie de la savoir, & je vous prie, ma bonne mère, de me la conter d'un bout à l'autre ».

La vieille femme, qui étoit naturellement grande causeuse, prit aussitôt la parole: ce Barbarus, dit-elle, étant prêt de partir pour un voyage dont il ne pouvoit se dispenser, & voulant apporter tous ses soins pour se conserver la fidélité de sa femme, qu'il aimoit beaucoup, en donna avis secrètement à Myrmex, l'un de ses valets, en qui il se confioit plus qu'à pas un autre, & lui ordonna de veiller à la conduite de sa maîtresse, le menaçant qu'il le mettroit en prison, chargé de fers ; qu'il lui feroit souffrir la faim, & qu'enfuite il le feroit expirer au milieu des tourmens, fi aucun homme la touchoit feulement du bout du doigt, même en paffant dans la rue; ce qu'il lui protefta avec les fermens les plus facrés. Ayant donc laiffé Mirmex fort effrayé, & chargé d'accompagner continuellement fa femme, il part fans aucune inquiétude.

Le valet étant bien réfolu à fe donner tous les foins que demandoit fa commiffion, ne vouloit jamais permettre à fa maîtreffe de fortir. Elle paffoit tout le jour renfermée chez elle à filer de la laine, fans qu'il la perdît de vue un feul moment, & ne pouvant fe difpenfer de la laiffer aller quelquefois le foir aux bains publics il la fuivoit pas à pas, comme l'ombre fait le corps, & tenoit même toujours d'une main le bord de fa robe. Voilà de quelle manière cet infatigable furveillant s'acquittoit de fon emploi.

Mais Philéfitère étoit trop alerte fur les aventures de galanterie, pour n'être pas inftruit de tous les charmes que cette femme poffédoit. Cette haute réputation de vertu qu'elle avoit, & tous les foins qu'on prenoit pour la garder, ne fervirent qu'à l'animer davantage. Il fe mit en tête de ne rien négliger, & de s'expofer à tout pour en venir à bout; & connoiffant bien la fragilité humaine, & que l'or avoit la vertu d'abattre les portes les plus fortes, & d'applanir toutes les difficultés, il s'adresse à Myrmex qu'il rencontra seul heureusement ; il lui déclare la passion qu'il a pour sa maîtresse, & le conjure d'apporter quelque remède à son tourment, l'assurant qu'il étoit absolument résolu de mourir, si son amour n'étoit bientôt heureux. « Au reste, lui disoit-il, dans une chose aussi facile que celle que je vous demande, vous n'avez rien à craindre, puisqu'il ne s'agit que de me faire entrer, à la faveur de la nuit, dans votre maison, où je ne resterai qu'un moment ». Outre tout ce que Philésitère put lui dire pour le persuader, il se servit d'une puissante machine pour ébranler sa fidélité, il lui fit briller aux yeux sa main pleine de pièces d'or nouvellement fabriquées, lui disant qu'il lui en donneroit dix de tout son cœur, & qu'il en destinoit vingt pour sa maîtresse.

Myrmex fut épouvanté de la proposition d'un crime, qui lui paroissoit si affreux, & s'enfuit sans vouloir rien entendre davantage. Cependant l'éclat brillant de ces pièces d'or étoit toujours présent à ses yeux ; quoiqu'il en fût fort éloigné, & qu'il eût regagné sa maison au plus vîte, il croyoit toujours les voir, & il jouissoit en idée du gain considérable qu'on lui offroit. Ce malheureux étoit en proie à des sentimens opposés qui le tourmentoient cruellement : d'un côté il consideroit la fidélité qu'il devoit à son maître, d'un autre côté le profit qu'il pouvoit faire : les supplices où il s'exposoit, lui revenoient dans l'esprit; mais aussi quel plaisir auroit-ce été pour lui de posséder cet argent. A la fin l'or l'emporta sur la crainte de la mort, & le tems ne diminuoit en rien l'extrême passion qu'il avoit de posséder cette belle monnoie. Sa maudite avarice ne lui donnoit pas même un moment de repos pendant la nuit, & malgré les menaces de son maître, elle lui fit oublier son devoir.

Ayant donc mis bas toute honte, il va trouver sa maîtresse, sans différer plus long-tems, & lui conte ce que Philésitère lui avoit dit. Elle ne démentit point la légereté qui est si naturelle à son sexe, & dans le moment elle engage son honneur pour ce métal abominable. Ainsi Myrmex transporté de joie, & souhaitant, aux dépens de sa fidélité, recevoir & tenir en ses mains l'or qu'il avoit vu pour son malheur, va trouver Philésitère, & lui conte qu'enfin, après bien des peines, il étoit venu à bout de ce qu'il souhaitoit. Il lui demande en même tems la récompense qu'il lui avoit promise, & il se voit tout d'un coup des pièces d'or dans la main, lui qui n'en avoit jamais seulement touché de cuivre.

Quand la nuit fut venue, il conduisit ce brave champion seul, & bien enveloppé d'un manteau jusques dans la chambre de sa maîtresse. A peine ces deux nouveaux amans avoient-ils sacrifié à l'amour, que le mari ayant choisi le tems de la nuit, arrive tout d'un coup, dans le moment que personne ne l'attendoit. Il frappe, il appelle, il touche contre la porte avec une pierre; & le retardement qu'on met à lui ouvrir, augmentant ses soupçons de plus en plus, il menace Myrmex de le châtier d'une cruelle manière. Tout ce que put faire ce valet, qu'un malheur si imprévu avoit tellement épouvanté, qu'il ne savoit quel parti prendre, fut de s'excuser sur l'obscurité de la nuit, qui l'empêchoit de trouver la clé de la porte, qu'il avoit cachée avec beaucoup de soin. Pendant ce tems-là Philésitère qui avoit entendu tout ce bruit, se r'habille promptement & sort de la chambre d'Arète, mais avec tant de trouble & de précipitation, qu'il oublia de mettre ses souliers.

Alors Myrmex met la clé dans la serrure, & ouvre la porte à son maître, qui juroit & tempêtoit de toute sa force. Pendant qu'il monte avec précipitation à la chambre de sa femme, ce valet fait secrètement évader Philésitère. L'ayant mis en liberté hors de la maison, & ne craignant plus rien, il ferme la porte, & retourne se coucher. Mais si-tôt qu'il fut jour, Barbarus se levant d'auprès de sa femme, aperçut sous le lit des souliers qu'il ne connoissoit point, qui étoient ceux de Philésitère. Cela lui fit d'abord soupçonner ce qui étoit arrivé, & sans rien témoigner de sa douleur à personne, il les prend secrètement & les met sous son manteau, fait lier & garotter Myrmex par ses autres valets, & leur ordonne de le traîner après lui vers la place du marché, dont en gémissant il prend le chemin à grands pas, persuadé que ces souliers lui serviroient à découvrir l'auteur de sa disgrace.

Dans le tems qu'il passoit ainsi dans la rue, la douleur & la rage peintes sur le visage, suivi de Myrmex chargé de chaînes, qui n'avoit pas été pris sur le fait à la vérité, mais qui se sentant coupable, pleuroit & se lamentoit, de manière qu'il excitoit, mais inutilement, la compassion de tout le monde; Philésitère le rencontre fort à propos, & quoique ce jeune homme eût une affaire qui l'appeloit ailleurs, cependant touché d'un tel spectacle, sans en être troublé, il fait réflexion à la faute que sa précipitation lui avoit fait faire en sortant de la chambre d'Arète, & jugeant bien que ce qu'il voyoit en étoit une suite, aussitôt usant d'adresse, & s'armant de résolution, il écarte de côté & d'autre les valets qui conduisoient Myrmex, se jette sur lui, en criant de toute sa force & lui donnant quelques coups dans le visage, sans lui faire beaucoup de mal : « que ton maître, lui disoit-il, & tous les dieux que tu prends faussement à témoin de ton innocence, te puissent punir comme tu le mérites, scélérat & parjure que tu ès! qui volas hier mes souliers aux bains publics; certainement tu mérites d'user tous ces liens, & d'être mis dans un cachot ».

Barbarus fut la dupe de l'artifice de ce hardi jeune homme, & ne doutant point de la vérité de ce qu'il disoit, retourne à sa maison, fait venir Mirmex, lui pardonne, & lui remettant les souliers entre les mains, il lui ordonne de les rendre à celui à qui il les avoit dérobés.

A peine la vieille avoit-elle achevé son histoire, que la meûnière s'écria : « ô que la femme, qui possède un tel ami, est heureuse! & moi, infortunée que je suis, j'ai un amant qui tremble au seul bruit que font ces meules, & qui craint jusqu'à ce misérable âne qui a la tête couverte. « Je ferai en sorte, lui dit la vieille, de déterminer ce brave garçon à s'attacher à vous, & de vous l'amener ». Ensuite elle la quitta, lui promettant qu'elle reviendroit le soir.

Aussitôt cette honnête femme ordonne, que pour faire bonne chère, on apprête d'excellens ragoûts; elle-même prépare du vin délicieux, & dispose un fort grand repas : en un mot, elle attend cet amant comme si c'eût été un dieu. Heureusement pour elle, son mari étoit sorti & devoit souper chez un foulon de ses voisins. L'heure de midi approchant, l'on me détacha du moulin pour me faire dîner; mais ce qui me faisoit le plus de plaifir, ce n'étoit pas de ne point travailler, c'étoit de ce qu'ayant la tête découverte, & les yeux libres, je pouvois voir tout le manège de cette méchante femme. Enfin quand la nuit fut venue, la vieille arriva, ayant à côté d'elle cet amant tant vanté. Il étoit extrêmement jeune & fort beau garçon. La meûnière le reçut avec toutes les caresses imaginables, & le souper étant prêt, elle le fit mettre à table.

Mais à peine eut-il touché du bout des lèvres la liqueur dont on boit avant le repas, qu'ils entendent le mari qui arrivoit bien plutôt qu'on ne l'attendoit. Cette brave femme lui donnant toutes sortes de malédictions, & souhaitant qu'il se fût rompu les jambes, cache le jeune homme, pâle & tremblant, sous un van dont on se servoit à séparer les autres grains d'avec le froment, qui se trouva là par hasard, & dissimulant son crime avec son artifice ordinaire, elle demande à son mari, d'un air tranquille & comme une personne qui ne craint rien, pourquoi il étoit revenu si-tôt de chez son ami avec qui il devoit souper.

Le meûnier qui paroissoit fort affligé, lui répond en poussant de tristes soupirs : « ne pouvant, dit-il, supporter le crime & l'infamie de sa malheureuse femme, je m'en suis revenu au plus vite. O dieux! continua-t-il, de quelle sagesse & de quelle retenue nous avons vu cette femme, qui
vient

vient cependant de se perdre d'honneur & de réputation. Je jure par Cérès que j'ai encore peine à croire ce que je viens de voir de mes propres yeux. « L'effrontée meûnière, sur ce qu'elle entendoit dire à son mari, curieuse d'en savoir toute l'histoire, le conjure de lui raconter tout ce qui s'étoit passé, & ne cessa point de l'en prier jusqu'à ce qu'il eût pris la parole, pour lui faire part des malheurs de son voisin, pendant qu'il ignoroit ceux de sa propre maison. La femme du foulon, mon ancien ami, dit-il, & mon camarade, qui avoit toujours paru honnête femme, qui pouvoit se glorifier d'avoir une très-bonne réputation & qui gouvernoit sagement la maison de son mari, est devenue amoureuse d'un certain homme, & comme ils se voyoient fort souvent en cachette, il est arrivé que dans le tems juste que nous venions des bains, le foulon & moi, pour souper, il étoit avec elle.

Notre arrivée l'ayant extrêmement surprise & troublée, elle a pris le parti sur le champ de faire mettre cet homme sous une grande cage d'osier fort élevée, entourée de draps qu'on blanchissoit à la vapeur du soufre qu'on faisoit brûler par dessous. L'ayant ainsi bien caché, à ce qu'elle pensoit, elle est venue se mettre à table avec nous sans marquer aucune inquiétude. Pendant ce tems-là le jeune homme qui respiroit l'odeur âcre & désa-

X

gréable du soufre, dont la fumée l'enveloppoit comme un nuage & le suffoquoit, étoit prêt de rendre l'ame, & ce pénétrant minéral, suivant sa vertu ordinaire, le faisoit éternuer de tems en tems. Le mari qui étoit à table vis-à-vis de sa femme, entendant le bruit qui partoit de dessous la cage qui étoit derrière elle, & pensant que ce fût elle qui éternuoit, la salue la première fois en disant ce qui se dit ordinairement en pareille occasion, ainsi que la seconde, la troisième fois & plusieurs autres de suite, jusqu'à ce qu'enfin, surpris de voir que ces éternumens ne finissoient point, il entre en soupçon de la vérité du fait, & poussant brusquement la table, il va lever la cage & découvre cet homme qui avoit presque perdu la respiration.

Transporté de colère d'un tel outrage, il demandoit son épée avec empressement, & vouloit égorger ce malheureux qui étoit mourant, si je ne l'en eusse empêché, quoiqu'avec beaucoup de peine, dans la crainte que j'avois que cela ne nous fît une affaire fâcheuse, & l'assurant que son ennemi alloit expirer dans un moment, par la violence du soufre qui l'avoit suffoqué, sans qu'il fût besoin de nous rendre coupables de sa mort. L'état où il le voyoit effectivement, plutôt que tout ce que je lui pouvois dire, a suspendu sa fureur; en sorte qu'il a pris ce jeune homme, qui étoit presque sans vie, &

l'a porté dans une petite rue proche de chez lui. Pendant ce moment-là, j'ai conseillé à sa femme, & même je lui ai persuadé de sortir de la maison, & de se retirer chez quelqu'une de ses amies, jusqu'à ce que le tems eût un peu calmé la colere de son mari; parce que je ne doutois point, que dans l'emportement & la rage où il étoit, il ne se portât à quelqu'extrémité qui leur feroit funeste à l'un & à l'autre; & cet accident m'ayant ôté l'envie de manger chez lui, je m'en suis revenu chez moi. Pendant le discours du meûnier, sa femme, avec une hardiesse & une impudence sans pareilles, chargeoit de tems en tems la femme du foulon de malédictions : O la perfide ! disoit-elle, ô l'impudique ! ajoutant à la fin, qu'une telle créature étoit l'opprobre & la honte de tout le sexe, de s'être ainsi abandonnée, & d'avoir souillé la maison de son mari par une infame prostitution, sans aucun égard pour les sacrés liens du mariage; que s'étant ainsi déshonorée, on ne pouvoit plus la regarder que comme une malheureuse; elle alloit même jusqu'à dire, qu'il faudroit brûler vives toutes ces femmes-là.

Cependant, comme elle se sentoit coupable elle-même, elle exhortoit son mari à s'aller coucher, afin de tirer plutôt son amant de la posture contrainte où il étoit sous ce van; mais le meûnier dont le repas avoit été interrompu chez le foulon, &

qui s'en étoit revenu sans manger, la prioit de lui donner à souper. Aussitôt elle lui servit, bien à contre-cœur, ce qu'elle avoit destiné pour un autre. Je souffrois alors une peine effroyable, en faisant réflexion à ce que cette méchante femme venoit de faire, quand elle avoit entendu le retour de son mari, & à l'effronterie qu'elle montroit malgré cela ; & je consultois sérieusement en moi-même, si je ne trouverois point quelque moyen de rendre service au meûnier, en lui découvrant les fourberies de sa femme, & si je ne pouvois point manifester le jeune homme aux yeux de tous les gens de la maison, en jetant le van qui le couvroit, & sous lequel il étoit couché comme une tortue.

Pendant que j'étois ainsi affligé de l'outrage qu'on faisoit à mon maître, la providence des dieux vint à mon secours ; car un vieillard boiteux qui étoit chargé du soin des chevaux, voyant qu'il étoit l'heure de les abreuver, nous conduisit tous ensemble à un étang qui étoit près de-là ; ce qui me fournit une occasion favorable pour me venger. J'aperçus, en passant, le bout des doigts du jeune homme, qui débordoient de dessous le van, & passant la pointe du pied dessus, j'appuyai de manière que je les lui écrasai tout-à-fait. La douleur insupportable qu'il ressentit, lui fit faire un grand cri, & jetant en même tems le van qui étoit sur lui, il parut aux yeux de tout le monde, & l'infamie de cette impudente femme fut découverte.

Le meûnier ne parut pas fort troublé de voir la débauche de sa femme, & prenant un visage radouci, il commence à rassurer le jeune homme, qui étoit tout tremblant, & pâle comme la mort. « Ne craignez rien, mon enfant, lui dit-il, je ne suis point un barbare, mon humeur n'a rien de sauvage, je n'imiterai point la cruauté du foulon mon voisin, en vous faisant mourir par la fumée du soufre, & je ne mettrai point un si aimable & si beau garçon que vous entre les mains de la justice, pour le faire punir suivant la rigueur de la loi qui est contre les adultères. Comme nous avons toujours vécu ma femme & moi dans une fort grande union, il est juste, suivant la doctrine des philosophes, que ce qui lui plaît me plaise aussi ; mais il n'est pas juste que la femme ait plus d'autorité que le mari, ainsi vous passerez ici la nuit, si vous le trouvez bon ».

Le meûnier, en plaisantant ainsi, emmène le jeune homme dans sa chambre, qui n'y alloit que malgré lui, & après avoir enfermé sa femme dans un autre endroit, il tira une douce vengeance de l'affront qu'il venoit de recevoir. Mais le lendemain si-tôt que le soleil parut, il fit venir deux de ses valets les plus robustes, qui prirent le jeune garçon, & le tenoient en l'air, pendant qu'il le fouettoit de toute sa force : « Quoi donc, lui disoit-il alors, vous qui êtes si jeune, si délicat, & qui n'êtes encore qu'un enfant, vous convoitez, & vous débauchez déjà les femmes mariées & de condition libre, & vous voulez de si bonne heure acquérir le nom d'adultère ». Après qu'il l'eut reprimandé par ces sortes de discours, & quelques autres semblables, & qu'il l'eut bien fouetté, il le mit dehors. C'est ainsi que ce jeune homme, le plus hardi de tous ceux qui cherchent des aventures amoureuses, sortit de ce mauvais pas, contre son espérance, fort triste cependant de ce qui lui venoit d'arriver.

Le meunier ne laissa pas de répudier sa femme, & de la chasser de sa maison. Cette femme, avec sa méchanceté naturelle, étant encore outrée de cet affront, quoiqu'elle l'eût bien mérité, eut recours à son esprit fourbe & déloyal, & ne songea plus qu'à mettre en œuvre tous les artifices dont son sexe est capable. Elle chercha avec soin une certaine femme, qui étoit une scélérate, & qui avoit la réputation de faire tout ce qu'elle vouloit par ses enchantemens & ses poisons. Elle lui fit quantité de présens, & la conjura avec la dernière instance de faire pour elle, de deux choses l'une, ou d'appaiser la colère de son mari, de manière qu'elle pût se raccommoder avec lui, ou, si cela étoit impossible, de lui envoyer quelque spectre ou quelque furie qui le tourmentât & lui ôtât la vie.

Cette magicienne dont le pouvoir s'étendoit

jusques sur les Dieux même, n'employa d'abord que les moindres efforts de son art détestable, pour calmer la fureur du mari, & rappeler sa tendresse pour sa femme. Mais voyant qu'elle n'en pouvoit venir à bout, indignée de ce que ses enchantemens n'avoient rien produit, & ne voulant pas perdre la récompense qui lui étoit promise, elle commença à attaquer les jours du malheureux meûnier, & à susciter contre lui l'ombre d'une certaine femme qui avoit péri de mort violente.

Mais peut être, lecteur scrupuleux, contrôlant ce que je viens de dire, me ferez-vous cette objection. Comment se peut-il faire, âne extravagant, qu'étant continuellement dans ton moulin, tu aies pu savoir des choses que tu nous dis toi-même que ces deux femmes firent secrétement? Apprenez donc comment, curieux comme je suis, & caché sous la forme d'un âne, j'ai pu être instruit de tout ce qui se fit pour faire périr le meûnier mon maître.

Environ à l'heure de midi, parut tout d'un coup dans le moulin une femme affreuse, triste & abattue, comme une personne coupable de quelque crime, à moitié vêtue de vieux haillons, les pieds nus, pâle, maigre & défigurée, ayant ses vilains cheveux gris épars, couverts de cendre, & qui lui cachoient presque tout le visage.

Cette femme ainsi bâtie prit le meûnier par la main, avec un air honnête, & le mena dans la

X iv

chambre où il couchoit, en marquant qu'elle avoit quelque chose à lui dire en particulier, & après en avoir fermé la porte, ils y restèrent longtems. Mais comme les ouvriers avoient moulu tout le blé qu'ils avoient, & qu'il falloit nécessairement en avoir d'autre, pour continuer le travail, ils furent proche la chambre de leur maître, & lui demandèrent de quoi moudre. Après qu'ils l'eurent appelé plusieurs fois, & de toute leur force, voyant qu'il ne répondoit point, ils frappèrent à la porte encore plus fort qu'ils n'avoient fait, & soupçonnant quelque chose de funeste, d'autant plus qu'elle étoit bien barricadée en dedans, ils joignent leurs efforts pour en arracher les gonds, ou les briser, & enfin ils ouvrent la chambre. Ils n'y trouvent la femme en aucun endroit, mais ils voyent leur maître pendu à une pièce de bois, & déjà sans vie. Ils le détachent en gémissant & faisant des cris pitoyables, & ôtent la corde qu'il avoit autour du cou; ensuite, après avoir lavé son corps, & fait ses funérailles, ils le portèrent en terre, accompagnés d'un grand nombre de personnes.

Le lendemain, la fille du meûnier qu'il avoit eue d'un premier lit, arrive d'un château du voisinage où elle étoit mariée depuis longtems, & parut dans une affliction terrible, s'arrachant les cheveux, & se frappant continuellement la poitrine avec ses deux mains. Elle savoit tous les malheurs de fa famille, quoique perfonne n'eût été l'en inftruire. Car l'ombre de fon père trifte & défigurée, ayant encore la corde au cou, lui étoit apparue la nuit en fonge, & lui avoit révélé le crime de fa belle-mère, fes débauches, les enchantemens dont elle s'étoit fervie, & la manière dont il étoit defcendu aux enfers, étranglé par un fpectre. Après qu'elle eut bien verfé des pleurs, & pouffé des gémiffemens, fes amis qui venoient de tous côtés pour la voir, firent tant auprès d'elle, qu'enfin elle modéra les tranfports de fa douleur.

Le neuvième jour de la mort de fon père, elle fit, fuivant la coutume, les dernières cérémonies de fes funérailles fur fon tombeau. Enfuite elle mit en vente les efclaves, les meubles, & les bêtes de travail dont elle héritoit ; & tout le bien d'une feule maifon fut difperfé de côté & d'autre au hafard. Pour moi je fus vendu à un pauvre Jardinier, qui m'acheta cinquante deniers (1); il difoit que c'étoit bien cher, mais qu'il le faifoit pour tâcher de gagner fa vie par mon travail & par le fien.

Il me femble qu'il eft à propos que je vous rende compte de la manière dont je vivois fous ce nouveau maître. Il avoit tous les matins coutume de me mener, chargé d'herbes potagères, dans une

---

(1) Environ vingt livres de notre monnoie.

ville qui n'étoit pas loin de là, & après avoir livré sa marchandise aux revendeurs, il montoit sur mon dos & s'en revenoit à son jardin. Pour lors pendant qu'il bêchoit, qu'il arrosoit ou qu'il faisoit quelqu'autre chose, j'avois le plaisir d'être en repos sans rien faire. Mais après l'agréable saison des vendanges, quand l'hiver & ses frimats furent de retour, je patissois extrêmement, étant exposé aux pluies froides & à toutes les injures de la saison dans une étable découverte. Mon maître étoit si pauvre, qu'il n'avoit pas le moyen d'avoir seulement de la paille, ni quelque misérable couverture ni pour lui ni pour moi. Il passoit l'hiver sous une méchante petite cabane couverte de branches d'arbres & de feuillages. Je souffrois encore beaucoup le matin en marchant les pieds nus dans de la boue froide & pleine de glaçons, & par dessus tout cela, je n'avois point ma nourriture ordinaire : nous vivions de la même chose mon maître & moi, mais bien misérablement ; car nous ne mangions que de vieilles laitues amères, montées en graines & à moitié pourries.

Une certaine nuit qu'il n'y avoit point de lune, & qu'il faisoit extrêmement noir, un bon père de famille qui étoit d'un bourg du voisinage, s'étant égaré de son chemin, vint à notre jardin, fort fatigué, aussi bien que le cheval qui le portoit, & tout percé de la pluie qui tomboit en abondance. Ayant été fort content de la manière honnête dont mon maître l'avoit reçu, & lui avoit donné un afile, qui n'étoit à la vérité ni commode ni agréable, mais qui étoit fort utile pour le tems qu'il faifoit, il voulut lui en marquer fa reconnoiffance, & lui promit de lui faire préfent de quelques mefures de blé & d'huile de fes terres, & de deux outres de vin. Le jardinier ne fut pas longtems fans l'aller trouver; il partit monté à cru fur mon dos, & fit foixante ftades de chemin (1), portant un fac avec lui & des outres vides. Etant arrivés à la métairie de ce bon homme, il reçut mon maître parfaitement bien, le fit mettre à table avec lui, & lui fit faire fort bonne chère.

Pendant qu'ils s'excitoient à boire l'un & l'autre, il arriva un prodige bien furprenant. Une des poules, qui étoit dans la cour, fe mit à courir en caquetant, comme fi elle avoit voulu pondre. Le maître de la maifon la regardant : « O la bonne fervante, dit-il, & féconde par-deffus toutes les autres, qui nous nourris depuis fi longtems des œufs que tu produis chaque jour, & qui même, à ce que je vois, fonges encore à nous donner dequoi déjeûner; hola! garçon, continua-t-il, en

___

(1) Soixante ftades font près de quatre lieues de France.

s'adressant à un de ses gens, mettez dans ce coin le panier où les poules ont accoutumé de pondre ». Pendant que le valet faisoit ce que son maître lui avoit commandé, la poule au lieu d'aller à ce nid ordinaire, vint pondre aux pieds du bon homme son fruit prématuré, ce qui devoit lui donner bien de l'inquiétude; car ce n'étoit point un œuf, mais un poulet formé avec ses plumes, ses ergots, ses yeux & son cri ordinaire, qui se mit aussitôt à suivre sa mère.

On vit un autre prodige beaucoup plus grand & bien plus terrible ; car la terre s'ouvrit sous la table où ils mangeoient, & il sortit une fontaine de sang, dont une partie réjaillissoit jusques sur les plats ; & pendant que ceux qui y étoient présens demeuroient saisis d'étonnement & de frayeur, arrive à grand hâte un valet qui venoit de la cave, qui annonce que tout le vin qu'on y avoit serré depuis longtems, bouilloit dans les tonneaux, comme s'il y avoit un fort grand feu dessous. Dans le même tems on vit plusieurs bélettes qui traînoient un serpent mort ; & de la gueule du chien du berger sortit une petite grenouille verte ; ensuite un mouton qui étoit proche de ce chien, sauta sur lui & l'étrangla tout d'un coup.

Des prodiges si affreux, & en si grand nombre, mirent le maître, & tous les domestiques dans un tel étonnement, qu'ils ne savoient par où commencer, ni ce qu'il étoit plus à propos de faire pour appaiser la colère des dieux, & quelles sortes de victimes & en quelle quantité on devoit leur immoler. Pendant qu'ils étoient ainsi tous saisis d'une frayeur mortelle, on vit arriver un valet, qui vint apprendre à son maître la perte & la désolation de toute sa famille.

Ce bon homme avoit le plaisir de se voir trois fils déjà grands, qu'il avoit pris soin de faire bien instruire, & qui avoient une fort bonne éducation. Ces jeunes gens étoient en liaison d'amitié de tout tems avec un homme qui vivoit doucement dans un fort petit héritage qu'il possédoit. Cet homme avoit un voisin, jeune, riche, puissant, & qui abusoit de la grandeur de sa naissance, dont les terres fertiles & de grande étendue étoient contigues à son petit domaine. Ce seigneur ayant quantité de gens attachés à lui, & étant le maître de faire tout ce qu'il vouloit dans la ville, persécutoit son pauvre voisin en ennemi déclaré, lui faisant tuer ses bestiaux, emmener ses bœufs, & gâter tous ses bleds avant qu'ils fussent en maturité. Après qu'il l'eut ainsi privé de toute espérance de récolte, il eut encore envie de le mettre hors de sa terre, & lui ayant fait un procès sans fondement, pour les limites de son petit héritage, il s'en empara comme d'un bien qui lui appartenoit.

Ce pauvre malheureux, qui d'ailleurs étoit un bon & honnête homme, se voyant dépouillé de son bien, par l'avidité de son puissant voisin, assembla, en tremblant de peur, plusieurs de ses amis, afin qu'ils rendissent témoignage des limites de son champ, & qu'il pût au moins, lui rester de quoi se faire enterrer dans l'héritage de ses pères. Les trois frères dont nous avons parlé, s'y trouvèrent, entr'autres, pour secourir leur ami dans son infortune, en ce qui pouvoit dépendre d'eux ; mais ce jeune furieux, sans être étonné ni confus de la présence de tant d'honnêtes gens, ne voulut rien rabattre de son injustice, ni même de ses insolens discours; car, pendant qu'ils se plaignoient avec douceur de son procédé, & qu'ils tâchoient d'adoucir son emportement, à force d'honnêtetés & de soumission, il se mit tout d'un coup à jurer par lui-même, & par ce qu'il avoit de plus cher, qu'il ne se mettoit nullement en peine de la présence de tant de médiateurs, & qu'il feroit prendre par les oreilles l'homme pour qui ils s'intéressoient, &

le feroit jeter sur l'heure même par ses valets, bien loin hors de sa petite maison.

Ce discours offensa extrêmement toute la compagnie, & l'un des trois frères lui répondit avec assez de liberté. « Que c'étoit en vain que se confiant en ses richesses, il faisoit de pareilles menaces, avec un orgueil de tyran, puisqu'il y avoit des loix qui mettoient les pauvres à couvert de l'insolence des riches ». Ainsi, que l'huile nourrit la flamme, que le soufre allume le feu, & qu'un fouet entre les mains d'une furie ne fait qu'irriter sa rage, de même ces paroles ne servirent qu'à enflammer davantage la férocité de cet homme : « Allez tous vous faire pendre, leur dit-il en fureur, vous & vos loix ». En même tems il commanda qu'on détachât, & qu'on lâchât sur eux ses chiens de cour, & ceux de ses bergers, qui étoient de grands animaux cruels, accoutumés à manger les bêtes mortes qu'on jette dans les champs, & qu'on avoit instruits à courir après les passans, & à les mordre. Aussitôt ces chiens animés & furieux, au premier signal de leur maître, se jettent sur ces hommes, en aboyant confusément, & d'une manière affreuse, les mordent, & les déchirent de tous côtés ; ils n'épargnent pas ceux qui s'enfuyent plus que les autres ; au contraire, il les poursuivent, & s'acharnent sur eux avec encore plus de rage.

Au milieu de ce carnage, où chacun, tout effrayé, tâchoit de se sauver de côté & d'autre, le plus jeune des trois frères ayant rencontré une pierre en son chemin, & s'étant blessé au pied, tomba par terre, & servit de proie à la cruauté de ces animaux qui se jetèrent sur lui, & le mirent en pièces. D'abord que ses deux frères entendirent les cris, qu'il faisoit en mourant, ils accoururent à son secours, & s'enveloppant la main gauche de leurs manteaux, ils firent tous leurs efforts pour écarter les chiens, & pour les chasser à coups de pierre; mais ils ne purent jamais les épouvanter, ni vaincre leur acharnement sur leur malheureux frère, qui expira à leurs yeux, déchiré en morceaux, en leur disant pour dernières paroles, qu'ils eussent à venger sa mort, sur ce riche couvert de crimes.

Alors ces deux frères ne se souciant plus de leur vie, s'en vont droit à lui, & transportés de colère, l'attaquent à coups de pierres. Mais cet impitoyable meurtrier, accoutumé à de semblables crimes, perce la poitrine de l'un d'un javelot qu'il lui lance, & quoique ce coup lui eût ôté la vie, il n'en fut point renversé; car le javelot fut poussé avec tant de violence, que l'ayant traversé de part en part, il étoit entré dans la terre, & soutenoit le corps de ce jeune homme en l'air. En même tems

un des valets de cet assassin, d'une taille & d'une force extraordinaires, voulant seconder son maître, avoit jeté une pierre au troisième de ses frères, pour lui casser le bras droit; mais la pierre ne faisant que lui effleurer le bout des doigts, étoit tombée sans lui faire de mal, contre la pensée de tous ceux qui étoient là. Ce coup favorable ne laissa pas de donner à ce jeune homme, qui avoit de l'esprit, quelque petite espérance de trouver moyen de se venger. Feignant donc adroitement qu'il avoit la main estropiée de ce coup, il adresse la parole à cet homme riche, que la fureur transportoit: « Jouis du plaisir, lui dit-il, d'avoir
» fait périr notre famille entière, repais ton insa-
» tiable cruauté du sang de trois frères, &
» triomphe fièrement du meurtre de tes voisins.
» Sache cependant que tu auras beau étendre les
» limites de tes terres, en dépouillant le pauvre
» de son héritage, il faudra toujours que tu aies
» quelques voisins. Tout mon regret est d'être
» estropié malheureusement de cette main; car,
» certainement je t'en aurois coupé la tête ».
Ce discours ayant mis le comble à la fureur de ce scélérat, il tire son épée, & se jette sur le jeune homme pour le tuer de sa propre main; mais celui-ci n'étant pas moins vigoureux que lui, lui résiste, ce que l'autre ne croyoit pas qu'il

Y

pût faire, & l'ayant fortement faisi au corps, il lui arrache son épée, le perce de plusieurs coups, & le tue. En même tems, pour ne pas tomber entre les mains des valets qui accouroient au secours de leur maître, il se coupe la gorge avec la même épée, teinte encore du sang de son ennemi. Voilà ce qu'avoient annoncé ces prodiges qui venoient d'arriver, & ce qu'on étoit venu apprendre à ce père infortuné.

Ce bon vieillard accablé du récit de tant de malheurs, ne put proférer une seule parole, ni verser une seule larme; mais prenant un couteau, dont il venoit de couper du fromage, & quelques autres mets à ceux qui mangeoient avec lui, il s'en donna plusieurs coups dans la gorge, à l'exemple de son malheureux fils, & tomba sur la table, lavant avec les flots de son sang, les taches de cet autre sang qui y avoit jailli par un prodige. Mon jardinier déplorant la malheureuse destinée de cette maison, qui étoit détruite en si peu de tems, & très-affligé de la perte d'un homme qui vouloit lui faire du bien, après avoir payé par quantité de larmes le dîner qu'il venoit de faire, & frappé bien des fois ses deux mains l'une contre l'autre, qu'il remportoit vides, monta sur mon dos & reprit le chemin par où nous étions venus.

Mais il ne put regagner son jardin sans accident, car un grand homme que nous rencontrâmes, qui par sa mine & son habit paroissoit être un soldat d'une légion romaine, vint lui demander arrogamment où il menoit cet âne à vide. Mon maître qui étoit accablé de tristesse, & qui d'ailleurs n'entendoit point la langue latine, continuoit toujours son chemin sans rien répondre. Le soldat offensé de son silence comme d'un mépris, & suivant les mouvemens de son insolence ordinaire, le jette par terre en lui donnant plusieurs coups d'un sarment qu'il tenoit en sa main. Le jardinier lui disoit humblement qu'il ne pouvoit savoir ce qu'il vouloit dire, parce qu'il n'entendoit pas sa langue. Alors le soldat lui parlant grec : Où mènes-tu cet âne, lui dit-il? Je vais, lui répondit mon maître, à la ville qui est ici proche. J'en ai besoin, lui dit le soldat, pour lui faire apporter, avec d'autres bêtes de charge, le bagage de notre capitaine, qui est dans un château du voisinage. Il me prit en même-tems pour m'emmener. Le jardinier essuyant le sang qui couloit de la plaie que le soldat lui avoit faite à la tête, lui dit, en le conjurant par tout ce qu'il pouvoit espérer de plus heureux : « Camarade,
» usez-en avec plus d'humanité & de douceur
» avec moi. De plus, cet âne paresseux & qui,
» outre cela, tombe du haut-mal, a bien de la

» peine à porter de mon jardin, qui est ici près;
» quelques bottes d'herbes au marché; après quoi
» il est si las & si essoufflé qu'il n'en peut plus :
» ainsi il s'en faut bien qu'il soit capable de porter
» des fardeaux un peu pésans ».

Enfin, voyant qu'il ne pouvoit fléchir le soldat par ses prières; qu'au contraire il ne faisoit que l'irriter encore davantage, & qu'il se mettoit en devoir de lui casser la tête avec le gros bout du sarment qu'il tenoit en sa main, il eut recours à un dernier expédient. Il se jeta à ses pieds, feignant de vouloir embrasser ses genoux pour exciter sa compassion, & le prenant par les deux jambes, il fait un effort & le renverse rudement par terre; en même-tems il saute sur lui & se met à le mordre & à lui frapper le visage, les mains & le corps à coups de poing & de coudes, & même avec une pierre qu'il prit dans le chemin. Du moment que le soldat fut étendu par terre, il lui fut impossible de se défendre ni de parer les coups; mais il menaçoit continuellement le jardinier que s'il se pouvoit relever, il le hacheroit en morceaux avec son épée. Mon maître, crainte d'accident, la lui prit & la jeta le plus loin qu'il put, & continua à le frapper encore plus violemment qu'il n'avoit fait.

Le soldat étendu de son long, tout couvert de

plaies & de contusions, ne vit d'autre moyen, pour sauver sa vie, que de contrefaire le mort. Le jardinier se saisit de son épée, monte sur mon dos, & sans songer à voir au moins son petit jardin, il s'en va fort vîte droit à la ville, & se retire chez un de ses amis à qui il conte tout ce qui venoit d'arriver, le priant en même-tems de le secourir dans le péril où il étoit & de le cacher, lui & son âne, pendant deux ou trois jours, jusqu'à ce qu'il fût hors de danger d'être recherché criminellement. Cet homme n'ayant pas oublié leur ancienne amitié, le reçut parfaitement bien. On me plia les jambes, & l'on me traîna le long du degré dans une chambre au haut de la maison; le jardinier se mit en bas dans un coffre, dont il baissa la couverture sur lui.

Cependant le soldat, à ce que j'ai appris depuis, étant revenu à lui comme un homme ivre qui se réveille, se lève tout chancelant & tout brisé des coups qu'il avoit reçus, & s'en revient à la ville se soutenant sur un bâton avec beaucoup de peine. Il n'osa parler à aucun bourgeois, de la violence qu'il avoit exercée, & de sa foiblesse en même-tems. Il tint l'injure qu'il avoit reçue secrète; mais ayant rencontré quelques-uns de ses camarades, il leur conta sa disgrace. Ils jugèrent à propos qu'il se tînt caché pendant quelque-tems dans l'endroit où ils étoient logés ; car, outre la honte d'avoir essuyé un tel affront, il craignoit encore d'être châtié pour avoir perdu son épée. Ils lui dirent cependant qu'ils s'informeroient soigneusement de ce que nous étions devenus, & que suivant les enseignes qu'il leur avoit donnés de nous, ils feroient leur possible pour nous découvrir & le venger.

Un perfide voisin de la maison où nous étions retirés, ne manqua pas de nous déceler. Aussitôt les soldats ayant appelé la justice, dirent qu'ils avoient perdu en chemin un vase d'argent d'un grand prix, qui étoit à leur commandant; qu'un certain jardinier l'avoit trouvé & ne vouloit pas le rendre, & qu'il s'étoit caché chez un de ses amis. Les magistrats instruits de ce crime prétendu & du nom de l'officier, viennent à la porte de la maison où nous étions, & déclarent à haute voix à notre hôte qu'il eût à nous livrer, plutôt que de se mettre en danger de perdre la vie, & qu'on savoit certainement que nous étions chez lui. Notre hôte, sans s'étonner en aucune manière, & voulant sauver cet homme à qui il avoit donné un asile, répond ; qu'il ne sait ce qu'on lui demande, & assure qu'il y a déjà quelque tems qu'il n'a vu ce jardinier. Les soldats assuroient au contraire, en jurant par le génie de l'empereur, qu'il étoit chez lui & qu'il n'étoit point ailleurs.

A la fin les magistrats voulurent qu'on fît une perquisition dans la maison, pour découvrir la vérité du fait. Ils y font donc entrer leurs licteurs & leurs huissiers, & leur ordonnent de faire une recherche exacte dans tous les coins de la maison. Leur rapport fut qu'ils n'avoient trouvé personne, pas même l'âne du jardinier. La dispute recommença avec plus de violence de part & d'autre; les soldats assuroient toujours, en implorant souvent le secours de César, que très-certainement nous y étions; notre hôte assuroit le contraire, en attestant continuellement les dieux; & moi, sous ma figure d'âne, inquiet & curieux à mon ordinaire, ayant entendu ce grand bruit, je passai ma tête par une petite fenêtre pour regarder ce que c'étoit. Mais un des soldats ayant par hasard aperçu mon ombre, lève les yeux en haut, & me fait remarquer à tout le monde.

Ils s'élève aussitôt un grand cri, & dans le moment quelques-uns montent l'escalier fort vîte, me prennent & m'entraînent comme un prisonnier; & ne doutant plus de la vérité, ils fouillent par toute la maison avec beaucoup plus de soin qu'auparavant, & ayant ouvert le coffre, ils y trouvent le malheureux jardinier. Ils le tirent de là, le présentent aux magistrats & le mènent dans la prison publique, avec bon dessein de lui faire expier son action par la perte de sa vie, riant de tout leur cœur, & goguenardant de la sotte curiosité qui m'avoit fait mettre la tête à la fenêtre; & c'est de là qu'est venu ce proverbe si commun : « C'est le regard & l'ombre de l'âne », en parlant d'une affaire qui a été découverte par quelqu'indice grossier & ridicule à quoi on ne s'attendoit point.

Fin du neuvième Livre.

LIVRE DIXIÈME.

LE lendemain je ne fai ce qui arriva du jardinier mon maître ; mais ce foldat qui, par fon injufte violence, s'étoit attiré un fi mauvais traitement, me détacha & m'emmena de l'écurie où l'on m'avoit mis, fans que perfonne s'y opposât, & ayant pris, de l'endroit où il logeoit, des hardes qui me paroiffoient être les fiennes, il me les chargea fur le corps, & m'ajufta dans un équipage de guerre ; car il me mit par deffus cela un cafque fort brillant, un bouclier qui l'étoit encore davantage, avec une lance extrêmement longue, le tout en manière de trophée, comme on a coutume de faire à l'armée ; ce qu'il avoit accommodé ainfi, non pour obferver la difcipline militaire, mais pour épouvanter les pauvres paffans. Après que nous eûmes marché quelque tems dans une plaine par un chemin aifé, nous arrivâmes dans une petite ville ; nous ne fûmes point loger à l'hôtellerie, nous allâmes à la maifon d'un certain décurion. Après que le foldat m'eut donné en garde à un valet, il s'en alla dans le moment trouver fon colonel qui avoit mille hommes fous fon commandement. Je me fouviens qu'au bout de quelques jours il fe commit en ce lieu-là un crime, bien horrible & bien extraordinaire. J'en vais mettre l'histoire dans mon livre, afin que vous la fachiez auffi.

Le maître de la maifon où nous étions avoit un fils fort bien inftruit dans les belles-lettres & qui, par une fuite affez naturelle étoit très-vertueux, très-modefte, & tel enfin qu'il n'y a perfonne qui ne fouhaitât d'avoir un fils auffi bien né qu'étoit celui-là. Sa mère étoit morte il y avoit long-tems; fon père s'étoit remarié & avoit eu de ce fecond lit un autre fils qui n'avoit guères plus de douze ans. La mère de ce dernier, qui s'étoit acquis une grande autorité dans la maifon de fon mari, plutôt par fa beauté que par fes mœurs, jeta les yeux fur fon beau-fils, foit qu'elle fût d'un tempérament amoureux, foit que fon mauvais deftin la portât à commettre un fi grand crime. Sachez donc, mon cher lecteur, que ce n'eft point ici un conte, mais une hiftoire tragique, & que du brodequin je monte au cothurne.

Dans le tems que l'amour ne faifoit que de naître dans le cœur de cette femme & qu'il étoit encore foible, elle lui réfiftoit en fe contraignant au filence, & en cachant aux yeux de ce jeune homme une petite rougeur que fa vue lui faifoit naître; mais dans la fuite quand cet amour déréglé fe fut abfolument rendu maître de fon ame, elle fut forcée de fuccomber fous fa violence, & pour mieux diffimuler les peines qu'elle fouffroit, elle cachoit la blessure de son cœur sous une feinte maladie.

Personne n'ignore que l'abattement du corps & du visage, ne convient pas moins à ceux que l'amour tourmente, qu'à ceux qui sont malades. Elle avoit le teint pâle, les yeux mourans, à peine pouvoit-elle se soutenir ; son sommeil étoit inquiet & troublé, & ses fréquens soupirs, exprimoient sa langueur. Si vous n'eussiez vu que les larmes qu'elle répandoit à tous momens, vous auriez cru qu'elle étoit tourmentée d'une fièvre très-ardente. O médecins ignorans ! que signifioit ce poux élevé, cette ardeur immodérée, cette difficulté de respirer & ces fréquentes palpitations de cœur ? Grands dieux ! sans être medecin, quand on voit une personne qu'un feu interne consume, sans qu'il paroisse violemment au-dehors, qu'il est aisé de connoître, pour peu qu'on ait d'expérience sur cette matière, que c'est un effet de l'amour.

Cette femme tourmentée de plus en plus par la violence de sa passion, se résout enfin à rompre le silence. Elle ordonne qu'on lui fasse venir son beau-fils, nom qu'elle auroit bien voulu qu'il n'eût jamais eu, pour ne pas rougir en le prononçant. Le jeune homme se rend aussitôt aux ordres de sa belle-mère qui étoit malade, & regardant son obéissance comme un devoir, va la trouver dans sa chambre avec un air fort affligé de l'état ou il la voyoit. Elle, qu'un pénible silence avoit tant fait souffrir, se trouve interdite à sa vue : elle est dans une agitation terrible, & sa pudeur combattant encore un peu, elle rejette tout ce qu'elle avoit résolu de lui dire, & cherche par où elle commencera la conversation.

Le jeune homme, qui ne soupçonnoit rien, lui demande d'une manière honnête, quelle est la cause de sa maladie. Cette femme, le voyant seul avec elle, profite de cette malheureuse occasion; elle s'enhardit, & lui parle ainsi en peu de mots, d'une voix tremblante, versant un torrent de larmes & se cachant le visage avec le bord de sa robe : « C'est vous, dit-elle, qui êtes la cause de
» mon mal; c'est vous qui en êtes le remède, &
» qui seul pouvez me sauver la vie, car vos yeux
» ont pénétré, par les miens, jusqu'au fond de
» mon cœur, & y ont allumé un feu qui le dévore.
» Ayez donc pitié de moi, puisque c'est à cause
» de vous que je meurs; que le respect que vous
» avez pour votre père ne vous retienne point,
» vous lui conserverez une épouse qu'il est sur le
» point de perdre; c'est la parfaite ressemblance
» que vous avez avec lui, qui me force à vous
» aimer, & qui servira d'excuse à ma passion. Au
» reste nous sommes seuls, vous n'avez rien à
» craindre, il dépend de vous de me conserver la
» vie, le tems & l'occasion sont favorables, & ce

» qui n'eſt ſu de perſonne, eſt comme s'il n'étoit
» pas arrivé ».

Le jeune homme tout troublé d'une déclaration ſi peu attendue, quoiqu'il fût ſaiſi d'horreur à la ſeule penſée d'un tel crime, crut néanmoins qu'il ne devoit pas irriter ſa belle-mère par un refus trop précipité; mais qu'il devoit plutôt l'adoucir par la promeſſe trompeuſe de répondre une autre fois à ſes deſirs. Il lui promet donc tout ce qu'elle lui demande, & l'exhorte en même-tems de prendre courage, de ſe bien nourrir & d'avoir ſoin de ſa vie juſqu'à ce que ſon père faſſe quelque voyage, & qu'il leur donne occaſion, par ſon abſence, d'être heureux l'un & l'autre. Enſuite il ſe retire de la préſence de cette pernicieuſe femme, & jugeant que dans le malheur affreux qui menaçoit ſa famille, il avoit beſoin d'un bon conſeil, il va dans le moment trouver un vieillard d'une ſageſſe & d'une prudence reconnues, qui avoit eu ſoin de ſon éducation, à qui il fait confidence de ce qui venoit d'arriver. Après une longue délibération, ils jugèrent qu'il n'avoit rien de mieux à faire que de ſe dérober, par une prompte fuite, à l'orage que la fortune cruelle lui préparoit.

Cependant ſa belle-mère impatiente & ne pouvant ſouffrir le moindre retardement à ſes deſirs, imagina quelques raiſons, & perſuada adroitement à ſon mari d'aller au plutôt à une de ſes terres qui étoit fort éloignée. D'abord qu'il fut parti, cette femme impatiente de remplir son espérance, sollicite son beau-fils de tenir la promesse qu'il lui avoit faite. Mais ce jeune homme alléguant tantôt une excuse tantôt une autre, fait si bien qu'il évite de la voir, tant qu'enfin elle connut, à n'en pouvoir douter, par la contrariété des réponses qu'on lui faisoit de sa part, qu'elle ne devoit plus compter sur la parole qu'il lui avoit donnée ; ce qui changea tout d'un coup l'amour incestueux qu'elle avoit pour lui, en une haine encore plus détestable, & ayant appelé un ancien valet qu'elle avoit, homme capable de toutes sortes de crimes, elle lui communiqua ses pernicieux desseins, & ils conclurent ensemble que le meilleur parti qu'ils eussent à prendre, étoit de faire mourir ce malheureux jeune homme.

Ce scélérat va donc aussitôt, par l'ordre de sa maîtresse, acheter du poison d'un effet très-prompt, & le prépare pour la mort du fils aîné de la maison, en le délayant avec soin dans du vin. Mais pendant qu'ils délibèrent entr'eux du tems qu'ils prendront pour lui donner cette boisson, le plus jeune des deux frères, le propre fils de cette abominable femme, étant de retour de ses études du matin, & ayant soif après avoir mangé son déjeûné, trouve par hasard le vase plein de ce vin empoisonné, & le vide d'un seul trait. A peine eut-il bu cette liqueur mortelle, qu'on avoit destinée pour son frère, qu'il expire sur le champ.

Son précepteur épouvanté d'une mort si subite, donne l'alarme à la mère de l'enfant & à toute la maison, par ses cris douloureux; & chacun jugeant que ce malheur étoit l'effet du poison, les uns & les autres accusent diverses personnes d'un crime si noir. Mais cette maudite femme, l'exemple le plus grand de la méchanceté des marâtres, sans être touchée de la mort prématurée de son enfant, ni des reproches que sa conscience devoit lui faire, ni de la destruction de sa famille, ni de l'affliction que causeroit à son mari la perte de son fils, se servit de ce funeste accident pour hâter sa vengeance; & dans le moment elle envoya un courrier après son mari, pour lui apprendre la désolation de sa maison. Le bon homme revint sur ses pas en diligence. Si-tôt qu'il fut arrivé, sa femme s'armant d'une effronterie sans pareille, lui assure que son enfant a été empoisonné par son beau-fils. Il est vrai qu'elle ne mentoit pas tout-à-fait, puisque ce jeune enfant avoit prévenu par sa mort, celle qui étoit préparé pour son frère, qui par conséquent en étoit la cause innocente. Elle dit encore à son mari, que l'aîné s'étoit porté à commettre ce crime, parce qu'elle avoit résisté à tous les efforts qu'il avoit faits pour la séduire & la corrompre. Non contente de ces horribles mensonges, elle ajoute qu'il l'avoit menacée de la tuer avec son épée; parce qu'elle n'avoit pas gardé le silence sur ses infames poursuites.

Ce père malheureux se trouve pénétré d'une vive douleur de la perte de ses deux enfans. On ensevelissoit le plus jeune à ses yeux, & il savoit certainement que l'inceste & le parricide de l'aîné le feroient condamner à la mort; outre que les feintes lamentations de sa femme, pour qui il avoit trop de foiblesse, l'engagoient à une haine implacable contre ce fils malheureux.

A peine avoit-on achevé la cérémonie des funérailles du jeune enfant, que son père, cet infortuné vieillard, part du bûcher qui étoit préparé, & va à grands pas au sénat, les yeux baignés de nouvelles larmes, & s'arrachant ses cheveux blancs tout couverts de cendres. Il se présente devant les juges, & par ses pleurs & par ses prières, embrassant même les genoux des sénateurs, il leur demande avec instance la mort du fils qui lui restoit, trompé par les artifices de sa détestable femme. C'est un incestueux, leur disoit-il, qui a voulu souiller le lit de son père, c'est un parricide qui a empoisonné son frère & un meurtrier qui a menacé sa belle-mère de la tuer.

Enfin ce bon homme, par ses cris & ses lamentations, fit tant de pitié, & excita une telle indignation dans l'esprit des juges & même de tout

le

le peuple, que sans égard aux délais qui étoient nécessaires pour rendre un jugement dans les formes, & sans attendre qu'une telle accusation fût bien prouvée, & que l'accusé eût donné ses défenses, tout le monde s'écria qu'il falloit venger le mal public, en lapidant publiquement le criminel. Mais les magistrats par la crainte de leur propre danger, & de peur que de ce commencement d'émotion qu'on voyoit parmi le peuple, il n'en arrivât quelque désordre, au préjudice des loix & de la tranquillité publique, se mirent à réprimer le peuple & à supplier les sénateurs que la sentence fût prononcée dans toutes les regles suivant la coutume de leurs ancêtres, & après l'examen des raisons alléguées de part & d'autre; leur remontrant qu'on ne devoit point condamner un homme sans l'entendre, comme feroient des peuples barbares ou des tyrans, & qu'au milieu de la paix dont on jouissoit, il ne falloit pas laisser un exemple si affreux à la postérité.

Ce conseil salutaire fut universellement approuvé. Aussitôt le crieur public eut ordre de déclarer à haute voix que tous les sénateurs eussent à se rassembler au sénat. Lorsqu'ils y furent tous assis, suivant le rang de leurs dignités, l'huissier appela d'abord l'accusateur qui s'avança, puis il cita le criminel qu'on présenta devant les Juges; ensuite il déclara aux avocats des parties, suivant

Z

qu'il se pratique dans l'Aréopage à Athènes, qu'ils eussent à ne point faire d'exorde à leurs discours, & qu'ils expliquassent le fait simplement, sans chercher à exciter la compassion.

Voilà de quelle manière j'ai appris que tout cela se passa, par ce que j'en ai entendu dire aux uns & aux autres, mais pour le plaidoyer de l'avocat de l'accusateur, & les raisons dont l'accusé se servit pour se défendre aussi bien que leurs interrogatoires & leurs réponses, comme je n'y étois pas & que je ne sortis point de mon écurie, je n'en ai pu rien savoir & ne puis vous raconter des choses que j'ignore; mais je vais écrire ce que je sai.

D'abord que les avocats eurent fini leurs contestations, l'avis des sénateurs fut que les crimes, dont on chargeoit le jeune homme, devoient être prouvés plus clairement, & qu'on ne devoit pas prononcer dans une affaire de si grande importance sur de simples soupçons, & surtout ils ordonnèrent que l'esclave qui savoit (à ce qu'on disoit) comme la chose s'étoit passée, fût amené devant eux pour être entendu. Ce scélérat, sans être troublé en aucune façon, ni par l'incertitude de l'évènement d'un jugement de cette importance, ni par la vue de tant de sénateurs assemblés, ni même par les reproches de sa mauvaise conscience, commença à dire & à affirmer comme des vérités une suite de mensonges qu'il avoit inventés. Il assuroit que le jeune homme indigné de voir que ses infames poursuites auprès de sa belle-mère étoient inutiles, l'avoit appelé, & que, pour se venger d'elle, il lui avoit donné la commission de faire mourir son fils, qu'il lui avoit promis une grande récompense pour l'obliger au secret : que lui ayant refusé de commettre un tel crime, l'autre l'avoit menacé de le tuer, & lui avoit donné du poison délayé de sa propre main dans du vin, afin qu'il le fît prendre à son frère, & que ce méchant homme ayant soupçonné qu'il négligeoit de le donner & qu'il le vouloit garder pour servir de preuve contre lui, l'avoit présenté lui-même à ce jeune enfant.

Après que ce malheureux, digne des plus grands châtimens, eut, avec une frayeur affectée, achevé sa déposition qui paroissoit vraisemblable, l'affaire ne souffrit plus aucune difficulté, & il n'y eut pas un des sénateurs assez favorable au jeune homme, pour ne le pas condamner à être cousu dans un sac & jeté dans l'eau, comme convaincu des crimes dont on l'accusoit. Tous les juges étant de même avis, ils étoient prêts de mettre chacun leur billet de condamnation dans l'urne d'airain, suivant la coutume qu'on observe de tous tems; ces billets y étant mis une fois, décidoient du sort du criminel, sans qu'il fût permis, après cela, d'y rien changer, & dans le moment on le livroit au supplice. Alors un vénérable vieillard, médecin de profession, qui étoit un des juges & qui s'étoit acquis une grande autorité dans le sénat par sa prudence & son intégrité, couvrit l'urne avec sa main, de peur que quelqu'un n'y jetât son billet avec trop de précipitation, & parla au sénat en cette sorte :

« Je me réjouis, messieurs, d'avoir vécu si
» longtems, puisque dans tout le cours de ma
» vie j'ai été assez heureux pour mériter votre
» approbation, & je ne souffrirai point qu'on
» commette un homicide manifeste, en faisant
» mourir ce jeune homme sur de fausses accusa-
» tions, ni qu'abusés & surpris par les menson-
» ges d'un vil esclave, vous rompiez le serment
» que vous avez fait de rendre la justice. Je ne
» puis, au mépris des dieux & contre ma propre
» conscience, souscrire à cette injuste sentence
» que vous êtes prêts de prononcer. Je vais donc
» vous apprendre, messieurs, comme la chose
» s'est passée. Il y a déjà du tems que ce scélé-
» rat que vous voyez, me vint trouver & m'of-
» frit cent écus d'or pour avoir de moi un poison
» fort prompt dont un homme, disoit-il, acca-
» blé d'une maladie de langueur, & qui étoit
» incurable, avoit besoin pour se délivrer des
» tourmens & des misères de cette vie.

» Voyant bien par les mensonges & les mau-
» vaises raisons que ce maraut me donnoit, qu'il
» méditoit quelque crime, je lui donnai une dro-

» gue ; mais voulant prendre mes précautions en
» cas qu'on fît quelques recherches fur cette
» affaire, je ne voulus pas d'abord prendre l'ar-
» gent qu'il m'offroit, & je lui dis : Mon ami,
» de peur que parmi ces pièces d'or que tu me
» préfentes, il n'y en ait quelqu'une de fauffe
» ou d'altérée, remets-les dans ce même fac &
» les cachettes avec ton anneau jufqu'à demain
» que nous les ferons examiner par un changeur.
» Il me crut, il cacheta l'argent, & fi-tôt que j'ai
» vu ce malheureux paroître devant vous, j'ai
» donné ordre à un de mes gens d'aller au plus
» vîte prendre cet argent chez moi & de me
» l'apporter. Le voici que je vous préfente, qu'il
» le regarde & qu'il reconnoiffe fon cachet. Or
» comment peut-on accufer ce jeune homme-ci
» d'avoir donné à fon frère un poifon que cet
» efclave a acheté lui-même ». Dans le moment
ce fcélérat fut atteint d'une frayeur terrible ; un
friffon le faifit & il devint pâle comme la mort.
Il commença à remuer tantôt un pied, tantôt
l'autre, & à fe gratter la tête, proférant entre fes
dents quelques mauvais difcours, de manière
qu'il n'y avoit perfonne, à le voir ainfi, qui ne
jugeât bien qu'il n'étoit pas tout-à-fait innocent.
Mais après qu'il fe fut un peu remis, il ne ceffa
point de nier avec opiniâtreté tout ce que le médecin avoit dit, & de l'accufer de menfonge.

Le vieillard voyant fa probité attaquée devant tout le monde, outre qu'il étoit engagé par ferment à rendre la juftice, redouble fes efforts pour convaincre ce méchant homme, jufqu'à ce que les archers ayant pris les mains de ce malheureux par l'ordre des magiftrats, y trouvèrent l'anneau de fer, dont il s'étoit fervi, qu'ils confrontèrent avec le cachet qui étoit fur le fac. La conformité de l'un & de l'autre acheva de confirmer les premiers foupçons qu'on avoit déjà conçus contre lui. On lui préfenta dans le moment la roue & le chevalet, à la manière des Grecs, pour lui donner la queftion ; mais ce fcélérat, avec une fermeté étonnante, s'opiniâtrant à ne rien avouer, ne put être ébranlé par aucun fupplice, ni même par le feu.

« Je ne souffrirai point, dit alors le médecin;
» non certainement je ne souffrirai point que
» vous condamniez au fupplice ce jeune homme
» qui eft innocent, ni que cet efclave évite la
» punition que fon crime mérite & fe moque de
» notre jugement, & je vais vous donner une
» preuve évidente du fait dont il s'agit. Lorfque
» ce méchant homme vint me trouver, dans le
» deffein d'acheter du poifon, comme je ne
» croyois pas qu'il convînt à une perfonne de ma
» profeffion de rien donner qui pût caufer la
» mort, & que je favois qu'on avoit appris &

» cultivé l'art de la médecine pour conferver la
» vie aux hommes & non pour la détruire, j'eus
» peur, fi je le refufois inconfidérément, d'être
» caufe qu'il n'exécutât le crime qu'il avoit mé-
» dité en achetant du poifon d'une autre per-
» fonne, ou enfin en fe fervant d'une épée ou de
» quelqu'autre arme; ainfi je lui donnai non du
» poifon, mais du fuc de mandragore, qui eft,
» comme tout le monde fait une drogue affou-
» piffante, & qui caufe un fommeil fi profond
» à ceux qui en prennent, qu'il femble qu'ils
» foient morts. Vous ne devez pas être furpris fi
» ce défefpéré, fachant bien qu'il mérite le der-
» nier fupplice fuivant nos loix, fupporte ces
» tourmens comme de légères peines. Cependant
» s'il eft vrai que le jeune enfant ait pris la potion
» que j'ai préparée moi-même, il vit, il repofe,
» il dort, & fi-tôt que ce grand affoupiffement
» fera diffipé, il reverra la lumière; mais s'il a
» perdu la vie effectivement, vous pouvez re-
» chercher d'autres caufes de fa mort qui me font
» inconnues ».

Chacun approuva ce que ce vieillard venoit de
dire, & dans le moment on court au fépulcre où
l'on avoit dépofé le corps de l'enfant. Il n'y eut
pas un de tout le fénat, ni des principaux de la
ville, ni même du peuple qui n'y courût par curiofité. Alors le père de l'enfant levant lui-même

la couverture du cercueil, trouve son fils, qu'il avoit cru mort, ressuscité, son sommeil venant de se dissiper ; & l'embrassant tendrement, sans pouvoir trouver de termes pour exprimer sa joie, il le tire du sépulcre, le montre au peuple & le fait porter au sénat, encore lié & enveloppé comme il étoit des linceuls de ses funérailles. Ainsi les crimes de ce méchant esclave & de cette femme, encore plus méchante que lui, étant entièrement découverts, la vérité parut dans toute sa force aux yeux du public. La marâtre fut condamnée à un exil perpétuel; l'esclave fut pendu, & les écus d'or furent laissés, du consentement de tout le monde, à ce bon médecin, pour le prix du somnifère qu'il avoit donné si à propos. C'est ainsi que d'une manière digne de la providence des dieux, se termina la fameuse & tragique aventure de ce bon père de famille, qui, en peu de tems, ou plutôt dans un seul instant, retrouva ses deux fils, après avoir été sur le point de les perdre l'un & l'autre.

Pour ce qui est de moi, vous allez voir de quelle manière la fortune me ballottoit dans ce tems-là. Ce soldat qui m'avoit acheté, sans que personne m'eût vendu à lui, & qui m'avoit acquis sans bourse délier, étant obligé d'obéir à son colonel qui l'envoyoit à Rome porter des lettres à l'empereur, me vendit onze deniers à deux frères qui servoient un grand seigneur du voisinage. L'un étoit fort bon pâtissier, & l'autre excellent cuisinier. Comme ils étoient logés ensemble, ils vivoient en commun & m'avoient acheté pour porter quantité de vaisseaux & d'ustensiles qui leur servoient à plusieurs usages lorsqu'ils voyageoient. Je fus donc pris par ces deux frères pour troisième camarade. Je n'avois point encore éprouvé une plus favorable destinée; car le soir après le soupé, qui étoit toujours magnifique & d'un fort grand appareil, ils avoient coutume de rapporter dans leur office quantité de bons morceaux de ce qu'on desservoit. L'un y serroit des restes de porc, de volailles, de poissons & de toutes sortes de ragoûts, & l'autre des pains, des gâteaux, des tourtes, des biscuits, & quantité de friandises & de confitures; si bien que, lorsqu'après avoir fermé la porte de leur appartement, ils alloient aux bains pour se délasser, je me rassasiois de ces mets que m'offroit la fortune, car je n'étois point assez fou ni assez âne pour manger du foin, pendant que je pouvois faire bonne chère.

L'adresse avec laquelle je faisois ce larcin me réussit quelque tems, parce que j'étois encore timide dans les commencemens, & que je ne prenois qu'un peu de chaque chose, outre que mes maîtres n'avoient garde de se défier d'un animal tel que moi. Mais lorsque je fus devenu un peu plus hardi, je commençai à choisir mes morceaux & à ne manger que ce qu'il y avoit de meilleur en viande & en pâtisserie; ce qui les mit dans une fort grande inquiétude, & sans se douter que je fusse capable d'une pareille chose, ils mirent tous leurs soins à rechercher qui ce pouvoit être qui leur causoit un tel dommage. Enfin ne sachant à qui s'en prendre, ils en vinrent à se soupçonner l'un & l'autre de ce honteux larcin, ils y prirent garde de plus près, & comptoient tout ce qu'ils serroient.

A la fin l'un d'eux perdant toute retenue, dit à l'autre : « il n'est ni juste, ni honnête que vous preniez tous les jours les meilleurs morceaux qui sont ici pour en profiter, en les vendant en cachette, & que vous vouliez cependant que nous partagions le reste également. Si notre société ne vous convient plus, il est fort aisé de la rompre, nous n'en resterons pas moins frères & bons amis, car je vois bien que les sujets de plainte que j'ai contre vous venant à s'augmenter par le tort que vous me faites tous les jours, produiront à la fin une grande discorde entre nous ».

« Certainement, lui répondit l'autre, je loue votre hardiesse de m'attribuer une chose que vous avez faite, & d'avoir prévenu, par vos plaintes, celles que je devrois vous faire & que je renferme en moi-même avec douleur depuis long-tems, pour ne pas paroître accufer d'un larcin fi honteux un homme qui eft mon frère & qui me doit être cher. Mais je fuis bien aife de ce qu'en nous éclairciffant enfemble, nous allons chercher à mettre ordre aux pertes que nous faifons, de peur que notre inimitié croiffant par notre filence, ne faffe naître entre nous une haine auffi terrible que celle qui étoit entre Etéocle & Polinice ».

Après s'être fait l'un à l'autre ces reproches & quelques autres de même nature, ils firent ferment tous deux qu'ils étoient innocens de ces larcins, & convinrent enfemble d'apporter tous leurs foins pour en découvrir l'auteur; car, difoient-ils, ces fortes de mets ne conviennent point à cet animal qui refte feul ici; cependant les meilleurs morceaux de ce que nous y ferrons difparoiffent chaque jour, & il eft bien certain qu'il n'y vient point de mouches auffi grandes que l'étoient autrefois les Harpies qui emportoient les viandes de la table de Phinée.

Cependant à force de me bien traiter & de manger abondamment des mêmes chofes dont les hommes fe nourriffent, ma peau s'étoit étendue, j'étois devenu gras & d'un embonpoint extraordinaire, & mon poil s'étoit fait propre & luifant.

Mais cette beauté que j'avois acquise, fut cause que ma modestie reçut un grand affront; car mes deux maîtres surpris de me voir en si bon état, contre mon ordinaire, & remarquant que le foin qu'on me donnoit chaque jour restoit sans être diminué en aucune façon, tournèrent toute leur attention sur moi, & après qu'ils eurent fermé la porte de leur appartement à l'heure accoutumée, comme s'ils fussent sortis pour aller aux bains, ils se mirent à me regarder par un petit trou, & me virent appliqué à manger de toutes ces viandes qui étoient là de côté & d'autre. Alors sans songer au dommage que je leur causois, & très-surpris du goût extraordinaire d'un âne, ils se prirent à rire de toute leur force, & ayant appelé plusieurs des domestiques de la maison, ils leur firent voir la gourmandise surprenante d'un animal tel que moi. Tous ces valets firent de si grands éclats de rire, que leur maître, qui passoit près de-là, les entendit, & demanda quel étoit le sujet qui faisoit ainsi rire ses gens. Quand il sut ce que c'étoit, il vint lui-même me regarder par le trou de la porte, & prit tant de plaisir à me voir faire, qu'il se mit à rire aussi à n'en pouvoir plus. Il fit ouvrir l'office afin de me considérer de plus près; car, sans me troubler en aucune manière, je continuois toujours de manger, voyant que la fortune commençoit à m'être favorable par quelqu'endroit, & la joie que je remarquois sur le visage de tout le monde me donnant de la hardiesse.

Enfin, le maître de la maison, fort réjoui d'un spectacle si nouveau, ordonna qu'on me menât dans la salle à manger, ou plutôt il m'y mena lui-même, & fit servir devant moi quantité de toutes sortes de mets, où l'on n'avoit pas touché. Quoique je fusse honnêtement rassasié, cependant pour me mettre encore mieux dans ses bonnes graces, je ne laissai pas de manger avec avidité de tout ce qui étoit sur la table. Les domestiques me présentoient, pour m'éprouver, tout ce qu'ils croyoient de plus contraire au goût d'un âne, comme des viandes apprêtées avec du benjoin, de la volaille saupoudrée de poivre, & du poisson accommodé avec une sausse extraordinaire. Pendant ce tems-là, la salle retentissoit des éclats de rire que chacun faisoit, de voir que je trouvois tout cela fort bon.

Un plaisant, qui se trouva là, s'écria, qu'il falloit donner un peu de vin à ce convive. « Cependant ne dit pas mal, répondit le maître du logis, il se peut fort bien faire que notre camarade boira avec plaisir un coup de vin. Hola ! garçon, continua-t-il, lave bien ce vase d'or, remplis-le de vin, & va le présenter à mon parasite, en l'avertissant en même tems que j'ai bu à sa santé ». Chacun resta attentif à ce que j'allois faire ; & moi, sans m'étonner, allongeant le bout des lèvres, je vide avec plaisir, sans me presser, & d'un seul trait, cette grande coupe qui étoit pleine. Dans le moment tous les spectateurs, d'une voix unanime, firent des vœux pour ma conservation ; & le maître de la maison plein d'une joie extraordinaire, fit venir ses deux domestiques qui m'avoient acheté, & ordonna qu'on leur rendît quatre fois la somme que je leur avois coûté. En même tems il me donna en garde à un de ses affranchis, qu'il aimoit beaucoup, & qui étoit fort riche, & lui ordonna d'avoir un très-grand soin de moi.

Cet homme me traitoit avec assez de douceur & de bonté, & pour se rendre plus agréable à son maître, & lui donner du plaisir, il s'étudioit à m'enseigner des tours de gentillesse. Premièrement, il m'apprit à me mettre à table, pour manger couché sur un lit, & appuyé sur le coude, comme font les hommes ; ensuite à lutter & à danser, en me tenant debout sur les pieds de derrière ; & ce qui surprenoit davantage, il m'apprit à me faire entendre par signes au défaut de la voix ; de manière qu'en haussant la tête, je marquois ce que je voulois, & en la baissant ce qui me déplaifoit ; & lorfque j'avois foif, je regardois le fommelier, & lui demandois à boire en clignotant les yeux. Je me rendois fort docile fur toutes ces chofes, que j'aurois bien pu faire de moi-même, quand on ne me les auroit pas enfeignées ; mais je craignois que, fi je venois à faire ces gentilleffes auffi-bien qu'un homme, fans avoir été inftruit, beaucoup de gens ne cruffent que cela préfageoit quelque évènement funefte, & que me regardant comme une efpèce de monftre, ils ne me coupaffent la tête, & ne régalaffent les vautours à mes dépens..

Le bruit qui fe répandoit de tous côtés des tours d'adreffe furprenans, que je favois faire, avoit rendu le maître, à qui j'appartenois, fort confidérable & fort fameux : voilà, difoit-on, celui qui a un âne qui eft fon convive & fon camarade, qui fait lutter & danfer, qui badine, qui entend tout ce qu'on lui dit, & qui fe fait entendre par fignes. Mais il faut du moins que je vous dife préfentement, puifque j'aurois dû le faire d'abord, qui étoit mon maître, & d'où il étoit. Il fe nommoit Thyafus ; il étoit de Corinthe, ville capitale de la province d'Achaïe, où, après avoir paffé par toutes les dignités, comme il convenoit à un homme de fa naiffance & de fon mérite, il avoit été nommé à la première charge de magiſtrature, dont l'exercice duroit cinq ans.

Pour répondre à l'éclat de l'emploi, qui lui étoit deſtiné, il avoit promis de donner au peuple un ſpectacle de gladiateurs pendant trois jours; mais ſa magnificence n'en demeura pas là; & comme il aimoit la gloire & la réputation, il étoit venu exprès en Theſſalie, pour y acheter les bêtes féroces les plus rares, & les gladiateurs les plus fameux. Quand il eut trouvé ce qui lui convenoit, & qu'il eut donné ſes ordres ſur toutes choſes, il ſe diſpoſa à retourner chez lui à Corinthe. Il ne voulut point ſe ſervir dans ſon voyage de ſes chars magnifiques, ni de ſes chaiſes roulantes ſuſpendues, dont les unes étoient fermées, & les autres découvertes. Tout ce brillant équipage le ſuivoit à vide; il ne monta point aucun de ſes beaux chevaux de Theſſalie ou des Gaules, qui ſont ſi eſtimés, il ſe ſervit de moi pour le porter, m'ayant fait orner d'un harnois couvert d'or, & plein de ſonnettes qui rendoient un ſon fort agréable, d'une bride d'argent, d'une ſelle ſuperbe, dont les ſangles étoient de diverſes couleurs, avec une houſſe de pourpre, & pendant le chemin il me parloit de tems en tems avec amitié; il diſoit, entr'autres choſes, qu'il étoit ravi d'avoir en moi un convive & un porteur tout à la fois.

Ayant

Ayant achevé notre voyage, une partie par mer, & l'autre par terre, nous arrivâmes à Corinthe. D'abord tout le peuple accourut autour de nous, moins pour honorer Thyasus, à ce qui me sembloit, que par la curiosité qu'ils avoient de me voir; & ma réputation étoit si grande en ce pays-là, que je ne valus pas une médiocre somme à l'affranchi qui étoit chargé d'avoir soin de moi. Lorsqu'il voyoit plusieurs personnes qui souhaitoient passionnément voir tous les tours que je savois faire, il tenoit la porte du lieu, où j'étois enfermé, & les faisoit entrer l'une après l'autre pour de l'argent, ce qui lui valoit beaucoup chaque jour.

Entre tous ceux que la curiosité y attiroit, il y eut une femme de qualité, de grande considération, & fort riche, qui vit avec tant de plaisir & d'admiration toutes les galanteries que je faisois, qu'elle fut touchée de mon mérite, à l'exemple de Pasiphaé, qui avoit bien aimé un taureau; de manière qu'elle acheta de l'affranchi une de mes nuits pour une somme considérable; & ce méchant homme ne songeant qu'à son intérêt, me livra, sans se mettre en peine de ce qui en pourroit arriver. Au retour du soupé, nous trouvâmes cette dame qui m'attendoit dans le lieu où j'avois accoutumé de coucher. Grands dieux! quel appareil magnifique ! Quatre eunuques dreſſoient un lit par terre, avec des couvertures de pourpre brodées d'or, & quantité de ces carreaux dont les femmes ſe ſervent pour être plus mollement & plus délicieuſement; enſuite ils ſe retirèrent, & fermèrent la porte ſur nous. Au milieu de la chambre étoit une lampe fort brillante. Cette femme, après s'être déshabillée, s'en approcha pour ſe frotter, & moi auſſi, d'une huile très-précieuſe; enſuite elle me fit des careſſes, & me tint des diſcours paſſionnés, comme ſi j'euſſe été ſon amant. Cependant j'avois une peur extraordinaire de la tuer, & qu'on ne me punît enſuite comme un homicide; mais je vis que c'étoit à tort que j'avois eu cette frayeur.

Après avoir ainſi paſſé la nuit ſans dormir, cette femme, pour éviter qu'on ne la vît, ſe retira avant la pointe du jour, ayant fait le même marché pour la nuit ſuivante avec l'affranchi, qui ne demandoit pas mieux, tant à cauſe du grand profit qui lui en revenoit, que par l'envie qu'il avoit de faire voir une choſe ſi extraordinaire à ſon maître, à qui il fut auſſitôt en faire le conte. Thyaſus lui fit un préſent conſidérable, & réſolut de donner ce ſpectacle au public. Mais comme on ne pouvoit pas avoir cette brave perſonne, qui avoit tant de bonté pour moi, parce que c'étoit une femme de qualité, & qu'on n'en trouvoit point d'autre, il fallut à force d'argent obtenir une malheureuse qui avoit été condamnée par le gouverneur de la province à être exposée aux bêtes. Voici son histoire à peu près telle que je l'entendis conter dans ce tems-là :

Le père d'un jeune homme qu'elle avoit épousé, étant prêt de partir pour un grand voyage, ordonna à sa femme qui étoit grosse, de faire périr son enfant si-tôt qu'il seroit né, en cas que ce ne fût pas un garçon. Cette femme, pendant l'absence de son mari, mit une fille au monde. La tendresse naturelle de la mère s'opposant à l'exécution de l'ordre qu'elle avoit reçu, elle la fit élever dans son voisinage. Quand son époux fut de retour, elle lui dit qu'elle étoit accouchée d'une fille, & qu'elle l'avoit fait mourir. Cependant au bout de quelques années que cette fille fut venue en âge d'être mariée, sa mère voyant bien qu'elle ne pouvoit pas lui donner un établissement convenable à sa condition, sans que son mari le fût, tout ce qu'elle put faire, fut de découvrir son secret à son fils, d'autant plus qu'elle craignoit extrêmement, qu'emporté par le feu de sa jeunesse, il ne séduisît cette jeune fille, ne sachant point qu'elle fût sa sœur, comme elle ignoroit aussi qu'il fût son frère.

Ce jeune homme qui étoit fort bien né, s'acquitta religieusement de son devoir envers sa mère, en lui gardant un secret inviolable, & envers sa sœur, en prenant d'elle tous les soins imaginables, quoiqu'il ne lui fît voir en public qu'une amitié ordinaire. Il commença par lui faire un bien qui lui étoit nécessaire. Il la retira chez lui, comme une fille de son voisinage, qui étoit dans le besoin, & qui ne recevoit aucun secours de ses parens; ayant en même tems formé le dessein de la marier dans peu avec un de ses intimes amis, & de lui donner une dot considérable.

Mais ce dessein, qui étoit fort bon & fort innocent, ne put éviter les traits de la fortune ennemie. Elle fit naître une cruelle jalousie dans la maison de ce jeune homme, & sa femme se porta à commettre les crimes, pour lesquels elle venoit d'être condamnée à être livrée aux bêtes féroces, comme je l'ai dit d'abord.

Elle commença par avoir de grands soupçons sur la conduite de cette jeune fille, qu'elle regardoit comme sa rivale, & la maîtresse de son mari; ensuite elle conçut une haine effroyable contr'elle, & enfin elle se résolut à la faire mourir cruellement. Voici de quelle manière elle s'y prit. Elle déroba l'anneau de son mari, s'en alla à la campagne, & de-là elle envoya un valet, en qui elle se confioit, qui étoit un scélérat, dire à la fille, que le jeune homme étoit à sa terre, & qu'elle ne tardât pas à venir l'y trouver seule, & sans aucune suite ; & de peur qu'elle n'en fît quelque difficulté, cette méchante femme donna à ce valet l'anneau qu'elle avoit pris à son mari, afin qu'en le montrant à la jeune fille, elle ajoutât foi à ce qu'il lui diroit. En effet, elle obéit aussitôt aux ordres de son frère, d'autant plus qu'on lui faisoit voir son cachet, & suivant ce qu'il lui mandoit, elle se mit en chemin toute seule pour l'aller trouver.

D'abord qu'elle fut arrivée & que, séduite par ces maudits artifices, elle se fût livrée elle-même dans le piége qu'on lui tendoit, cette détestable femme, transportée d'une jalousie effroyable, la fit dépouiller toute nue, & la fit fouetter jusqu'à ce qu'elle fût prête d'expirer. Cette pauvre malheureuse avoit beau crier qu'elle ne méritoit point un traitement si barbare, que sa conduite avoit toujours été irréprochable (comme c'étoit la vérité) : c'étoit en vain, pour prouver son innocence, qu'elle déclaroit & qu'elle répétoit que le jeune homme étoit son frère. Sa belle-sœur eut l'inhumanité de lui mettre un tison ardent entre les cuisses, & la fit ainsi mourir cruellement, comme si tout ce qu'elle lui entendoit dire pour sa justification, eût été faux & imaginé sur le champ. Le frère de cette fille & celui qui devoit l'épouser, ayant appris sa mort, vinrent sur le lieu en diligence, & lui rendirent les derniers devoirs de la sépulture, fondant en larmes & touchés d'une affliction extraordinaire.

Mais le jeune homme ne put supporter le déplaisir que lui causoit la mort de sa sœur, qui avoit perdu la vie d'une si cruelle manière, par la méchanceté de la personne de qui elle devoit le moins attendre un pareil traitement; & plein de douleur, de rage & de désespoir, il tomba malade d'une fièvre très-violente, de manière qu'il se trouva lui-même en fort grand danger. Sa femme qui, depuis long-tems, n'avoit plus pour lui les sentimens d'une épouse & qui n'en méritoit plus le nom, fut trouver un médecin qui avoit la réputation d'être un grand scélérat & très-fameux par la quantité de personnes qu'il avoit expédiées de sa propre main. Elle lui offrit cinquante mille sesterces (1), s'il lui vouloit vendre un poison fort subtil pour faire mourir son mari. Après qu'ils eurent fait leur convention ensemble, ils dirent que le malade avoit besoin de prendre cette merveilleuse médecine que les savans nomment par

───────────────────────────────

(1) Environ cinq mille livres de notre monnoie.

excellence la potion sacrée, pour lui adoucir les entrailles & en chasser les mauvaises humeurs ; mais au lieu de cette potion salutaire, ils lui en préparèrent une pour lui ôter la vie.

Le médecin étant donc venu apporter ce breuvage bien préparé, & voulant le faire prendre lui-même au malade, en présence de ses domestiques & de quelques-uns de ses parens & de ses amis, cette femme, avec une effronterie sans pareille, dans le dessein de profiter de l'argent qu'elle avoit promis à ce scélérat & pour se défaire du complice de son crime, porte la main sur le vase dans le tems qu'il le présentoit à son mari : « non, non, dit-elle, monsieur le médecin, vous ne donnerez point cette potion à mon très-cher époux, que vous n'en ayez bu une bonne partie auparavant. Que sai-je, s'il n'y a point quelque poison caché dedans ; & vous ne devez pas trouver étrange, vous qui êtes un homme si sage & si savant, que j'aie du scrupule & de l'inquiétude sur ce qui regarde la santé de mon mari, & que j'apporte sur cela toutes les précautions que demande la tendresse que j'ai pour lui ». Le médecin frappé comme d'un coup de foudre par l'étrange hardiesse de cette abominable femme, se trouble entièrement, & n'ayant pas le tems de délibérer sur le parti qu'il avoit à prendre, il boit une bonne partie de la potion, crainte de donner lieu de foupçonner fon crime, en héfitant, & en laiffant remarquer fa frayeur & fon embarras. Le jeune homme, à fon exemple, prend le vafe, qu'il lui préfente enfuite, & boit le refte.

D'abord que cela fut fait, le médecin fe lève pour s'en retourner promptement chez lui, afin de fe garantir de l'effet mortel du poifon, en prenant de l'antidote. Mais cette cruelle femme continuant la méchanceté qu'elle avoit commencée, ne voulut jamais le laiffer fortir : « Je ne vous perdrai point de vue, lui dit-elle, jufqu'à ce qu'on ait vu l'effet de la médecine que vous venez de donner ». Cependant après qu'il l'eut long-tems importunée par fes prières & fes inftances redoublées, elle confentit enfin, quoiqu'avec beaucoup de peine qu'il s'en allât. Mais le breuvage qu'il avoit pris, avoit porté fa malignité du fond de fes entrailles dans toutes fes veines; en forte qu'il n'arriva chez lui qu'avec bien de la difficulté, fort malade, & avec un affoupiffement & un mal de tête effroyables : & après avoir conté à fa femme avec affez de peine ce qui s'étoit paffé, & lui avoir donné ordre d'aller demander au moins le prix de la mort qu'il avoit procurée & de la fienne, ce brave médecin rendit l'ame.

Le jeune homme n'avoit pas vécu plus long-tems que lui; il avoit péri du même genre de mort, au milieu des fausses larmes de sa femme. Après qu'il eut été mis dans le tombeau, au bout de quelques jours, qui avoient été employés à faire les cérémonies de ses funérailles, la femme du médecin vint demander le prix de sa mort, & de celle de son mari. Mais la veuve du malheureux jeune homme, conservant toujours son caractère de méchanceté, affecta de lui montrer une bonne foi, dont elle étoit bien éloignée, & lui répondant honnêtement, elle lui promit d'en user parfaitement bien, & de lui payer sans retardement ce qu'elle lui devoit, pourvu qu'elle voulût bien lui donner encore un peu de poison, dont elle avoit besoin, dit-elle, pour achever ce qu'elle avoit commencé; ce que la veuve du médecin lui promit, séduite par ses discours artificieux, & pour se faire encore un plus grand mérite auprès de cette femme, qui étoit fort riche, elle part dans le moment, & va chez elle en diligence, quérir la boîte où étoit le poison, qu'elle lui donne toute entière.

Cette scélérate ayant entre ses mains des armes pour faire bien des maux, ne songea plus qu'à multiplier ses crimes; elle avoit une petite fille du mari qu'elle venoit de faire mourir; elle ne put supporter de la voir héritière, suivant les loix, du bien qu'avoit son père, & voulant s'emparer de tout son patrimoine, elle résolut de s'en défaire.

Sachant donc bien que les mères héritent de leurs enfans par leur mort, elle se montra auſſi indigne mère qu'elle avoit été indigne épouſe, & prenant l'occaſion d'un dîné où elle invita ſur le champ la femme du médecin, elle l'empoiſonna & ſa fille en même tems. Le poiſon eut bientôt dévoré les entrailles délicates de la jeune enfant ; elle mourut peu de tems après. A l'égard de la femme du médecin, quand elle ſentit le ravage que cette déteſtable drogue faiſoit dans ſon corps, elle ſoupçonna d'abord ce que c'étoit ; voyant enſuite la peine qu'elle avoit à reſpirer, qui s'augmentoit de plus en plus, elle ne fut que trop certaine qu'elle étoit empoiſonnée. Auſſitôt elle va chez le gouverneur de la province, criant de toute ſa force, qu'elle venoit lui demander juſtice, & qu'elle avoit des crimes affreux à lui révéler. Quantité de peuple s'amaſſe autour d'elle, & bientôt elle eſt admiſe à l'audience du gouverneur. Après qu'elle lui eut bien expliqué toute l'hiſtoire des méchancetés abominables de cette cruelle femme qu'elle venoit de quitter, il lui prend tout d'un coup un étourdiſſement, ſa bouche qui étoit encore à moitié ouverte, pour continuer de parler, ſe ferme, & après avoir fait entendre quelque tems le bruit de ſes dents qu'elle frottoit avec violence les unes contre les autres, elle tombe morte.

Le gouverneur, homme fort fenfé & de grande expérience, ne voulut pas différer la punition que méritoit une fi grande empoifonneufe. Dans le moment, il ordonna qu'on lui amenât les femmes de chambre de cette déteftable créature, dont il arracha la vérité à force de tourmens. Sur leur dépofition, il condamna leur maîtreffe à être livrée aux bêtes féroces. Supplice, à la vérité, moindre encore qu'elle ne méritoit, mais on n'avoit pu en imaginer un plus terrible & plus digne d'une fi méchante femme.

Cependant j'étois accablé d'une grande trifteffe, de me voir deftiné à paroître devant tout le peuple, avec une femme comme celle-là, & j'avois fouvent envie de me tuer, plutôt que d'approcher d'une créature fi odieufe, & de me déshonorer par une telle infamie dans un fpectacle public; mais n'ayant point de mains, il m'étoit impoffible avec mes mauvais pieds, dont la corne étoit ronde, de tirer une épée de fon fourreau pour me la paffer au travers du corps. La feule chofe qui me confoloit un peu dans mes malheurs, c'étoit de voir que le printems commençoit à ramener les fleurs & la verdure, que les prés s'émailloient déjà de diverfes couleurs, & que les rofes alloient bientôt parfumer l'air en s'épanouiffant, & me rendroient ma première forme de Lucius.

Enfin le jour deſtiné à la fête publique étant arrivé, l'on me conduiſit dans l'arène, le peuple me ſuivant avec de grandes démonſtrations de joie. Les jeux commencèrent par d'agréables danſes. Pendant ce tems-là, j'étois devant la porte de l'amphithéâtre, qui étoit ouverte, où je paiſſois de fort belle herbe, & de tems en tems je jetois la vue ſur le ſpectacle qui me faiſoit fort grand plaiſir. Il étoit compoſé d'une troupe charmante de jeunes garçons & de jeunes filles, habillés magnifiquement, qui par leurs geſtes, & les figures différentes de leurs pas concertés, exécutoient parfaitement bien la danſe pyrrique. Tantôt ils formoient un cercle tous enſemble, tantôt ils alloient obliquement d'un coin du théâtre à l'autre, ſe tenant tous par la main ; quelquefois ils formoient un bataillon carré, enſuite ils ſe ſéparoient en deux troupes. Après qu'ils eurent fait une infinité de figures différentes, la trompette donna le ſignal pour faire finir ce divertiſſement. En même tems on leva une toile, & il parut une décoration propre à la repréſentation du jugement de Pâris.

On voyoit une montagne faite de charpente fort élevée, telle qu'Homère dans ſes vers dépeint le mont Ida ; elle étoit couverte d'arbres verts & de quantité d'arbuſtes. Le machiniſte avoit eu l'adreſſe de faire ſortir de ſon ſommet une fontaine qui formoit un ruisseau ; quelques chèvres paissoient sur ses bords. Le berger de ce troupeau étoit un jeune homme, vêtu magnifiquement à la phrygienne, telle qu'on représente Pâris, avec une grande mante, brodée de couleurs différentes, & sur sa tête un bonnet d'étoffe d'or. Ensuite parut un jeune garçon fort gracieux, qui n'avoit pour tout habillement qu'un petit manteau sur l'épaule gauche. De ses cheveux blonds, qui étoient parfaitement beaux, sortoient deux petites aîles dorées, & semblables l'une à l'autre. Le caducée qu'il tenoit en main faisoit connoître que c'étoit Mercure. Il s'avança en dansant & présenta à celui qui faisoit le personnage de Pâris une pomme d'or, en lui faisant entendre par signes l'ordre de Jupiter ; ensuite il se retira de fort bonne grace & disparut.

Alors on vit paroître une fille d'un air majestueux qui représentoit Junon ; car sa tête étoit ceinte d'un diadême blanc, outre qu'elle tenoit un sceptre en sa main. Une autre qu'on reconnoissoit aisément pour la déesse Pallas, entra fiérement, ayant sur sa tête un casque brillant, couronné d'une branche d'olivier, portant un bouclier, tenant une pique, & dans le même état enfin qu'elle se fait voir dans les combats. Ensuite une troisième s'avança, d'une beauté surprenante & fort supérieure à celle des deux autres. Elle repréfentoit Vénus par l'éclat de fes divines couleurs, & Vénus telle qu'elle étoit lorfqu'elle étoit fille. Toutes les beautés de fon corps fe faifoient voir à découvert, à quelques-unes près qui étoient cachées par une étoffe de foie légère & tranfparente que le vent agitoit. Cette déeffe paroiffoit avec deux couleurs différentes; toute fa perfonne étoit d'une blancheur à éblouir, parce qu'elle tire fon origine du ciel, & fa draperie étoit azurée, parce qu'elle fort de la mer où elle a pris naiffance.

Ces trois déeffes avoient chacune leur fuite. Junon étoit accompagnée de Caftor & de Pollux, repréfentés par deux jeunes comédiens qui avoient l'un & l'autre un cafque rond fur la tête, dont le fommet étoit orné de deux étoiles fort brillantes. La déeffe, d'un air fimple & modefte, s'avance vers le berger au fon charmant des flûtes, & lui fait entendre par fes geftes qu'elle lui donnera l'empire de toute l'Afie, s'il lui adjuge le prix de la beauté.

Enfuite celle que fes armes faifoient connoître pour Pallas, étoit fuivie de deux jeunes hommes armés, & tenans leur épée nue à la main, ils repréfentoient la terreur & la crainte qui accompagnent par-tout la déeffe des combats. Derrière elle un joüeur de hautbois faifoit entendre des airs de guerre, & mêlant des sons aigus parmi des tons graves, il excitoit à danser gaiement, comme on fait au son d'une trompette. Pallas remuant la tête, & marquant dans ses yeux une noble fierté, s'avance en dansant avec beaucoup d'action, & fait entendre à Pâris par des gestes pleins de vivacité, que s'il lui accorde la victoire sur ses rivales, elle le rendra fameux par sa valeur & ses grands exploits.

Après elle Vénus parut d'un air riant & charma tous les spectateurs. Elle étoit entourée de plusieurs jeunes enfans, si beaux & si bien faits, qu'il sembloit que ce fût la véritable troupe des amours qui venoit d'arriver de la mer ou des cieux, outre qu'ils avoient de petites aîles, des flèches & tout le reste de l'ornement qui leur convient. Quelques-uns portoient des flambeaux allumés devant leur maîtresse, comme si elle eût été à quelque noce. Elle avoit encore à sa suite une aimable troupe de jeunes filles, sans compter les Graces & les Heures, qui, pour se rendre leur déesse favorable, semoient des fleurs devant ses pas. C'est ainsi que ce galant cortège faisoit sa cour à la mère des Plaisirs, en lui prodiguant les trésors du printems.

Aussitôt les flûtes commencèrent à jouer tendrement des airs Lydiens qui firent un fort grand plaifit à tout le monde; mais Vénus en fit bien davantage, lorsqu'on la vit danser avec des attitudes charmantes de la tête & du corps, conformant avec justesse ses mouvemens gracieux aux doux sons de la musique ; faisant voir dans ses yeux tantôt une langueur pleine de passion, tantôt de la fierté, & quelquefois même ne dansant, pour ainsi dire, que des yeux. Si-tôt qu'elle fut proche de Pâris, elle lui fit entendre, par le mouvement de ses bras, que s'il la préféroit aux deux autres déesses, elle lui feroit épouser une femme d'une excellente beauté, en un mot aussi belle qu'elle. Alors le jeune berger Phrygien lui présenta sans hésiter la pomme d'or qu'il tenoit en sa main, pour marquer qu'il lui adjugeoit la victoire.

Vous étonnez-vous donc, hommes indignes, ou plutôt bêtes qui suivez le barreau, vautours à robe longue, si tous les juges présentement vendent la justice pour de l'argent, puisque dans les premiers tems la faveur a corrompu le jugement qu'un homme devoit rendre entre trois déesses, & qu'un berger nommé juge de leur différent par Jupiter même, a vendu, pour le prix de ses plaisirs, la première sentence qu'on ait jamais rendue, qui a causé la perte de toute sa maison? N'avons-nous pas aussi dans la suite un autre jugement

gement fort célèbre rendu par tous les chefs de la Grèce, quand Palamède, un des plus savans & des plus habiles hommes de son tems, fut condamné comme un traître sur de fausses accusations? Ulisse encore, dont le mérite étoit fort médiocre pour la guerre, n'obtint-il pas les armes d'Achille par préférence au grand Ajax, si fameux par ses exploits? Mais que dirons-nous de ce jugement qui fut rendu par les Athéniens, ces grands législateurs, ces hommes si sages & si éclairés dans toutes les sciences? Ce vénérable vieillard (1), doué d'une prudence divine, qu'Apollon avoit déclaré le plus sage des mortels, ne fut-il pas opprimé par l'envie & les artifices d'une détestable conspiration, comme s'il avoit été un corrupteur de la jeunesse à qui il n'enseignoit que la vertu, & ne périt-il pas par un poison de ciguë, laissant à sa patrie une tache éternelle d'ignominie par sa condamnation; puisque même encore aujourd'hui les plus grands philosophes suivent sa très-sainte secte préférablement à toutes les autres, & ne jurent que par son nom, dans le desir qu'ils ont d'acquérir le vrai bonheur? Mais de peur que quelqu'un ne blâme la vivacité de mon indignation, & ne dise en lui-même, « souffrirons-nous

---

(1) Socrate.

qu'un âne vienne ainſi nous moraliſer »; je reprends le fil de mon diſcours dont je m'étois écarté.

Lorſque Pâris eut rendu ſon jugement, Junon & Pallas ſortirent du théâtre fort triſtes & fort fâchées, & marquant par leurs geſtes leur colère & leur reſſentiment de l'injure qu'on venoit de leur faire. Mais Vénus contente & de bonne humeur, marqua ſa joie en danſant avec toute ſa ſuite. Alors on vit jaillir du haut de la montagne une fontaine de vin, où l'on avoit délayé du ſafran. Elle retomboit en forme de pluie odoriférante ſur les chèvres qui paiſſoient-là autour; en ſorte que de blanches qu'elles étoient, elles devinrent jaunes. Après que l'odeur délicieuſe de cette pluie ſe fut répandue parmi tous les ſpectateurs, la terre s'ouvrit & la montagne diſparut.

En même-tems un huiſſier s'avance au milieu de la place, & demande, de la part du peuple, qu'on tire des priſons cette femme dont j'ai parlé, qui avoit été condamnée pour ſes crimes à être expoſée aux bêtes. On dreſſoit déjà le lit ſur lequel nous devions paroître l'un & l'autre, qui étoit fort enflé par la quantité de duvet dont il étoit garni; les couvertures de ſoie en étoient magnifiques, & le bois du lit brilloit par les ouvrages d'écaille de tortue qui étoient deſſus. Cependant, outre la honte d'être ainſi expoſé aux yeux du public avec une aussi méchante femme & aussi criminelle que celle qu'on y avoit destinée, je craignois encore pour ma propre vie ; car je pensois en moi-même que pendant que je serois avec elle, quelque bête que ce pût être qu'on lâchât sur elle, cet animal ne seroit pas assez sage, assez bien instruit ou assez sobre, pour dévorer une femme à mes côtés sans me toucher, parce que je n'étois pas condamné.

Etant donc alors plus en peine encore pour la conservation de ma vie que pour celle de ma pudeur ; pendant que mon maître prenoit le soin de faire dresser le lit, que ses valets étoient occupés les uns aux préparatifs d'une chasse qu'on devoit représenter, les autres à regarder le spectacle, & que personne ne se mettoit en peine de garder un âne aussi doux que je le paroissois, je me vis en liberté d'exécuter ce que j'avois imaginé, & je me retirai peu-à-peu, sans faire semblant de rien. Etant arrivé à la porte de la ville, je me mis à courir de toute ma force. Après avoir fait trois lieues entières au galop, j'arrivai à la ville de Cenchrée, que l'on dit être une belle colonie des Corinthiens ; elle est située sur le golfe d'Egine, qui fait partie de la mer Egée ; elle a un très bon port, & est extrêmement peuplée. Comme je fuyois le monde, je fus chercher un endroit écarté sur le bord de la mer, & je me couchai fur le fable pour me délaſſer; car le ſoleil étoit prêt de finir ſa courſe, m'abandonnant ainſi au repos, un doux ſommeil s'empara de tous mes ſens.

Fin du dixième Livre.

LIVRE ONZIÈME.

UN mouvement de frayeur m'ayant réveillé tout d'un coup à l'entrée de la nuit, j'aperçus la lune fort brillante dans son plein, qui sortoit des flots de la mer. Comme je n'ignorois pas que la puissance de cette grande déesse est fort étendue, que toutes les choses d'ici bas se gouvernent par sa providence, que non-seulement les animaux, mais même les êtres inanimés ressentent les impressions de sa lumière & de sa divinité, & que tous les corps qui sont dans les cieux, sur la terre & dans la mer, s'augmentent ou diminuent suivant qu'on la voit croître ou décroître ; je pris l'occasion de la solitude & du silence de la nuit, pour adresser une prière à cette auguste déesse que je voyois briller dans les cieux, puisque la fortune lasse de me persécuter, m'offroit enfin cette occasion, qui me donnoit quelque espérance de voir finir ma misère. M'étant donc bien réveillé, je me lève promptement & vais me laver dans la mer pour me purifier. Je plonge ma tête sept fois dans l'eau, suivant la doctrine du divin Pythagore, qui nous apprend que ce nombre est le plus convenable aux choses qui regardent la religion ; ensuite plein de joie & d'espérance, je fis cette prière à la déesse avec tant d'affection, que j'avois les yeux tout baignés de larmes.

« Reine du ciel, foit que vous foyez la bienfai-
» fante Cerès, mère des blés, qui dans la joie
» que vous reffentîtes d'avoir retrouvé votre fille,
» ôtâtes aux hommes l'ancien ufage du gland,
» dont ils vivoient à la manière des bêtes, en leur
» enfeignant une nourriture plus douce ; vous qui
» avez choifi votre féjour dans les campagnes
» d'Eleufis ; foit que vous foyez la célefte Vénus,
» qui dans le commencement du monde, ayant
» produit l'amour, avez uni les deux fexes, &
» éternifé le genre humain, & qui êtes préfente-
» ment adorée dans le temple de Paphos, que la
» mer environne ; foit que vous foyez la fœur
» d'Apollon, qui par les fecours favorables que
» vous donnez aux femmes enceintes, avez mis
» au monde tant de peuples, & qui êtes révérée
» dans le magnifique temple d'Ephèfe ; foit enfin
» que vous foyez Proferpine, dont le nom for-
» midable fe célèbre la nuit par des cris & des
» hurlemens affreux, qui par votre triple forme
» arrêtez l'impétuofité des fpectres & des fantômes
» en les retenant dans les prifons de la terre, qui
» parcourant diverfes forêts, êtes adorée fous des
» cultes différens ; vous qui êtes le fecond flam-
» beau de l'univers, & qui par vos humides rayons
» nourriffez les plantes, & répandez différemment

» votre lumière, à proportion que vous vous appro-
» chez ou reculez du soleil : grande deeffe ! fous
» quelque nom, fous quelque forme, & par quel-
» ques cérémonies qu'on vous révère, fecourez-moi
» dans mes extrêmes difgraces; relevez-moi de ma
» chûte malheureufe, & faites que je puiffe enfin
» jouir d'un doux repos, après tous les maux que
» j'ai foufferts ; qu'il fuffife des travaux & des
» périls où j'ai été expofé. Otez-moi cette indigne
» figure de bête, dont je fuis revêtu, & me ren-
» dez à mes parens & à mes amis, en me faifant
» redevenir Lucius; que fi je fuis l'objet de la
» haine implacable de quelque dieu qui me per-
» fécute fi cruellement pour l'avoir offenfé, qu'il
» me foit au moins permis de mourir, s'il ne m'eft
» pas permis de vivre dans un autre état ».

Après cette prière, qui fut encore fuivie de quelques lamentations triftes & touchantes, mes fens accablés de langueurs, fe laiffèrent une feconde fois aller au fommeil, au même endroit où je m'étois déjà endormi. A peine avois-je fermé les yeux, qu'il me fembla que du milieu de la mer fortoit une divinité qui éleva d'abord une tête refpectable aux dieux mêmes, & qui enfuite faifant fortir des flots peu à peu tout fon corps, fe préfenta devant moi. Je tâcherai de vous la dépeindre telle que je la vis, fi cependant la foibleffe des expref-fions humaines peut me le permettre, ou fi cette même divinité m'infpire toute l'éloquence qui eft néceffaire pour un fi grand fujet.

Ses cheveux épais, longs & bouclés, ornoient fans art fa tête divine, & tomboient négligemment fur fes épaules. Elle étoit couronnée de diverfes fleurs, qui par leur arrangement formoient plufieurs figures différentes ; elle avoit au-deffus du front un cercle lumineux en forme de miroir, ou plutôt une lumière blanche, qui me faifoit connoître que c'étoit la lune. Elle avoit à droite & à gauche deux ferpens, dont la figure repréfentoit affez bien des fillons fur lefquels s'étendoient quelques épis de blé. Son habillement étoit une robe de lin fort déliée, de couleur changeante, qui paroiffoit tantôt d'un blanc clair & luifant, tantôt d'un jaune de fafran, & tantôt d'un rouge couleur de rofe avec une mante d'un noir fi luifant, que mes yeux en étoient éblouis. Cette mante qui la couvroit de part & d'autre, & qui lui paffant fous le bras droit, étoit rattachée en écharpe, fur l'épaule gauche, defcendoit en plufieurs plis, & étoit bordée d'une frange, que le moindre mouvement faifoit agréablement flotter. Le bord de la mante, auffi bien que le refte de fon étendue, étoit femé d'étoiles, elles environnoient une lune dans fon plein, qui jetoit une lumière très-vive ; autour de cette belle mante étoit encore attachée une chaîne de toutes fortes de fruits & de fleurs.

La déesse avoit dans ses mains des choses fort différentes ; elle portoit en sa droite un sistre d'airain, dont la lame étroite & courbée en forme de baudrier, étoit traversée par trois verges de fer, qui, au mouvement du bras de la déesse, rendoient un son fort clair. Elle tenoit en sa main gauche un vase d'or, en forme de gondole, qui avoit sur le haut de son anse un aspic, dont le cou étoit enflé & la tête fort élevée ; elle avoit à ses pieds des souliers tissus de feuilles de palmier. C'est en cet état que cette grande déesse, parfumée des odeurs les plus exquises de l'Arabie heureuse, daigna me parler ainsi :

« Je viens à toi, Lucius, tes prières m'ont
» touchée, je suis la nature, mère de toutes choses,
» la maîtresse des élémens, la source & l'origine
» des siècles, la souveraine des divinités, la reine
» des manes, & la première des habitans des
» cieux. Je représente en moi seule tous les dieux
» & toutes les déesses ; je gouverne à mon gré les
» brillantes voûtes célestes, les vents salutaires de
» la mer, & le triste silence des enfers. Je suis la
» seule divinité qui soit dans l'univers, que toute
» la terre révère sous plusieurs formes, avec des
» cérémonies diverses & sous des noms différens.
» Les Phrygiens, qui sont les plus anciens & les
» premiers hommes, m'appellent la mère des
» dieux, déesse de Pessinunte. Les Athéniens,

» originaires de leur propre pays, me nomment
» Minerve Cécropienne. Chez les habitans de l'île
» de Chypre, mon nom eſt Vénus de Paphos. Chez
» les Candiots, adroits à tirer de l'arc, Diane
» Dictinne. Chez les Siciliens, qui parlent trois
» langues, Proſerpine Stygienne. Dans la ville
» d'Eleuſis on m'appelle l'ancienne déeſſe Cérès,
» d'autres me nomment Junon, d'autres Bellone,
» d'autres Hécate, d'autres Néméſis Rhamnu-
» ſienne; & les Ethiopiens, que le ſoleil à ſon
» lever éclaire de ſes premiers rayons, les peuples
» de l'Ariane, auſſi bien que les Egyptiens, qui
» ſont les premiers ſavans du monde, m'appellent
» par mon véritable nom, la reine Iſis, & m'ho-
» norent avec les cérémonies qui me ſont le plus
» convenables. Tu me vois ici touchée de l'excès
» de tes misères, continue la déeſſe, tu me vois
» propice & favorable, arrête le cours de tes
» larmes, finis tes plaintes & chaſſe la triſteſſe
» qui t'accable : voici bien-tôt le tems que ma
» divine providence a marqué pour ton ſalut;
» écoutes donc avec attention les ordres que je
» vais te donner. Le jour qui va ſuivre cette nuit,
» m'eſt conſacré de tout tems; demain mes prêtres
» doivent m'offrir les prémices de la navigation,
» en me dédiant un navire tout neuf & qui n'a
» point encore ſervi ; préſentement que les tem-
» pêtes qui regnent pendant l'hiver, ne ſont plus

» à craindre, & que les flots, devenus plus pai-
» sibles, permettent qu'on puisse se mettre en
» mer. Attends cette fête avec dévotion, & d'un
» esprit tranquille; car le grand prêtre, suivant
» mon avertissement, portera pendant la cérémonie
» une couronne de roses attachée à son sistre qu'il
» tiendra de la main droite. Suis donc la pompe
» avec empressement, & avec confiance en ma
» bonté, perce la foule du peuple, & lorsque tu
» seras proche du prêtre, fais comme si tu voulois
» lui baiser la main, & mange des roses, aussitôt
» tu te dépouilleras de la forme de cet indigne
» animal, qui m'est odieux depuis long-tems.
» Ne crains point de trouver aucune difficulté à
» ce que je t'ordonne; car dans ce moment que
» je suis près de toi, je suis aussi proche de mon
» prêtre, & je l'avertis en songe de tout ce que je
» veux qu'il fasse. Je ferai en sorte que le peuple,
» malgré la foule, te laissera le passage libre, &
» qu'au milieu de la joie & des agréables spec-
» tacles de cette fête, nul n'aura d'aversion pour
» cette figure abjecte & méprisable, sous laquelle
» tu parois, & que personne n'aura la malignité
» de t'imputer rien de fâcheux, en expliquant en
» mauvaise part le changement subit de ta figure.
» Souviens-toi seulement, & n'en perds jamais la
» mémoire, que tout le reste de ta vie doit m'être
» dévoué jusqu'à ton dernier soupir. Il est bien

» juste que tu te reconnoisses entièrement rede-
» vable de la vie à une déesse, qui, par son se-
» cours t'a remis au nombre des hommes. Au
» reste, tu vivras heureux & plein de gloire sous
» ma protection, & lorsqu'après avoir accompli
» le tems que tu dois être sur la terre, tu seras
» descendu aux enfers dans cet hémisphère souter-
» rein, où tu auras l'avantage d'habiter les champs
» Elisées, tu ne manqueras pas d'être régulier à
» m'adorer, moi qui brille dans les ténèbres de
» l'Achéron, & qui règne dans le palais infernal,
» & j'y recevrai tes hommages avec bonté. Si avant
» ce tems-là, par tes respects, si par un ferme at-
» tachement au culte qui m'est dû, & par une
» chasteté inviolable tu te rends digne de mes
» graces, tu connoîtras que je puis seule prolonger
» le terme de ta vie au-delà des bornes que le
» destin y a prescrites ».

Après que cette puissante déesse m'eut ainsi déclaré ses volontés, elle disparut; & dans le moment m'étant réveillé, je me levai tout en sueur, plein de frayeur, de joie & d'admiration de la présence si manifeste de cette grande divinité. Je fus me laver dans la mer, l'esprit fort occupé des ordres souverains qu'elle m'avoit donnés, & repassant en moi-même tout ce qu'elle m'avoit dit. Peu de tems après, le soleil ayant chassé les ténèbres de la nuit, commença à montrer ses premiers rayons. Aussi-tôt tous les chemins furent remplis d'une infinité de peuples qui venoient avec alégresse pour se rendre à la fête. La joie étoit si grande de tous côtés, outre celle que je ressentois, qu'il me sembloit qu'elle s'étendoit jusques sur les animaux, & que le jour, & même les êtres inanimés, avoient une face plus riante; car après la gelée blanche de la nuit précédente, le soleil ramenoit le plus beau jour de la nature, en sorte que les oiseaux réjouis du retour du printems, remplissoient l'air de leurs chants mélodieux, & par de doux concerts, rendoient hommage à la souveraine mère des tems, des astres & de tout l'univers. Les arbres même, tant ceux qui rapportent des fruits, que ceux qui ne servent qu'à donner de l'ombrage, ranimés par la chaleur des vents du midi, & embellis par leur verdure renaissante, faisoient entendre un agréable murmure qu'excitoit le doux mouvement de leurs branches. La mer ne faisoit plus gronder ses tempêtes & ses orages; ses flots tranquilles mouilloient doucement le rivage, & la brillante voûte des cieux n'étoit obscurcie par aucun nuage.

Cependant le pompeux appareil de cette fête commence à se mettre en marche. Tous ceux qui le composoient s'étoient ajustés de différentes manières, chacun suivant son goût & son inclination. L'un avec un baudrier sur le corps, représentoit un soldat; un autre étoit en chaffeur, avec une cafaque; un petit fabre au côté, & un épieu dans fa main; celui-ci chauffé avec des fouliers dorés, vêtu d'une robe de foie, & paré magnifiquement de tous les ornemens qui conviennent au beau fexe, ayant fes cheveux accommodés fur le haut de fa tête, repréfentoit une femme par fon ajuftement & par fa démarche; celui-là, avec fes bottines, fon bouclier, fa lance & fon épée, fembloit fortir d'un combat de gladiateurs; cet autre étoit en magiftrat, avec une robe de pourpre, & des faifceaux, qu'on portoit devant lui; tel auffi s'étoit mis en philofophe par fon manteau, fon bâton, fes fandales & fa barbe de bouc. Il y en avoit encore qui étoient en oifeleurs & en pêcheurs; les uns portant des hameçons & les autres des rofeaux pleins de glu. J'y vis auffi un ours apprivoifé, qu'on portoit dans une chaife, habillé en femme de qualité, & un finge coiffé d'un bonnet brodé, & habillé d'une robe à la phrygienne, couleur de fafran, tenant une coupe d'or en fa main, & repréfentant Ganiméde. On y voyoit encore un âne à qui on avoit attaché des aîles, qui fuivoit un vieillard fort caffé, vous euffiez dit que c'étoit Pégafe & Bellerophon, & n'auriez pu vous empêcher de rire, en les voyant l'un & l'autre.

Au milieu de tout ce peuple joyeux & plaifamment déguifé, la pompe particulière de la déeffe protectrice s'avançoit. Elle étoit précédée de plusieurs femmes habillées de blanc, qui, avec un air fort gai, portoient diverses choses dans leurs mains. Elles avoient des couronnes de fleurs printanières sur la tête; elles en avoient d'autres, qu'elles semoient sur le chemin par où la troupe sacrée devoit passer. On en voyoit d'autres avec des miroirs attachés sur les épaules, qui représentoient à la déesse tous ceux qui la suivoient, comme s'ils fussent venus au-devant d'elle. Quelques-unes tenoient des peignes d'ivoire, & par les gestes de leurs bras, & les mouvemens de leurs doigts, faisoient semblant de peigner & d'ajuster les cheveux de la reine des dieux, & d'autres versoient goutte à goutte devant ses pas, du baume & des huiles précieuses.

Outre tout cet appareil, une infinité d'hommes & de femmes tâchoient de se rendre favorable la déesse des astres, en portant des torches, des flambeaux de cire, des lampes, & toutes sortes de lumières artificielles. Ensuite une troupe de musiciens faisoit retentir l'air par des concerts mélodieux de voix & de flûtes. Ils étoient suivis par un chœur de jeunes garçons parfaitement beaux, vêtus de robes blanches destinées pour les cérémonies, qui chantoient par reprises un poëme ingénieux, qu'un excellent poëte, inspiré par les muses, avoit composé, pour expliquer le sujet de cette grande fête.

Parmi eux marchoient des joueurs de flûte, consacrés au grand Sérapis, qui faisoient entendre sur leurs flûtes traversières les airs destinés au culte de ce dieu dans son temple. Plusieurs huissiers marchoient ensuite, qui avertissoient le peuple de se ranger, & de laisser le chemin libre aux simulacres des dieux; après eux suivoient en foule des troupes de gens initiés dans les sacrés mystères, hommes & femmes de toutes sortes d'âges & de conditions, vêtus de robes de lin d'une blancheur éclatante. Les femmes avoient leurs cheveux parfumés d'essence, & pliés dans un bonnet de gase transparente, & les hommes avoient la tête rase & luisante. Ces astres terrestres, ces vénérables ministres de la vraie religion, faisoient un fort grand bruit avec des sistres d'airain, d'argent & même d'or; ensuite les principaux d'entre les prêtres, revêtus d'aubes de lin fort blanches, qui leur descendoient jusqu'aux pieds, portoient les symboles des dieux.

Le premier tenoit une lampe très-brillante; elle n'étoit pas faite comme celles dont nous nous servons pour nous éclairer le soir pendant nos repas, c'étoit un vase d'or, en forme de gondole, qui, de l'endroit le plus large, jetoit une fort grande flamme. Le second soutenoit avec ses deux mains de petits autels qu'on appelle les secours, nom que la providence secourable de la grande déesse leur a donné. Le troisième portoit le caducée de Mercure, avec une palme dont les feuilles étoient d'or. Le quatrième tenoit en l'air le symbole de la justice ; c'étoit une main gauche dont les doigts étoient étendus, & qui, par sa paresse naturelle & son manque d'adresse, semble mieux convenir à la justice qu'une main droite. Ce même prêtre tenoit un vase d'or, en forme de mamelle, dont il versoit du lait. Le cinquième portoit un van d'or plein de petites branches de même métal, & un autre une bouteille.

Les dieux suivoient immédiatement, qui ne dédaignoient point d'être portés par des hommes. L'un avoit une tête de chien (1) ; l'autre qui est le messager des cieux & des enfers, tenoit sa tête droite, & avoit le visage à moitié noir & à moitié doré ; il avoit un caducée dans sa main gauche, & dans sa droite une palme verte. Après lui paroissoit une vache (2) élevée sur ses pieds de derrière, figure de la déesse, mère féconde de toutes les choses ; un des prêtres la portoit sur ses épaules, avec une démarche pompeuse ; un autre tenoit une corbeille où étoient renfermés les secrets & les mystères de

---

(1) Anubis.
(2) Figure d'Isis.

la religion : celui qui le suivoit, portoit dans son bienheureux sein l'adorable image de la souveraine divinité qui n'avoit rien de la forme d'un oiseau, ou d'une bête, soit domestique ou sauvage, ni même de l'homme, mais qui, vénérable par sa singularité & par l'artifice de sa construction, marquoit la sublimité de la religion, mieux qu'aucun discours ne l'auroit pu faire, & faisoit voir qu'on doit cacher ses mystères sous un profond silence. C'étoit une petite urne d'or, parfaitement bien travaillée, ronde par le fond; on y voyoit gravés les merveilleux hiéroglyphes des Egyptiens; son orifice qui n'étoit pas fort élevé, s'étendoit d'un côté, & formoit un long tuyau; de l'autre elle avoit une anse fort grande, qu'entortilloit jusqu'au bout un aspic dont le cou plein d'écailles s'élevoit en se courbant.

Enfin le moment favorable que la puissante déesse m'avoit promis, approchoit, & le prêtre; tel qu'elle me l'avoit dépeint, s'avançoit, portant ce qui devoit finir mes malheurs. Il tenoit en sa main droite le sistre de la déesse & une couronne de roses, qui étoit véritablement une couronne pour moi, puisque, par la divine providence, après avoir surmonté tant de travaux, & évité tant de périls, je remportois la victoire sur la fortune ennemie qui me persécutoit depuis si longtems. Quoique je me sentisse pénétré tout d'un coup d'une joie extraordinaire, je ne m'avançai point avec trop d'empreſſement, dans la crainte que j'eus que la courſe précipitée d'un animal tel que moi ne troublât l'ordre & la cérémonie de la fête; mais, d'une démarche poſée, telle qu'auroit pu l'avoir un homme, je m'avançai reſpectueuſement au travers de la foule du peuple qui ſe rangeoit comme par une inſpiration de la déeſſe, & me laiſſoit le paſ-ſage libre. Je m'approchai du prêtre inſenſiblement. Si-tôt qu'il m'aperçut, il ſe ſouvint de l'avertiſſe-ment qu'il avoit eu la nuit en ſonge; ce que je con-nus bien, car il s'arrêta d'abord ſaiſi d'admiration de voir que les choſes ſe rapportoient aux ordres qu'il avoit reçus, & de lui-même étendant la main, il approcha de ma bouche la couronne qu'il tenoit. Je pris en tremblant, & avec une palpita-tion de cœur extraordinaire, cette couronne com-poſée de roſes fraîches & vermeilles, & je la dévo-rai avec avidité.

Je vois auſſitôt l'effet de la promeſſe des dieux. D'abord je perds cette indigne forme d'animal dont j'étois revêtu; tout ce poil affreux que j'avois ſur le corps tombe & ne paroît plus; ma peau qui étoit épaiſſe & dure, devient tendre & délicate, mon grand ventre ſe rapetiſſe; la corne de mes pieds s'étend & forme des doigts; mes mains ceſſent d'être des pieds, & redeviennent propres à leurs fonctions; mon cou s'accourcit; mon viſage

& ma tête prennent une figure ronde; mes longues oreilles diminuent & reviennent dans leur premier état; mes dents énormes deviennent semblables à celles des hommes; & cette grande queue que j'étois si fâché d'avoir, disparoît entièrement. Tout le peuple reste dans l'admiration. Les personnes pieuses adorent le pouvoir si manifeste de la grande déesse, dans la facilité d'une telle métamorphose, & d'un miracle semblable à ceux que les songes produisent pendant le sommeil, & avec une voix haute & unanime, tendant les mains au ciel, ils publient tous cet éclatant bienfait de la déesse. Pour moi, saisi d'étonnement, & pénétré, ou plutôt accablé pour ainsi dire, de l'excès de ma joie, je restois dans le silence, n'ayant pas la force d'ouvrir la bouche, quoique l'usage de la parole me fût rendu, & je ne savois par où commencer, ni par quelles expressions assez dignes je pourrois marquer ma reconnoissance à la puissante divinité qui m'avoit été si favorable.

Cependant le prêtre qui avoit été instruit par la déesse, de tous les maux que j'avois soufferts depuis ma disgrace, demeura aussi fort surpris lui-même d'une si grande merveille. Il ne laissa pas néanmoins de faire signe qu'on me donnât une robe de lin pour me couvrir; car d'abord que j'eus quitté cette honteuse forme d'âne, je me trouvai tout nu, & je n'avois que mes mains pour me cacher. Aussitôt un des miniſtres de la religion ôta ſa première robe de deſſus lui, & me la mit promptement ſur le corps. Quand cela fut fait, le prêtre me regardant avec un viſage où la joie étoit peinte, me parla ainſi :

» Lucius, après tous les maux que vous avez
» ſoufferts, après tant de rudes aſſauts que la for-
» tune vous a livrés, & toutes les tempêtes que
» vous avez eſſuyées, vous êtes enfin arrivé au
» port du repos, & vous avez trouvé grace de-
» vant les Dieux; ni votre illuſtre naiſſance, ni
» votre propre mérite, ni même toutes les ſciences
» que vous poſſédez, ne vous ont ſervi de rien,
» & vous étant laiſſé aller au penchant d'une ar-
» dente jeuneſſe, vous vous êtes livré aux indignes
» voluptés de l'amour, & votre malheureuſe cu-
» rioſité vous a coûté bien cher. Cependant après
» tant d'affreuſes diſgraces où l'aveugle fortune
» vous a plongé, elle vous a conduit, contre ſon
» intention, & par ſa perſécution même, à cet heu-
» reux état dont on jouit lorſqu'on s'eſt conſacré
» au culte de la religion; qu'elle ſe retire donc,
» & qu'elle cherche un autre objet pour exercer
» ſes fureurs; car ſa rage ne peut rien contre ceux
» que notre grande déeſſe prend à ſon ſervice &
» en ſa défenſe. Quel avantage cette aveugle for-
» tune a-t-elle retiré de vous avoir fait tomber
» entre les mains des voleurs, de vous avoir fait

» essuyer de si grandes fatigues, par tant de
» voyages, dans des chemins difficiles; de vous
» avoir livré aux dangers d'être dévoré par les
» bêtes sauvages, & de vous avoir exposé chaque
» jour aux horreurs de la mort? Vous voilà pré-
» sentement sous la protection d'une autre for-
» tune, qui voit clair & illumine tous les autres
» dieux par l'éclat de sa lumière. Prenez donc,
» Lucius, un visage plus gai & plus convenable
» à cette robe blanche dont vous êtes revêtu; ac-
» compagnez avec joie la pompe de la déesse qui
» a daigné prendre soin de vous. Que les impies
» voyent le miracle qu'elle a fait en votre per-
» sonne; qu'ils le voyent & qu'ils reconnoissent
» leur erreur: Lucius est maintenant délivré de
» tous ses malheurs; le voilà qui jouit des faveurs
» de la grande déesse Isis, & qui triomphe de la
» mauvaise fortune. Cependant, afin que vous
» soyez plus en sûreté & mieux protégé, engagez-
» vous dans cette sainte milice, c'est un parti que
» vous serez bien aise un jour d'avoir embrassé,
» & dès ce moment consacrez-vous, de votre bon
» gré, au culte & au ministère de notre religion;
» car si-tôt que vous aurez commencé à servir la
» déesse, vous jouirez avec encore plus de plaisir
» des avantages de votre liberté ».

Ainsi parla cet illustre prêtre, en poussant de
profonds soupirs; ensuite la pompe sacrée con-

tinua sa marche. Je la suivis au milieu des ministres de la déesse. Je fus bientôt connu & remarqué de tout le peuple, les uns me désignant aux autres par un mouvement de tête, & me montrant avec la main, chacun parloit de mon aventure : voilà, disoit-on, celui à qui la toute puissante déesse a rendu la forme humaine; il est certainement très-heureux d'avoir mérité par l'innocence & la probité de ses mœurs, cette insigne faveur des cieux, de renaître, pour ainsi dire, & d'être reçu dans le ministère des choses sacrées.

Après qu'on eut marché quelque tems au milieu des acclamations & des vœux de tout le peuple, nous arrivâmes au bord de la mer, & au même endroit où, sous ma figure d'âne, j'avois passé la nuit. On y rangea par terre les images des dieux, suivant l'ordre accoutumé ; ensuite le grand prêtre, par d'augustes prières, que sa sainte bouche prononçoit, consacra à la déesse un navire artistement construit, où l'on voyoit les merveilleux caractères des Egyptiens peints de tous côtés, & qu'on avoit purifié avec une torche ardente, un œuf & du soufre. Sur la voile blanche de cet heureux vaisseau étoient écrits en gros caractères les vœux qu'on renouveloit pour recommencer d'heureuses navigations. On dresse le mât ; c'étoit un pin rond, fort grand & fort beau, dont la hune étoit extrêmement ornée. On voyoit sur la poupe une oie en sculpture, avec son long cou recourbé, toute dorée, & fort brillante, & le vaisseau tout entier étoit fait de bois de citronnier, parfaitement bien travaillé.

Le peuple aussi-bien que les prêtres commencèrent à porter, à l'envi les uns des autres, des corbeilles pleines d'aromates & de plusieurs choses propres aux sacrifices, qu'ils jetoient dans le vaisseau. Ils versèrent aussi dans la mer une composition faite avec du lait & d'autres matières. Quand le navire fut chargé de toutes ces pieuses offrandes, on détacha l'ancre qui le tenoit arrêté, & dans le moment un vent doux & propice, l'éloigna du rivage, & le poussa en pleine mer. Lorsqu'on l'eut perdu de vue, les prêtres reprirent toutes les choses sacrées qu'ils avoient mises à terre, & retournèrent au temple avec alégresse & dans le même ordre qu'ils étoient venus.

D'abord que nous y fûmes arrivés, le grand prêtre, ceux qui portoient les images des dieux, & ceux qui étoient initiés depuis long-tems dans les sacrés mystères, entrèrent dans le sanctuaire de la déesse, où l'on remit par ordre tous ces dieux, qui étoient si bien travaillés qu'ils paroissoient vivans. Alors celui d'entre les prêtres, qui étoit le secrétaire, se tenant debout à la porte, appela tous les paſtophores à l'aſſemblée; (c'eſt ainſi qu'on nomme ceux qui compoſent cette très-ſainte ſociété) enſuite étant monté dans une chaire fort élevée, avec un livre à la main, il lut tout haut des prières pour la proſpérité de l'empereur, du ſénat, des chevaliers, & de tout le peuple Romain; pour le bonheur de la navigation, & pour la proſpérité de tous ceux qui compoſent notre empire; il finit en prononçant en grec, ſuivant la coutume, que la cérémonie étoit achevée, & qu'on pouvoit ſe retirer. Le peuple répondit en ſouhaitant que tout ce qu'on avoit fait, pût être pour le bien & l'utilité de tout le monde, & chacun s'en retourna chez ſoi, la joie peinte ſur le viſage, après avoir jeté des rameaux d'olivier, de la verveine, & des couronnes de fleurs devant la ſtatue d'argent de la déeſſe, qu'on avoit poſée ſur un autel, & lui avoir baiſé les pieds.

A mon égard, je ne pouvois me réſoudre à m'en éloigner pour un ſeul inſtant, & les yeux toujours attachés ſur cette ſainte image, je rappelois dans mon eſprit tous mes malheurs paſſés. Cependant la renommée avoit déjà déployé ſes aîles pour aller publier par-tout dans mon pays l'aventure ſurprenante qui m'étoit arrivée, & le bienfait que j'avois reçu de la déeſſe. Auſſitôt mes parens, mes domeſtiques & mes eſclaves, mettant bas la triſteſſe, que le faux bruit de ma mort leur avoit causée, accourent transportés de joie & avec des présens, pour voir un homme que les dieux avoient conservé & retiré, pour ainsi dire, des enfers.

Leur vue, à laquelle je ne m'attendois pas si-tôt, me fit un fort grand plaisir. Je les remerciai de leurs offres honnêtes, mes gens avoient eu soin de m'apporter suffisamment ce qui m'étoit nécessaire. Après que je les eus salués l'un après l'autre, comme je le devois, & que je leur eus conté mes travaux passés & ma joie présente, je retournai devant l'image de la déesse que je ne me lassois point de considérer, & je fis marché pour le louage d'une maison dans l'enceinte du temple, où j'établis ma demeure pour un tems. Je me trouvois continuellement dans la société des prêtres, & j'étois assidument attaché au service de la déesse, dont je ne me séparois point.

Je ne passai pas une seule nuit, & le sommeil ne ferma pas mes yeux un moment, qu'elle ne m'apparût en songe, & ne me donnât des avertissemens. Elle m'ordonna plusieurs fois de me faire initier dans sa religion. Quoique j'y fusse destiné depuis longtems, & que je le souhaitasse avec beaucoup de passion, une pieuse crainte me retenoit, parce qu'examinant avec soin les devoirs du ministère de la religion, je connoissois qu'il n'étoit pas aisé de s'en bien acquitter; que la chasteté, qu'on étoit obligé de garder, étoit une chose fort difficile, & qu'il falloit bien de la prudence & de la circonspection pour se maintenir dans l'innocence, au milieu de tant de dangers où l'on est exposé dans la vie. Ainsi, l'esprit toujours occupé de ces pensées, malgré toute mon envie, je différois insensiblement de jour en jour à me faire recevoir.

Il arriva qu'une nuit pendant mon sommeil, je crus voir le grand prêtre; il me sembla qu'il m'offroit plusieurs choses qu'il portoit dans son sein; que je lui en demandois la raison, & qu'il me répondoit : que tout cela m'étoit envoyé de Thessalie, & même que mon valet, nommé Candidus, venoit d'en arriver. Lorsque je fus éveillé, je cherchai longtems dans mon esprit ce qu'une telle vision pouvoit me présager, d'autant plus que je savois bien certainement n'avoir jamais eu de valet qui s'appellât Candidus : cependant de quelque manière que j'interprétasse ce songe, je trouvois que ces choses qu'on m'offroit ne pouvoient m'annoncer que du profit. Etant ainsi occupé de l'espérance de quelqu'évènement avantageux, j'attendois qu'on ouvrît les portes du temple, à l'heure qu'on a coutume de le faire tous les matins. Quand nous y fûmes entrés, & qu'on eut tiré le rideau qui couvroit l'adorable image de la déesse, nous nous

profternâmes tous devant elle. Pendant ce tems,
le prêtre alla à tous les autels l'un après l'autre,
& mit tout en ordre pour le fervice divin ; enfuite,
avec les oraifons accoutumées, il répandit un vafe
plein d'eau d'une fontaine qui étoit dans le lieu
le plus fecret du temple , & auffitôt tous les prêtres annoncèrent la première heure du jour, &
firent les prières du matin.

Dans ce moment arrivèrent de mon pays les
valets que j'y avois laiffés dans le tems que Fotis
par fa malheureufe méprife me changea en âne.
Mes parens avoient eu foin de me les renvoyer,
& mon cheval auffi qui avoit été à plufieurs
maîtres, & qu'ils avoient recouvré, l'ayant reconnu
à une marque qu'il avoit fur le dos. J'admirai la
juftesse de mon fonge , en ce qu'avec le gain qu'il
m'avoit promis, il m'avoit annoncé la reftitution
de mon cheval, en me le défignant fous le nom
d'un valet nommé Candidus, à caufe de la couleur
du poil de cet animal.

Je continuai à faire toute mon occupation du
fervice de la déeffe, flatté de l'efpérance des biens
qu'elle me promettoit à l'avenir, confirmé par des
bienfaits préfens; & dès ce moment le defir que
j'avois d'être reçu dans la religion, s'augmentoit
tous les jours de plus en plus. J'allai trouver plufieurs fois le grand prêtre, pour le conjurer, avec
toutes les inftances poffibles, de m'initier enfin

dans les myſtères de la nuit conſacrée. Mais lui qui étoit un homme grave & grand obſervateur des loix de cette chaſte religion, différoit ma réception en me parlant avec la même douceur & la même bonté que les pères ont accoutumé de faire à leurs enfans, pour modérer leurs deſirs prématurés; & me donnant de bonnes eſpérances, il tâchoit d'adoucir & de calmer l'inquiétude de mon eſprit. Il me diſoit que lorſque quelqu'un devoit être initié, la déeſſe faiſoit connoître ſa volonté ſur le jour qu'on devoit prendre pour cet effet, ſur le prêtre qu'elle choiſiſſoit pour en faire la cérémonie, & ſur la dépenſe qu'il y falloit faire; qu'ainſi nous devions attendre avec une patience pleine de ſoumiſſion, & que je priſſe garde d'éviter les deux extrémités; d'avoir trop d'empreſſement avant le commandement de la déeſſe, ou trop de négligence après avoir été appelé; qu'il n'y avoit pas un de ſes prêtres, qui eût aſſez perdu l'eſprit, ou plutôt qui ſe ſouciât ſi peu de perdre la vie, pour oſer commettre le crime & l'impiété de me recevoir, s'il n'en avoit eu l'ordre exprès de la déeſſe, puiſque notre vie & notre mort ſont dans ſes mains, & que l'initiation dans les myſtères ſe faiſoit en forme d'une mort volontaire, & d'une vie que l'on ne tenoit plus que de la bonté de la déeſſe; qu'elle avoit même coutume de choiſir pour ſon ſervice des hommes d'un âge fort avancé, capables cependant de garder sous le silence ses mystères secrets, & que par sa providence elle les faisoit, pour ainsi dire, renaître & entrer dans la carrière d'une nouvelle vie; qu'il falloit donc que j'attendisse l'ordre des cieux, quoique par la bonté de la déesse, qui s'étoit manifestée d'une manière si éclatante à mon égard, je fusse destiné à ce bienheureux ministère; que je devois dès ce jour m'abstenir des viandes profanes & défendues, comme les autres religieux, afin que mon esprit pût mieux atteindre aux secrets les plus cachés de cette sainte religion.

C'est ainsi que le prêtre me parla: je lui obéis en modérant mon impatience, & j'assistois tous les jours très-assidument au service divin, l'esprit tranquille, & gardant un silence respectueux. Enfin la bonté de la puissante déesse ne trompa point mon espérance, elle ne voulut pas me faire languir davantage par un plus long délai, & dans une nuit obscure elle m'avertit fort clairement, pendant mon sommeil, que le jour que j'avois tant souhaité étoit arrivé; elle m'instruisit aussi de la dépense qu'elle vouloit que je fisse pour ma réception, & me désigna en même tems son grand prêtre lui-même pour en faire la cérémonie, en me disant qu'il y avoit une union entre lui & moi, causée par l'influence des astres.

Après que cette grande divinité m'eut ainsi annoncé ses ordres, je m'éveillai un peu avant le jour, l'esprit fort content, & dans l'instant j'allai chercher le grand prêtre à son appartement. Je le trouvai qui sortoit de sa chambre, je le saluai & le suivis, dans la résolution de lui demander encore plus instamment que je n'avois fait, d'être admis dans le sacré ministère, comme une chose qui m'étoit due. Mais si-tôt qu'il m'eut aperçu, il me parla le premier : « O mon chèr Lucius, me dit-il, que vous êtes heureux de ce que l'adorable déesse vous honore ainsi de ses faveurs; qu'attendez-vous ? Pourquoi n'êtes - vous pas plus empressé ? voici le jour que vous avez souhaité si constamment & avec tant de passion : c'est en ce jour que, suivant le commandement de cette divinité, vous allez lui être dévoué par mon ministère. En même tems ce bon vieillard m'ayant pris par la main, me mena à la porte du temple. Après qu'elle fut ouverte avec les cérémonies accoutumées, & que le sacrifice du matin fut achevé, il tira du fond du sanctuaire certains livres pleins de prières, écrites avec des caractères inconnus (1), qui contenoient les termes des formules sacrées en abrégé, sous des figures de toutes sortes d'animaux, & d'une grande quantité de différens accens; les uns formés comme des nœuds, les autres ronds, en façon de roues, & les autres tortueux, comme les

―――――――――――――

(1) C'étoient des figures hiéroglyphiques.

tenons qui attachent la vigne à ſes ſoutiens, ce qui étoit ainſi pour empêcher que les profanes trop curieux ne puſſent les lire. Il me lut dans ces livres ce que je devois préparer pour le ſacrifice de mon initiation.

Je n'y perdis pas un moment, & j'eus bientôt acheté moi-même, & fait acheter par mes amis toutes les choſes néceſſaires, & plus encore qu'on ne m'en avoit demandé. Lorſque l'heure fut venue, à ce que diſoit le prêtre, il me conduiſit aux bains prochains, accompagné de tous les religieux. Après que je me fus lavé, & qu'il eut fait les prières qu'on fait d'ordinaire en cette occaſion, il me purifia en jetant de l'eau ſur moi, enſuite les deux tiers du jour étant déjà paſſés, il me ramena dans le temple, & me plaça devant l'image de la déeſſe, où, après m'avoir dit en ſecret des choſes qu'il ne m'eſt pas permis de révéler, il me commanda tout haut devant les aſſiſtans de jeûner pendant dix jours, en m'abſtenant de boire du vin, & de manger de la chair d'aucun animal. J'obſervai ce commandement avec beaucoup de régularité. Enfin le jour étoit arrivé, où je devois me préſenter pour être initié. Le ſoleil penchoit déjà vers la fin de ſa courſe, lorſque le peuple accourt de toutes parts, on me fait pluſieurs préſens, ſuivant l'ancienne coutume de la religion; enſuite le prêtre ayant fait retirer tous les profanes, me prend par

la

la main, & me conduit dans le sanctuaire du temple, couvert comme j'étois d'une robe de lin toute neuve.

Peut-être, lecteur curieux, me demanderez-vous avec empressement ce qui se passa dans la suite, je vous le dirois s'il m'étoit permis de vous le dire, & vous l'apprendriez s'il vous étoit permis de l'entendre; mais les langues qui le réveleroient, & les oreilles qui l'écouteroient se rendroient également coupables d'une indiscrétion & d'une curiosité téméraires. Je vais cependant contenter, en ce que je pourrai, le pieux desir que vous avez d'en savoir quelque chose. Ecoutez donc, & soyez persuadé de la vérité de ce que je vais dire. Je fus conduit aux portes du trépas, & je posai le pied jusques sur l'entrée du palais de Proserpine; j'en revins passant par tous les élémens; je vis au milieu de la nuit le soleil brillant d'une lumière très-vive; j'arrivai en la présence des dieux du ciel & des enfers, & je les adorai de fort près. Ce sont là des choses que vous ne sauriez comprendre, quoique vous les ayez entendues. Je vais donc vous raconter seulement ce qu'on peut faire entendre aux profanes sans crime.

Le point du jour arriva, & les cérémonies étant achevées, je sortis du sanctuaire vêtu de douze robes sacrées; habillement mystérieux, mais dont aucune loi ne me défend de parler, d'autant plus que tous ceux qui s'y trouvèrent, me virent en cet état; car le prêtre m'ordonna de monter fur un fiége fort élevé, qui étoit dans le milieu du temple, vis-à-vis l'image de la déeffe. J'étois orné d'une robe de lin parfaitement bien brodée, par-deffus j'avois un manteau magnifique qui pendoit derrière moi jufqu'à terre, & de quelque côté qu'on me regardât, tout mon habillement étoit plein de figures d'animaux de différentes couleurs ; on y voyoit des dragons des Indes, & des griffons qui naiffent chez les Hyperboréens, avec la tête & les aîles d'un oifeau, & le refte du corps d'un lion; les prêtres nomment cet ajuftement l'habit olympique. Je tenois de la main droite un flambeau allumé, & j'avois une couronne de palmier, dont les feuilles formoient comme des rayons autour de ma tête.

Etant ainfi paré comme l'image du foleil, & pofé comme une ftatue, on tira le rideau qui me cachoit aux yeux du peuple, & je fus expofé à fes regards. Toute cette cérémonie étant achevée, je célébrai l'heureux jour de ma réception, en donnant de délicieux feftins, qui fe pafsèrent avec beaucoup de joie & de gaieté; les mêmes cérémonies durèrent trois jours de fuite, commençant toujours par le facré déjeûner, & finiffant par le facrifice.

Pendant le peu de tems que j'y demeurai, je goutois un plaifir qui ne fe peut exprimer, en contemplant l'image de la déesse qui m'avoit procuré un bienfait au-dessus de toute reconnoissance. Cependant après lui avoir fait, selon ses ordres, d'humbles remercîmens, qui n'étoient pas dignes d'elle, à la vérité, mais qui étoient selon mon pouvoir, je me préparai, sans beaucoup d'empressement, à retourner dans mon pays. Après que je me fus arraché, avec beaucoup de peine, aux liens du desir ardent, qui me retenoient auprès d'elle, un jour enfin prosterné à ses pieds, les yeux baignés de larmes, & baisant plusieurs fois la terre, je lui fis cette prière, que mes fréquens sanglots interrompoient à tous momens.

« O sainte & perpétuelle conservatrice du genre
» humain, qui toujours attentive à répandre libé-
» ralement vos bienfaits sur les hommes, faites
» voir une tendresse de mère à ceux qui sont tom-
» bés dans quelque malheur; il ne se passe pas un
» seul jour, ni même un seul instant que vous
» n'exerciez vos bontés, que vous ne fassiez voir
» aux mortels des effets de votre protection, tant
» sur la mer que sur la terre, & qu'après avoir
» écarté les orages dont cette vie est agitée, vous
» ne leur tendiez une main secourable qui a le
» pouvoir de retarder les arrêts des Parques, de
» calmer les bourasques de la fortune, & de dé-
» tourner les malignes influences des astres. Les
» dieux du ciel & des enfers vous révèrent, vous

» reglez le mouvement des cieux, vous illuminez
» le soleil, vous gouvernez tout l'univers, les
» enfers vous sont soumis, les étoiles suivent vos
» volontés, vous faites la joie de toutes les divi-
» nités, vous réglez l'ordre des saisons, les élémens
» vous obéissent, c'est par votre ordre que les vents
» agitent les airs, que les nuages s'épaississent,
» que les semences produisent leur germe, &
» que ce même germe vient en maturité. Les oi-
» seaux de l'air, les bêtes sauvages des montagnes,
» les serpens cachés dans la terre, & les monstres
» qui nagent dans la mer, vous adorent en trem-
» blant; mais je n'ai point assez de capacité pour
» publier vos louanges, ni assez de bien pour vous
» offrir de dignes sacrifices. Je ne puis trouver de
» termes pour exprimer tout ce que je pense de
» votre divine majesté; mille bouches, ni une
» suite éternelle de discours ne pourroient jamais
» y suffire. Je ferai donc tout ce que peut faire un
» homme qui n'est pas riche, mais qui est pénétré
» des plus vifs sentimens de religion : je conser-
» verai toute ma vie, dans le fond de mon cœur,
» votre divine image & votre très-sainte majesté
» & je l'aurai toujours présente à mon esprit ».

Après que j'eus fait cette prière, j'allai prendre congé du grand prêtre, que je regardois comme mon père, & l'embrassant avec affection, je lui demandai pardon de ce que je n'étois pas en état de lui marquer ma reconnoissance par des présens dignes des bienfaits que j'avois reçus de lui. Enfin, après lui avoir fait de longs remercîmens, je le quittai, dans le dessein de reprendre le chemin de ma maison paternelle, après en avoir été absent si longtems. Au bout de peu de jours, inspiré par la déesse, je me dispose à partir, & je m'embarque sur un vaisseau qui alloit à Rome. Les vents favorables me conduisirent sans accident & en fort peu de tems au port d'Ostie. De-là je pris une chaise roulante, qui me porta en diligence dans cette sainte ville, où j'arrivai la veille des ides de Décembre (1), au commencement de la nuit.

Le plus grand de mes soins fut ensuite d'aller tous les jours me prosterner devant la suprême divinité de la reine Isis, qu'on y révère avec de profonds respects, sous le nom d'Isis du champ de Mars, à cause que son temple y est situé. J'étois très-assidu à adorer la déesse, étranger à la vérité dans ce temple, mais naturalisé dans sa religion. Cependant au bout de l'année de ma réception dans ses mystères, elle eut la bonté de m'apparoître encore en songe, & de m'avertir de me faire initier pour la seconde fois. J'étois fort en peine de ce que cela vouloit dire, & quelle en seroit l'issue; car il me sembloit que j'avois été suffisamment initié.

___

(1) Le 12 Décembre.

Pendant que j'examinois, tant par mes propres lumières que par les avis des prêtres le pieux scrupule qui m'agitoit, je découvris une chose bien nouvelle & bien surprenante. J'étois à la vérité initié dans les sacrés mystères de la déesse, mais je ne l'étois pas dans ceux du grand dieu, le souverain père de tous les dieux, l'invincible Osiris; car bien que ces divinités soient unies ensemble, ou plutôt ne fassent qu'une même chose, il y a cependant une fort grande différence entre les cérémonies qui se pratiquent pour se consacrer au service de l'une ou de l'autre, & je devois connoître que j'étois aussi appelé au ministère de la religion du grand dieu Osiris. Je n'eus pas long-tems lieu d'en douter. La nuit suivante un de ses prêtres m'apparut en songe, vêtu d'une robe de lin, portant des thyrses, des branches de lierre & plusieurs autres choses qu'il ne m'est pas permis de dire. Il posa tout cela dans ma chambre; ensuite s'étant assis sur une chaise, il m'avertit du festin que je devois faire pour entrer dans cette grande religion; & afin que je pusse le reconnoître par quelqu'endroit, il me fit remarquer qu'il étoit boiteux du pied gauche.

Les dieux m'ayant ainsi fait connoître leur volonté, il ne me resta plus aucune incertitude dans l'esprit, & le lendemain matin, après que j'eus rendu mes hommages à la déesse, je m'informai soigneusement aux uns & aux autres s'il n'y avoit point quelqu'un des ministres du temple qui eût une démarche pareille à celle du prêtre qui m'avoit apparu en songe. Il se trouva en effet, & j'aperçus dans le moment un des pastophores tout semblable à celui que j'avois vu la nuit, non-seulement par sa manière de marcher, mais aussi par le reste de sa personne & par son habillement. J'ai su depuis qu'il s'appeloit Asinius Marcellus, nom qui avoit quelque rapport à l'état où je m'étois vu. Je m'approchai de lui avec empressement, il n'ignoroit pas ce que j'avois à lui dire, ayant été averti de la même manière que je l'avois été, qu'il devoit m'initier dans les sacrés mystères; & la nuit précédente, au milieu de son sommeil, il lui avoit semblé que pendant qu'il faisoit des couronnes pour le grand dieu Osiris, il lui avoit entendu dire, de cette même bouche dont il prononce les destins de tous les mortels, qu'il lui envoyoit un citoyen de Madaure, fort pauvre à la vérité, qu'il falloit cependant qu'il le reçût, sans différer, au nombre de ceux qui sont consacrés au service de sa religion; que par sa providence il feroit acquérir à cet homme une grande réputation du côté des sciences, & que pour lui qui le devoit initier, il lui procureroit un gain considérable.

Etant ainsi désigné pour être reçu dans les sacrés mystères d'Osiris, j'en différois malgré moi la cérémonie, n'étant pas en état d'en faire les frais; car mes voyages avoient consommé le peu de bien que j'avois, & les frais que j'étois obligé de faire à Rome pour entrer dans cette religion, étoient bien plus considérables que ceux que j'avois faits dans la province pour être reçu prêtre d'Isis. Ma pauvreté mettant donc un obstacle à mes desirs, je souffrois une peine incroyable dans cette cruelle situation.

Cependant le dieu me pressoit souvent d'accomplir ma vocation, ce qui me mettoit un trouble extraordinaire dans l'esprit. Enfin, par son ordre exprès, je vendis mes hardes, & quoiqu'elles fussent peu considérables, je ne laissai point d'en faire la somme qui m'étoit nécessaire. « S'il étoit question de te procurer quelque plaisir, me disoit cette divinité, tu n'épargnerois pas ton manteau, & lorsqu'il s'agit de te faire initier dans mes mystères, tu hésites & tu crains de te réduire dans une pauvreté dont tu n'auras jamais lieu de te repentir ».

Après que j'eus donc préparé tout ce qui étoit nécessaire, je passai, pour la seconde fois, dix jours entiers sans manger de rien qui eût eu vie, & je fus initié dans les secrets mystères du grand dieu Serapis. Je m'acquittai ensuite des fonctions divines avec une parfaite confiance, ce qui me procuroit un grand foulagement, & me donnoit moyen de vivre avec plus de commodité, parceque la divine providence me favorifoit & me faifoit gagner de l'argent à plaider des caufes en latin.

Au bout de quelque tems je fus bien furpris du commandement que je reçus des dieux, de me faire confacrer pour la troifième fois. Alors, avec une inquiétude & une peine d'efprit extraordinaires, je cherchois continuellement en moi-même ce que pouvoit fignifier cet ordre furprenant, je ne comprenois point ce qui pouvoit manquer à la cérémonie de ma réception qui avoit même été réitérée. Il faut, difois-je, que ces deux prêtres ne m'aient pas bien confeillé, ou du moins qu'ils aient omis quelque chofe ; & à dire la vérité, je commençois à avoir mauvaife opinion de leur bonne foi.

Pendant que j'étois livré à ces inquiétudes, auffi troublé que fi j'euffe perdu l'efprit, le dieu favorable m'apparut la nuit en fonge & me tira de peine. « Il ne faut point, me dit-il, que tu fois effrayé du long enchaînement des cérémonies de la religion, comme fi jufqu'ici on avoit manqué à quelque chofe dans celles de ta réception ; au contraire tu dois avoir un grand contentement de ce que les dieux te comblent de tant de faveurs, & te réjouir de recevoir trois fois un honneur que les autres ont bien de la peine à obtenir une fois; & tu peux t'assurer que par la vertu de ce nombre de trois, tu seras heureux à jamais. Au reste tu verras que cette troisième consécration t'est extrêmement nécessaire, si tu fais réflexion que la robe de la déesse, avec laquelle tu as été initié en Grèce, est restée dans son temple, & qu'ainsi tu ne saurois t'en servir à Rome dans les fêtes solemnelles, ni lorsqu'on te l'ordonnera. Obéis donc aux dieux avec joie, & fais-toi initier encore une fois dans les sacrés mystères de religion, ce qui te puisse être heureux, propice & salutaire ». Ensuite cette divine majesté m'instruisit de tout ce que je devois faire.

Je n'y perdis pas un seul moment, & ayant été aussitôt informer mon prêtre de ce que j'avois vu, je me résolus de passer encore dix jours dans une grande chasteté, & sans manger de rien qui eût eu vie, suivant la loi indispensable qui le prescrivoit. Après cela j'achetai les choses qui étoient nécessaires pour la cérémonie, & suivant les mouvemens de ma piété, j'achetai de tout abondamment. A la vérité je n'eus pas lieu de me repentir de mes peines, ni des dépenses que j'avois faites; car, par la divine providence, le gain que je faisois dans le barreau, m'avoit déjà mis assez à mon aise.

Enfin au bout de quelques jours, Ofiris, le plus puissant & le premier d'entre les plus grands dieux, m'apparut en songe, sans être caché sous aucune forme étrangère, & daignant me parler clairement, il m'ordonna de m'attacher sérieusement à acquérir de la réputation en exerçant la profession d'avocat, sans m'embarrasser des mauvais discours de ceux qui seroient jaloux de la science que mes travaux & mes études m'avoient acquise ; & afin que je ne fusse pas confondu dans la troupe des autres prêtres, ce dieu m'éleva au rang de ses pastophores, & m'honora même d'une dignité de décurion qui duroit cinq ans. Depuis ce moment-là, avec ma tête rase que je ne prenois aucun soin de cacher, je m'acquittai toujours avec plaisir des devoirs de cette sainte & ancienne société, dont l'établissement étoit environ du tems de Sylla.

Fin du onzième & dernier Livre.

DU DÉMON,
OU ESPRIT FAMILIER
DE SOCRATE,
PAR APULÉE,
PHILOSOPHE PLATONICIEN.

AVERTISSEMENT.

CE petit traité dans lequel Apulée prétend donner une juste idée du Démon ou Esprit familier de Socrate, n'est pas le moins curieux de ses ouvrages. Il a paru assez important à Saint Augustin, pour mériter qu'il le réfutât fort sérieusement, comme il a fait dans le huitième livre de la Cité de Dieu, dont il occupe huit chapitres entiers (1).

Notre auteur, à l'occasion de ce Démon de Socrate, a fait entrer dans ce livre toute la doctrine des pythagoriciens & des platoniciens puisée

---

(1) Chap. 14 - 22.

chez les Chaldéens touchant les dieux, les démons, les génies, les manes, & généralement tout ce qu'on appelle esprits.

Il contient, en abrégé, tout ce que Platon en dit dans six (1) de ses dialogues, & dans l'apologie de Socrate.

Plutarque a traité le même sujet dans un long dialogue qui en porte le nom, bien qu'il n'en fasse que la moindre partie; ce qu'il en dit n'approche pas du détail ni de la netteté de notre auteur.

Il n'est pas difficile de voir que c'est dans ces sources que le comte de Gabalis, & tous les autres qui ont écrit

---

(1) Le Thrage, le Banquet, le Phèdre, le Phédon, le Timée & l'Epinomis.

avant

AVERTISSEMENT.

avant lui de cette matière, ont puisé leurs rêveries.

Ce livre, au jugement de Wowerius, contient la métaphysique de Platon; c'est pour cela, dit-il, qu'il est placé dans les ouvrages d'Apulée immédiatement après les trois livres qui contiennent la physique, la morale & la dialectique de ce philosophe.

Comme il y est traité de la nature des génies & des démons, par le ministère desquels Apulée prétend que se produisent les miracles magiques, les prédictions des devins, & tous les autres effets qui paroissent surpasser les forces ordinaires des causes naturelles, j'ai cru qu'après la lecture des livres de l'Ane d'Or, remplis des prodiges de la magie & des merveilles opérées par la force des enchantemens, le lecteur ne seroit pas fâché de trouver ici la traduction d'un livre où les causes en sont marquées.

DU DÉMON,
OU ESPRIT FAMILIER
DE SOCRATE.

Platon a divisé en trois tout ce qui est dans la nature, & particulièrement les êtres animés, & il a cru qu'il y avoit des dieux supérieurs, d'autres inférieurs, & d'autres qui tiennent le milieu ; & l'on doit concevoir qu'ils diffèrent entr'eux, non-seulement par la distance des lieux qu'ils habitent, mais aussi par l'excellence de leur nature ; ce qui ne se connoît pas par une seule, ou par deux raisons, mais par un fort grand nombre.

Pour plus de netteté, Platon commence par leur différente situation. Il a assigné le ciel aux dieux immortels, comme il convient à la dignité de leur essence, & ces dieux célestes nous sont connus, les uns seulement par les yeux de l'entendement, & les autres par les yeux corporels.

Flambeaux de l'univers, toujours vifs & brillans,
Vous qui réglez le cours des saisons & des ans (1).

Nous voyons non-seulement ces dieux suprêmes; le soleil, père du jour, & la lune rivale du soleil & l'honneur de la nuit. Soit qu'elle répande une lumière différente, suivant qu'elle paroît, en croissant, à moitié, aux trois quarts, ou dans son plein, plus lumineuse à mesure qu'elle s'éloigne du soleil, & marquant les mois de l'année par son croissant & son décours toujours égaux, soit que sa blancheur lui soit propre, ainsi que le croyent les Chaldéens, & qu'ayant une moitié lumineuse & l'autre qui ne l'est pas, elle nous paroisse ainsi changeante, à cause de la circonvolution de son disque mi-partie; soit que n'ayant aucune blancheur d'elle-même, elle ait besoin d'une lumière étrangère, & qu'étant un corps opaque & poli comme une espèce de miroir, elle reçoive les rayons du soleil, tantôt obliquement, & tantôt directement, & que pour me servir de l'expression de Lucrèce,

Son corps répande une fausse lumière;

sans m'arrêter à examiner ici, laquelle de ces

─────────────
(1) Virg. au premier liv. des Géorgiques.

deux opinions est la véritable, il est certain qu'il n'y a point de Grec ni de Barbare qui ne conjecture facilement que la lune & le soleil sont des dieux; & non-seulement ces deux astres, mais aussi ces cinq étoiles que le vulgaire appelle errantes, qui néanmoins par des mouvemens certains & invariables font éternellement leur cours divin avec un ordre merveilleux. Elles ne suivent pas à la vérité la même route les unes & les autres; mais toutes, avec une égale rapidité, font voir, par leurs admirables changemens, tantôt leurs progressions, & tantôt leurs rétrogradations, selon la situation, la courbure & l'obliquité des cercles qu'elles décrivent, qui sont parfaitement connus par ceux qui sont versés dans la connoissance du lever & du coucher des signes du zodiaque.

Vous qui suivez les sentimens de Platon, mettez au nombre de ces dieux visibles,

Les Hyades (1), l'Arcture avec l'une & l'autre Ourse (2).

aussi-bien que ces autres dieux brillans, qui dans un tems serein embellissent la céleste cour, lorsque la nuit étale les tristes & majestueuses beautés dont elle a coutume de se parer, & que

---

(1) Ce sont sept étoiles qui sont à la tête du Taureau.
(2) L'étoile qui est à la queue de la grande Ourse.

nous voyons, (comme dit Ennius) « les gravures éclatantes & diversifiées de ce parfait bouclier du monde ».

Il y a une autre espèce de dieux que la nature a refusés à nos regards, & que cependant notre imagination nous représente avec admiration, lorsqu'avec attention nous les considérons des yeux de l'esprit. En voici douze qu'Ennius a exprimés en deux vers latins,

 Juno, Vesta, Minerva, Cerès, Diana, Venus, Mars,
 Mercurius, Jovi, Neptunus, Vulcanus, Apollo.

sans les autres de même nature, dont les noms sont depuis longtems assez familiers à nos oreilles, & dont notre esprit conçoit les différens pouvoirs par les divers bienfaits qu'on en reçoit ici-bas dans les choses que chaque divinité gouverne.

Au reste, ce grand nombre de profanes que la philosophie rejette, qui n'ont nulle connoissance des choses saintes, que la raison n'éclaire point; ces hommes, dis-je, sans religion, & incapables de parvenir à la connoissance de la vérité, déshonorent les dieux par un culte scrupuleux, ou par un mépris insolent, la superstition causant la timidité des uns, & l'impiété, l'arrogance & la fierté des autres. Il y en a beaucoup qui révèrent tous ces dieux qui sont dans le ciel, loin du commerce des hommes, mais ils les honorent par un culte illégitime ; tous les craignent, mais d'une crainte grossière & ignorante ; quelques-uns, en petit nombre, nient leur existence, mais avec la dernière impiété.

Platon croit que ces dieux font des substances immatérielles, animées, sans commencement ni fin, qui ont existé de toute éternité, & qui existeront éternellement, distinguées de la matière par leur propre essence, jouissantes de la suprême félicité due à leur nature intelligente, bonnes sans la communication d'aucun bien externe, mais par elles-mêmes, & qui ont facilement, simplement, librement, & parfaitement tout ce qui leur convient.

Le père de ces dieux, est le souverain seigneur & créateur de tous les êtres ; il est dégagé de la nécessité d'agir ou de rien souffrir, & n'est soumis à aucun soin. Mais pourquoi voudrois-je en parler présentement, puisque Platon, qui étoit doué d'une éloquence divine, & dont les raisonnemens étoient dignes des dieux immortels, assure très-souvent que l'immense & ineffable grandeur de cette divinité est tellement au-dessus de nos conceptions, que tous les discours humains n'ont point d'expressions qui puissent même en donner la moindre idée ; qu'à peine les sages peuvent parvenir à la connoissance de ce dieu, lors même que leur ame détachée pour ainsi dire de leur corps s'élève à la plus haute contemplation, & qu'enfin ils n'aperçoivent quelquefois quelques rayons de sa divinité, que comme on voit un éclair qui brille un instant au milieu d'une épaisse obscurité ?

Je passerai donc sous silence cet endroit, où non seulement je manque de termes pour exprimer dignement un si grand sujet, mais même où Platon mon maître en a manqué, & je n'en dirai pas davantage sur une matière qui est infiniment au-dessus de mes forces. Je descendrai du ciel sur la terre, où l'homme tient le premier rang entre les animaux, quoique la plupart des hommes corrompus, faute d'une bonne éducation, imbus de mille erreurs, & noircis de crimes affreux, aient presqu'entièrement étouffé la douceur de leur naturel, & soient devenus si féroces, qu'on peut dire que l'homme s'est rendu le plus méprisable de tous les animaux : mais il n'est pas question présentement de discourir des erreurs, il s'agit de la division de la nature.

Les hommes sont sur la terre doués de raison & de l'usage de la parole ; ils ont une ame immortelle, enveloppée d'une matière périssable : leur esprit est inquiet & léger, leur corps est terrestre & infirme, leurs mœurs sont différentes, leurs erreurs sont semblables, toujours entreprenans, espérant jusqu'au dernier soupir, travaillant vainement, sujets aux caprices de la fortune, & enfin tous soumis à la mort. Eternels cependant dans leur espèce, ils changent seulement en ce qu'ils se succèdent les uns aux autres en fort peu de tems. Ils n'acquièrent la prudence que bien tard, & trouvent bientôt la fin d'une vie qu'ils passent dans des misères continuelles.

Vous avez donc deux espèces d'êtres animés, les dieux qui diffèrent infiniment des hommes par l'élévation de leurs demeures célestes, par l'éternité de leur vie & la perfection de leur nature, n'ayant nulle communication prochaine avec les hommes, puisqu'ils en sont séparés par un si grand espace; outre que la vie dont ils jouissent, ne souffre jamais la moindre altération & est éternelle, qu'ici-bas celle des hommes s'écoule & trouve sa fin, & que les esprits des dieux sont élevés à la félicité, & ceux des hommes abattus dans les calamités.

Mais quoi! Est-ce que la nature ne s'est point unie elle-même par quelqu'enchaînement? A-t-elle voulu se diviser entre les dieux & les hommes, & demeurer, pour ainsi dire, interrompue & imparfaite? car, comme dit le même Platon, aucun dieu ne converse avec les hommes, & c'est une des plus grandes preuves de leur dignité, de ce qu'ils ne se souillent point par aucun commerce avec nous. On en voit quelques-uns foiblement, j'entends les aftres; & les hommes font encore incertains de leur grandeur & de leur couleur. Les autres ne fe connoiffent que par l'entendement & même avec beaucoup de peine ; ce qui, fans doute, n'eft pas furprenant dans les dieux immortels, puifque même parmi les hommes, celui qui, par les faveurs de la fortune, fe trouve élevé fur le trône chancelant d'un empire, fe laiffe difficilement aborder, & paffe fa vie fans témoins, & caché dans le fanctuaire de fa grandeur ; car la familiarité fait naître le mépris, & la rareté excite l'admiration.

Que faut-il donc faire, me dira quelqu'orateur, fuivant votre opinion, qui a quelque chofe de divin à la vérité, mais en même tems de fort cruel, s'il eft vrai que les hommes foient abfolument bannis du commerce des dieux immortels ; fi, relégués ici bas fur la terre, toute communication leur eft interdite avec les habitans des cieux, & s'il eft vrai qu'au lieu que le berger vifite fes troupeaux & l'écuyer fes haras, nul d'entre les dieux ne vient vifiter les hommes pour réprimer la férocité des méchans, rendre la fanté aux malades, & fecourir ceux qui font dans la néceffité? Aucun dieu, dites-vous, ne fe mêle des chofes humaines. A qui donc adrefferai-je mes prières? à qui ferai-je des vœux ? à qui immolerai-je des victimes? qui invoquerai-je dans tout le cours de ma vie, comme le confola-

teur des malheureux, l'ami des bons, l'ennemi des méchans ? enfin qui prendrai-je à témoin de mes fermens ? dirai-je comme Iülus dans Virgile (1):
« Je jure par cette tête, par laquelle mon père fai-
» foit ordinairement fon ferment »! Mais Iülus, Enée, votre père, pouvoit bien jurer ainfi parmi les Troyens fes compatriotes, & peut-être même parmi les Grecs qu'il connoiffoit par les batailles où il s'étoit trouvé contr'eux : cependant, fi, entre les Rutulois qu'il n'y a pas longtems que vous connoiffez, il ne s'en trouve aucun qui ajoute foi au ferment que vous faites fur cette tête, quel dieu répondra pour vous ? Sera-ce votre bras & votre javelot, comme au féroce Mezence, qui ne juroit jamais que par ce qui lui fervoit à combattre.

Ce dard & cette main font mes uniques dieux (2).

Loin ces dieux fi cruels! une main laffe de meurtres, & un javelot rouillé par le fang, ni l'un ni l'autre ne font pas dignes que vous les invoquiez, & que vous juriez par eux, puifque cet honneur n'eft dû qu'au plus grand des dieux, & même, comme dit Ennius, le jurement s'appelle le ferment de Jupiter (3).

---

(1) Liv. 9 de l'Enéide.
(2) Liv. 10 de l'Enéide.
(3) Jusjurandum quafi Jovis jurandum.

Que me conseillez-vous donc? Jurerai-je, tenant un caillou à la main, qui représente Jupiter, suivant l'ancienne coutume des Romains? Certainement si l'opinion de Platon est véritable, que les dieux n'ont aucun commerce avec les hommes, cette pierre m'entendra plus facilement que Jupiter: mais cela n'est pas vrai, car Platon vous répondra sur son opinion par ma bouche. Je ne prétends pas, dit-il, que les dieux soient si éloignés & si différens de nous, que nos prières ne puissent parvenir jusqu'à eux ; car je ne leur ôte pas le soin, mais seulement l'administration des affaires d'ici-bas. Au reste il y a de certaines puissances moyennes qui habitent cet intervalle aérien qui est entre le ciel & la terre, par le moyen desquelles nos vœux & nos bonnes actions passent jusques aux dieux. Ces puissances que les Grecs nomment démons, qui sont entre les habitans de la terre & des cieux, portent les prières & les supplications, & rapportent les secours & les bienfaits, comme des espèces d'interprètes & d'ambassadeurs entre les hommes & les dieux ; c'est par leur ministère (comme dit Platon dans son banquet) qu'arrivent toutes les révélations & les présages, de quelque nature qu'ils puissent être, aussi bien que les divers miracles que font les magiciens ; car chacun de ces démons ou esprits, prend soin des choses qui regardent l'emploi qui lui est assigné, soit en faisant naître des songes, en disposant les entrailles des victimes, en gouvernant le vol ou le chant des oiseaux, en inspirant les prophètes, en faisant briller les éclairs dans les nues, ou en lançant la foudre; en un mot, en dirigeant tout ce qui sert à connoître l'avenir. Et l'on doit être persuadé que toutes ces choses s'exécutent par la puissance, la volonté & le commandement des dieux, mais par la médiation & le ministère des démons; car c'est par leur entremise & leur soin qu'Annibal est menacé en songe de perdre la vue, que les entrailles des victimes annoncent à Flaminius la défaite de son armée, que les augures font connoître à Attius Navius qu'il peut faire le miracle de couper avec un rasoir une pierre à aiguiser. C'est par eux que certains signes prédisent à quelques-uns leur avènement à l'empire, qu'un aigle vient couvrir la tête du vieux Tarquin, que celle de Servius Tullius paroît tout en feu : enfin toutes les prédictions des devins, les expiations des Etruriens, les lieux frappés de la foudre, les vers des Sybilles, & généralement toutes les choses de cette nature, sont, comme je l'ai dit, les ouvrages de certaines puissances qui tiennent le milieu entre les hommes & les dieux. Car il ne convient point à la dignité des dieux du ciel, qu'aucun d'entr'eux représente des songes à Annibal, ôte des mains des prêtres la victime qu'immoloit Flaminius, conduise le vol des oi-

oiseaux que consultoit Attius Navius, mette en vers les oracles des Sybilles, découvre la tête de Tarquin, & la recouvre aussi-tôt, ou environne de flammes celle de Servius, sans la brûler; les dieux suprêmes ne daignent pas s'abaisser à ces occupations, c'est-là l'emploi de ces dieux mitoyens qui habitent tout cet espace aérien, qui est entre le ciel & la terre, de la même manière que les animaux qui sont ici-bas, habitent les lieux différens, suivant la différence de leur nature, qui destine les uns à marcher sur la terre, & les autres à voler dans l'air. Car, puisqu'il y a quatre élémens que tout le monde connoît, qui divisent la nature, pour ainsi dire, en quatre grandes parties, & qu'il y a des animaux particuliers à la terre, & d'autres au feu, suivant Aristote qui assure que certains animaux aîlés volent dans les fournaises ardentes, & passent toute leur vie dans le feu, naissent avec lui & meurent lorsqu'il s'éteint; puisque d'ailleurs, ainsi que je l'ai dit ci-devant, nous voyons tant d'astres différens au-dessus des airs, c'est-à-dire, dans le feu élémentaire, pourquoi la nature laisseroit-elle ce quatrième élément de l'air qui est si vaste, vide de toutes choses & sans habitans? Pourquoi ne s'engendreroit-il pas aussi bien des êtres animés dans l'air que dans le feu, dans l'eau & dans la terre? car vous pouvez assurer que ceux qui croient que les oiseaux sont les habitans de l'air, se trompent extrêmement, puisqu'aucun oiseau ne s'éleve plus haut que l'Olympe, qui est de toutes les montagnes la plus élevée, & qui cependant, selon les géomètres, n'a pas dix stades de hauteur perpendiculaire, & qu'il y a un si prodigieux espace d'air, jusqu'au ciel de la lune où commence le feu élémentaire.

Quoi donc ! cette grande quantité d'air qui s'étend depuis la lune, jusqu'au sommet du mont Olympe, n'aura-t-il point ses êtres particuliers ? & cette partie de l'univers sera-t-elle impuissante & inanimée ? Car, si vous y prenez garde, les oiseaux sont plutôt des animaux terrestres qu'aériens, puisqu'ils passent leur vie sur la terre, qu'ils y prennent leur nourriture, qu'ils y reposent & qu'ils ne sont aériens que parce qu'en volant ils traversent l'air qui est voisin de la terre : au reste, lorsque leurs aîles qui leur servent de rames sont fatiguées, la terre est pour eux comme un port, où ils prennent du repos.

Si la raison demande donc évidemment qu'on conçoive qu'il doit y avoir dans l'air des êtres animés, qui lui soient particuliers, il ne nous reste plus qu'à examiner, de quelle espèce & de quelle nature ils sont. Ils ne sont point terrestres en aucune manière, parce que leur propre poids les feroit descendre en bas ; aussi ne sont-ils point ignées, crainte que par leur chaleur ils ne s'élevaffent jufqu'à la fphère du feu élémentaire. Formons donc des êtres d'une nature mitoyenne & conforme à la nature du lieu qu'ils habitent : il faut pour cela nous imaginer & repréfenter à notre efprit des corps conftitués, de manière qu'ils ne foient pas fi pefans que ceux qui font terreftres, ni fi légers que les céleftes, mais qui foient en quelque façon différens des uns & des autres, ou bien qui tiennent de tous les deux, foit qu'ils n'aient rien de commun avec eux, foit qu'ils participent de la nature des uns & des autres; ce qui eft à la vérité plus facile à concevoir, ainfi que de l'autre manière.

Il faut donc que les corps de ces démons aient en même-tems quelque pefanteur, qui les retienne, pour ne pas être élevés en haut, & quelque légéreté qui les foutienne pour ne pas tomber en bas. Mais afin que vous ne penfiez pas que j'imagine des chofes incroyables, à la manière des poëtes, je commencerai par vous donner un exemple de cet équilibre ; car les nuées font à peu près femblables à la légéreté des corps de ces démons, fi elles n'avoient abfolument aucune pefanteur, on ne les verroit jamais comme nous les voyons fort fouvent abaiffées au-deffous du fommet d'une haute montagne, l'entourer comme une efpèce de collier. Au refte, fi leur denfité & leur pefanteur étoit telle qu'elle

ne

ne fût tempérée par aucune légéreté qui les soutînt, il est certain que d'elles-mêmes elles tomberoient violemment contre terre, ainsi que pourroit faire une pierre ou une masse de plomb. Mais on les voit suspendues & mobiles dans cette mer aérienne, aller de côté & d'autre, suivant qu'elles sont poussées par les vents, changeant peu à peu de figure, à mesure qu'elles s'approchent ou qu'elles s'éloignent; car si elles sont trop pleines d'eau, elles s'abaissent pour produire de la pluie. Ainsi plus les nuages sont chargés d'humidité, plus on les voit noirs & épais, s'approcher doucement de la terre; & moins ils en sont chargés, plus on les voit brillans & semblables à des pelotons de laine, s'élever rapidement en haut. N'entendez-vous point ce que Lucrèce dit si élégamment sur le tonnerre:

> Cet effroyable bruit qu'exite le tonnerre,
> N'est que l'effet commun des vapeurs de la terre;
> Et qu'un amas confus de nuages ardens,
> Qui se heurtent & s'échauffent, agités par les vents (1)?

Si les nuées qui proviennent de la terre & qui y retombent, volent dans les airs, que pensez-vous enfin des corps des démons, qui sont

---
(1) Lucrèce, liv. 6.

d'une matière infiniment plus subtile & moins condensée ? car ils ne sont point composés de la matière noire & impure dont les nuages sont formés, mais du plus clair, du plus fluide & du plus pur de l'élément de l'air ; ce qui fait qu'il n'est pas aisé à aucun homme de les voir, à moins qu'ils ne se rendent visibles par l'ordre des dieux, parce que leurs corps n'ont aucune solidité terrestre, qui occupe la place de la lumière, qui puisse s'opposer à nos yeux, & où les rayons de notre vue venant à heurter s'arrêtent nécessairement. Mais ils sont d'une matière rare, brillante & subtile, de manière que ces mêmes rayons les pénétrent à cause de leur peu de densité, que leur éclat nous éblouit, & que nos regards ne peuvent avoir de prise sur eux, à cause de la subtilité de la matière dont ils sont formés.

C'est ainsi que la Minerve d'Homère descend, par l'ordre de Junon au milieu des Grecs, pour modérer le courroux d'Achille.

> Présente à ses regards, pour tout autre invisible.

C'est ainsi que dans Virgile Juturne se trouve au milieu d'une nombreuse armée pour secourir son frère :

> Au milieu des soldats, nul ne la sauroit voir.

par une raison différente de celle du soldat fanfaron de Plaute, qui se vante qu'avec son bouclier il éblouissoit les yeux de ses ennemis.

Mais pour ne pas m'étendre davantage sur de pareils exemples, les Poètes (en quoi ils ne s'éloignent pas de la vérité) feignent qu'il y a des Dieux, du nombre de ces Démons, qui ont de la haine pour de certains hommes & de l'amitié pour d'autres. Ils prétendent qu'ils donnent aux uns de l'élévation dans le monde & les rendent heureux, qu'ils abaissent les autres & les accablent de disgraces. Il s'ensuit de-là que ces dieux sont susceptibles de pitié, de colère, de tristesse & de joie, qu'ils éprouvent les divers changemens de l'esprit humain, & qu'ils sont exposés à tous les orages de cette mer tumultueuse de pensées, où flottent notre cœur & notre esprit.

Ces troubles & ces tempêtes sont bien opposés à la tranquillité des dieux célestes; car tous ces habitans des cieux ont toujours l'esprit dans le même état & dans une perpétuelle égalité: il n'est jamais ébranlé de sa situation ordinaire, ni par la douleur, ni par le plaisir, & jamais son éternelle & permanente disposition n'est sujette à aucun changement subit, soit par l'impression de quelque puissance étrangère, parce que rien n'est plus puissant que Dieu; soit par son propre mouvement, parce que rien n'eſt plus parfait que Dieu. En effet, comment celui qui change d'un premier état à un autre meilleur, peut-il être eſtimé parfait, d'autant plus principalement qu'il n'y a perſonne qui, par ſon propre choix, prenne une nouvelle ſituation, à moins qu'il ne ſoit las & ennuyé de celle où il étoit auparavant; car ce changement d'action ne peut point avoir ſon effet ſans la déſtruction de ce qui le précédoit? C'eſt pourquoi Dieu ne doit faire aucune fonction temporelle, ſoit en donnant du ſecours, ou en marquant de l'affection: ainſi il ne doit reſſentir ni la colère, ni la pitié; il ne peut être agité ni par la triſteſſe, ni par la joie, mais libre & dégagé de toutes les paſſions de l'eſprit, rien ne peut jamais l'affliger ni le réjouir, & il n'eſt point ſujet à avoir aucun deſir, ou aucune averſion ſubite pour quoi que ce puiſſe être.

Mais toutes ces choſes, & les autres ſemblables, conviennent à l'état mitoyen des démons; car ils tiennent le milieu entre les dieux & nous, auſſi-bien par la nature de leur ſubſtance, que par l'eſpace qu'ils habitent, étant immortels comme eux, & ſujets aux paſſions comme nous. Ainſi toutes les affections qui ébranlent l'ame, ou qui l'appaiſent, leur ſont communes avec les hommes. La colère les irrite; la pitié les fléchit: on les gagne par des offrandes; on les adoucit par les prières; le mépris les révolte; le respect les reconcilie, & les mêmes mouvemens qui causent nos altérations, produisent leurs inégalités.

Enfin pour les définir exactement, on peut dire que les démons sont des êtres animés, dont l'esprit est raisonnable, l'ame passive, le corps aérien, & la durée éternelle. De ces cinq attributs, les trois premiers sont les mêmes que les nôtres; le quatrième leur est propre, & le dernier leur est commun avec les dieux, mais ils different d'eux par les passions. C'est pourquoi je crois avoir eu raison de dire que leur ame est passive, puisqu'en effet elle souffre les mêmes agitations que la nôtre; ce qui prouve combien les différens cultes & les diverses expiations qui se pratiquent dans la religion, sont raisonnables; car dans le nombre de cette espèce de divinités différentes, à qui nous adressons nos vœux, nos victimes, nos offrandes, les uns se plaisent aux cérémonies nocturnes, les autres à celles qui se pratiquent le jour; ceux-là veulent un culte caché, ceux-ci un culte public; la joie convient aux uns, la tristesse aux autres. Ainsi les Egyptiens honorent les leurs par des gémissemens, les Grecs par des danses, & les Barbares par le son des instrumens. De même voyons-nous que toutes les autres choses qui ont rapport aux cérémonies religieuses, les assemblées, les mystères, les emplois des prêtres, les devoirs des facrificateurs, même les images des dieux, les ornemens, le culte de leurs temples, le choix & la couleur des victimes : toutes ces chofes, dis-je, ont leurs différences fuivant la diverfité des pays, & tirent leur folemnité de l'ufage des lieux où elles font pratiquées, comme on le peut voir à la colère que ces dieux font éclater dans les fonges, dans les prédictions, ou dans les oracles, lorfque par mépris ou par négligence nous avons omis quelque circonftance dans leurs cérémonies.

J'en pourrois citer une infinité d'exemples, mais ils font fi connus & en fi grand nombre, que tous ceux qui ont voulu les recueillir jufqu'à préfent, en ont beaucoup plus omis qu'ils n'en ont dit. C'eft pourquoi je ne m'amuferai point à rapporter ces fortes de chofes, que perfonne n'ignore, quoique tout le monde n'y ajoute pas foi : j'aime mieux difcourir des différentes efpèces de démons dont les philofophes font mention, parce que cette énumération nous conduira à une connoiffance plus diftincte du preffentiment de Socrate & de fon génie ou démon familier; car l'ame de l'homme, dans le tems même qu'elle eft dans fon corps, peut en un fens être appelée un démon ou un Dieu.

Cette ardeur, ces tranfports nous viennent-ils des cieux ?
Ou de nos paffions nous faifons-nous des dieux (1) ?

---

(1) Nifus à Eurialus, liv. 9 de l'Enéide.

Ainsi donc une ~~bonne~~ inspiration est un bon démon, & comme nous l'avons dit, les bienheureux sont appelés gens ~~dont~~ le démon est bon, pour signifier que leur ame est douée de toutes sortes de vertus. C'est ce que j'appelle en notre langue GÉNIE, sans pouvoir répondre pourtant que ce terme réussisse : je l'appelle ainsi, parce que ce génie, qui n'est autre chose que notre ame, quoiqu'il soit immortel, est en quelque façon (1) engendré avec nous ; de sorte que cette expression, dont nous nous servons communément, « je vous conjure par votre génie & par vos genoux que j'embrasse », me paroît exprimer parfaitement le sentiment que nous avons du rapport & de l'union étroite de notre ame avec notre corps, dont l'assemblage nous fait ce que nous sommes.

Nous appelons encore démon, dans une autre signification, cette même ame affranchie & délivrée des liens du corps, quand le cours de notre vie est achevé ; c'est ce que les anciens latins ont appelé *Lémures*. Or entre ces derniers, ceux qui prenant soin de leur postérité, s'attachent au gouvernement de nos familles, & y entretiennent la paix & la tranquillité, s'appellent Lares ou dieux familiers. Ceux qui, au contraire, pour avoir mal vécu sur

---

(1) Genius à genendo.

la terre, n'ont aucune demeure certaine, & font condamnés à une vie errante & vagabonde, n'ont d'autre emploi que d'effrayer les bons, & de tourmenter les méchans : ceux-là, dis-je, sont appelés Larves, ou fantômes. Mais comme il est impossible de deviner la destinée de chacun d'eux en particulier, & de discerner les Lares d'avec les Larves, on les honore les uns & les autres, sous le nom général de dieux manes, ce titre de dieux étant ajouté par respect ; car, à proprement parler, nous ne devons reconnoître pour dieux que ceux, qui, s'étant gouvernés pendant leur vie selon la prudence & l'équité, sont révérés comme tels parmi les hommes, & célébrés par des temples & par des fêtes, comme Amphiaraüs dans la Béotie, Mopsus en Afrique, Osiris en Egypte, celui-ci chez un peuple, celui-là chez un autre, & Esculape chez toutes les Nations.

Mais cette division regarde les ames qui ont autrefois habité des corps humains ; car il y a des dieux d'une autre espèce, & pour le moins en aussi grand nombre, qui les surpassent de beaucoup en dignité, & qui ayant toujours été affranchis des entraves & des liens du corps mortel, ont une puissance plus étendue, entre lesquels le sommeil & l'amour ont deux facultés opposées, l'amour celle de réveiller, & le sommeil celle d'assoupir.

Dans cette nombreuſe troupe de génies ſublimes, Platon prétend que chaque homme a le ſien, arbitre ſouverain de ſa conduite, toujours inviſible & aſſidu, témoin non-ſeulement de ſes actions, mais de ſes plus ſecrètes penſées. Et quand, après la mort, nous paroiſſons en jugement devant les dieux, c'eſt ce même génie, à la garde duquel l'homme fut conſtitué, qui s'en ſaiſit pour le conduire devant ſon Juge, & là préſent aux diſcours que nous faiſons pour notre défenſe, il nous reprend, lorſque nous avançons quelque menſonge, il jure pour nous, quand nous diſons la vérité, & c'eſt ſur ſon témoignage que notre ſentence nous eſt prononcée.

C'eſt pourquoi, vous, à qui j'expoſe ces divins myſtères de Platon, réglez ſur ce principe toutes vos actions & toutes vos penſées, & ſongez qu'il ne ſe paſſe rien ni au-dedans ni au-dehors de votre ame, dont ce génie tutélaire ne ſoit le témoin; qu'il examine tout, qu'il voit tout, qu'il entend tout, & qu'il pénètre juſques dans les replis les plus cachés de votre cœur, comme votre conſcience même. Ce génie, dis-je, nous tient en ſa garde; ce gouverneur propre & particulier à chacun de nous, inſpecteur domeſtique, obſervateur aſſidu & inſéparable de toutes nos actions, ne fait nulle grace aux mauvaiſes, comme il ne fait point d'injuſtice aux bonnes. Appliquez-vous à le connoître, à le cultiver, & à le rendre propice, comme Socrate, par la juſtice & par l'innocence de vos mœurs, & alors il vous aidera de ſa prévoyance dans les choſes que vous ignorez, de ſes conſeils dans vos irréſolutions, de ſes ſecours dans vos périls, & de ſon aſſiſtance dans vos adverſités; tantôt dans vos ſonges, tantôt par des ſignes viſibles, quelquefois même en ſe manifeſtant à vous, quand il ſera néceſſaire, il vous donnera les moyens de prévenir les maux, d'attirer les biens, de vous relever dans l'abaiſſement, de vous ſoutenir dans les occaſions chancelantes, de voir clair dans les affaires obſcures, de vous conduire dans la bonne fortune, & de vous rétablir dans la mauvaiſe.

Il ne faut donc pas s'étonner que Socrate, cet homme admirable, à qui Apollon même donna le nom de ſage, ait connu ſon génie, & qu'à force de le cultiver il s'en ſoit fait non-ſeulement un gardien fidelle, mais pour ainſi dire un compagnon & un ami familier, qui a détourné de lui tout ce qu'il en falloit éloigner, lui a fait deviner tout ce qu'il devoit prévoir, & l'a averti de tout ce qu'il devoit connoître; en telle ſorte que dans les choſes où la ſageſſe humaine eſt en défaut, l'inſpiration lui tenoit lieu de prudence, & décidoit en un moment ce que les plus mures délibérations n'auroient pu décider. Car il y a bien des occasions où les plus sages sont souvent obligés d'avoir recours aux devins & aux oracles.

Homère ne nous a-t-il pas fait voir comme dans un grand miroir les fonctions de la prudence & de la divination, distinctement séparées? Quand la division s'est mise entre Agamemnon & Achille, tous deux les premiers des Grecs, l'un par sa puissance & l'autre par sa valeur, & qu'il est question de trouver un homme recommandable par son expérience & par la force de ses discours, qui puisse fléchir l'orgueil du fils d'Atrée, appaiser la férocité du fils de Pélée, & les retenir l'un & l'autre par son autorité, par son exemple & par son éloquence, quel est celui sur qui on jette les yeux? On choisit le sage Nestor, vieillard vénérable qui par un long usage des choses de la vie, a acquis le talent de persuader, & qui dans un corps affoibli par les années, renfermoit une prudence mâle & vigoureuse, soutenue de tous les charmes & de tous les avantages de la parole. De même lorsque les affaires du parti deviennent douteuses & chancelantes, & qu'il s'agit d'envoyer, à la faveur de la nuit, deux hommes capables de pénétrer dans le camp des ennemis, & d'en examiner le fort ou le foible, ne choisit-on pas Ulysse & Diomède, afin d'appuyer la force par le conseil, le bras par l'industrie, la valeur par la bonne conduite ? Mais d'un autre côté, quand les Grecs, découragés par les vents contraires qui affiègent leur flote dans le port d'Aulide, font fur le point de fe féparer, & qu'ils fe trouvent réduits à chercher dans les entrailles des animaux la caufe de toutes les difficultés qui s'oppofent à leur navigation, & d'expliquer le figne redoutable de ces oifeaux dévorés par un dragon avec leur mère, alors ces deux grandes lumières de la Grèce, Neftor & Ulyffe, fe taifent; & le divin Calchas, interprète des dieux, examinant les victimes, l'autel & le nid de ces oifeaux dévorés, donne aux Grecs le moyen de pourfuivre leur route, & leur prédit que la guerre doit durer dix ans.

La même chofe fe pratique chez les Troyens. Quand ils font obligés d'avoir recours à la divination, ce fénat fi fage dans fes délibérations, garde le filence, Hicétaon, Lampus, Clitius fe taifent, & attendent comme tous les autres les augures odieux d'Hélenus, ou les prédictions de Caffandre qui avoient le malheur de n'être jamais crues. De la même manière Socrate, quand le fecours de la prudence ordinaire lui manquoit, fe laiffoit conduire à la vertu divinatrice de fon génie, lui obéiffoit promptement & avec exactitude; ce qui lui attiroit d'autant plus la bienveillance de ce démon favorable. Et de ce que ce démon ou génie arrêtoit ordinairement Socrate dans quelques-unes de ses entreprises, & ne le poussoit jamais à aucune, il est fort facile d'en rendre la raison : c'est que Socrate, le plus parfait des hommes, & le plus attentif à tous ses devoirs, n'avoit jamais besoin d'être excité, mais souvent d'être détourné de ses entreprises, lorsqu'elles l'exposoient à quelque péril imprévu, afin qu'il se tînt sur ses gardes, & qu'il les abandonnât pour les reprendre une autre fois plus sûrement, ou pour les conduire d'une autre manière.

Dans ces rencontres il disoit, qu'une certaine voix divine se faisoit entendre à lui ; ce que Platon rapporte expressément, afin qu'on ne s'imagine pas que sa prévoyance ne fût que l'effet de l'observation qu'il auroit faite des paroles des hommes, qui auroient frappé par hasard ses oreilles ; car s'étant un jour trouvé avec Phèdre dans un lieu hors de la ville, & sans témoins ; dans le tems qu'il étoit à l'ombre sous un arbre épais, il entendit une voix qui l'avertit de ne point traverser les eaux du fleuve Ilissus, avant qu'il eût appaisé la colère de l'amour, en se rétractant de ce qu'il avoit avancé contre lui. Et d'ailleurs s'il eût écouté les conseils des hommes & les présages ordinaires, il auroit été souvent déterminé à agir comme il arrive à ceux qui par excès de timidité, confultant moins leur propre penfée que les confeils des devins, vont de rue en rue, écoutant les uns & les autres, & penfent, pour ainfi dire, plutôt des oreilles que de l'efprit. Mais de quelque façon qu'on l'entende, il eft certain que ceux qui confultent ces devins, quelque confiance qu'ils aient en ce qu'ils écoutent, n'entendent pourtant que la voix d'un homme, au lieu que Socrate ne dit pas fimplement qu'il entendoit une voix, mais que c'étoit une certaine voix divine ; ce qui dénote qu'il ne s'agiffoit point d'une voix ordinaire, puifque, fi cela étoit, il ne diroit pas une certaine voix, mais feulement une voix, ou la voix de quelqu'un en particulier; comme quand la courtifane de Térence, dit (1) : J'ai cru entendre préfentement la voix de ce capitaine. Car celui qui dit, j'ai oui une certaine voix, marque, ou qu'il ne fait d'où cette voix eft partie, ou qu'il doute en quelque forte de ce qu'il a oui, ou qu'enfin il y a eu en cela quelque chofe de myftérieux & d'extraordinaire, comme dans celle qui fe faifoit entendre à Socrate, & qui parvenoit à lui, difoit-il, d'une manière divine dans la néceffité de fes affaires. Et certainement

---

(1) Dans l'Eunuque.

je croirois que ce n'étoit pas simplement par la voix, mais encore par des signes visibles que son génie se manifestoit à lui ; car souvent ce n'est pas une voix qu'il dit avoir ouie, c'est un signe divin qui s'est offert à lui. Or ce signe peut n'être autre chose que l'image même du génie, qui n'étoit visible que pour Socrate, comme la Minerve d'Homère pour Achille.

Je ne doute point que plusieurs de ceux qui m'écoutent n'aient quelque peine à me croire sur ma parole, & que la figure de ce démon qui se faisoit souvent voir à Socrate, ne leur paroisse quelque chose de trop merveilleux. Mais Aristote qui, ce me semble, est d'une autorité suffisante, leur répondra pour moi, que les Pithagoriciens étoient étonnés toutes les fois qu'ils entendoient quelqu'un assurer, qu'il n'avoit jamais vu de génie. Or si cette faculté peut être accordée à quelques-uns, pourquoi Socrate ne l'auroit-il pas eue plutôt qu'un autre, lui, qui par la grandeur de sa sagesse, égaloit en quelque sorte les dieux ? Car rien n'approche tant de la divinité qu'un mortel parfaitement bon, parfaitement sage, & qui par sa vertu, surpasse autant les autres hommes, qu'il est lui-même surpassé par les dieux immortels.

Pourquoi donc l'exemple & le souvenir de Socrate ne nous encourage-t-il pas à étudier une femblable philofophie, & à chercher la connoiffance de femblables dieux? Je ne vois pas ce qui pourroit nous en détourner, & je fuis étonné que tout le monde fouhaitant de vivre heureux, & fachant que ce n'eft qu'en cultivant fon efprit qu'on peut parvenir à la félicité, il fe trouve néanmoins fi peu de perfonnes qui s'attachent à le cultiver. Celui qui veut voir plus clair qu'un autre, a foin de fes yeux, qui font l'organe de fa vue; pour fe rendre léger à la courfe, il faut habituer fes pieds à courir; pour devenir bon lutteur, il faut fortifier fes bras par l'ufage de la lutte, & ainfi des autres parties du corps, felon le genre d'exercice auquel on veut s'adonner. Ces principes étant plus clairs que le jour, je ne faurois affez admirer le peu de foin qu'on prend de nourrir fon ame par la raifon; car enfin l'art de bien vivre eft également néceffaire à tous, à la différence des autres arts, comme vous diriez la peinture ou la mufique, qu'un honnête homme peut négliger fans honte & fans déshonneur. Je ne joue pas fi bien de la flûte qu'Ifménias, mais ce n'eft pas une honte pour moi de n'être pas flûteur; je ne fuis pas peintre comme Appellès, ni fculpteur comme Lyfippe; à la bonne heure, je ne fuis pas obligé de faire des ftatues ni des tableaux. Vous pourrez fans rougir dire la même.

même chose de tous les arts du monde. Mais voyons, diriez-vous de même ? Moi ! je ne sais pas vivre en homme de bien comme Socrate, comme Platon, comme Pithagore ; mais je ne suis pas obligé de bien vivre. Je suis sûr que vous n'oseriez faire un aveu de cette nature.

Mais il y a une chose plus admirable encore, c'est qu'en négligeant la philosophie, on ne veut pourtant point passer pour grossier, & que la plupart des hommes se montrent aussi sensibles à la honte d'ignorer, qu'à la peine d'apprendre ; & pour preuve de cela, examinez les registres de leurs frais journaliers, vous y trouverez des dépenses outrées en superfluités, aucune dépense appliquée à eux directement, c'est-à-dire, à cultiver leur esprit, leur génie, leur ame, qui est proprement le sanctuaire de la philosophie. Ils font bâtir des maisons de campagne magnifiques, meubles superbes, grand nombre de domestiques ; mais parmi toutes ces grandeurs, au milieu de cette opulence, vous ne trouvez de misérable que le maître qui s'y mire, qui s'y promène, & qui les cultive avec tant de soin, tandis qu'il est lui-même inculte, sot & ignorant.

Ainsi vous trouverez ces édifices qui ont consumé le patrimoine de la plupart des hommes brillans, nobles, richement ornés, des châteaux qui le difputeroient à des villes, des maifons parées comme des temples, nombre d'efclaves vêtus comme des maîtres, meubles précieux, toutes chofes dans l'abondance ; excepté celui qui les poffede, qui comme Tantale au milieu de fes richeffes, pauvre, miférable & indigent, court après une eau trompeufe & fugitive, toujours affamé de la fageffe & de la félicité, fans laquelle il n'y a point de véritable vie : & il ne voit pas qu'on regarde un homme comme un cheval qu'on marchande. Quand nous voulons acheter un cheval, nous ne regardons pas à fon harnois, ni à fon poitrail, ni aux ornemens dont fa têtière eft embellie, on ne va pas examiner, fi fes boffettes font relevées d'or, d'argent, & de pierreries, fi fa tête & fon encolure font enrichies d'ouvrages bien travaillés, fi fa felle eft d'une étoffe teinte en pourpre, fes fangles dorées & fon mors bien cifelé. On met à part toutes ces dépouilles étrangères, on l'examine tout nu, fon corps, fa vivacité, on veut que fa taille foit noble, qu'il ait de la vigueur pour courir, de la force pour porter fon homme, & comme dit Virgile : (1) « la tête fine, le ventre étroit, la croupe large, & le poitrail traverfé de mufcles, qui rendent témoi-

---

(1) Liv. 3 des Géorgiques.

gnage de fa force ». On veut, outre cela, que les reins & l'épine du dos foient doubles ; car il ne fuffit pas que le cheval foit léger, il faut que le cavalier foit à fon aife.

Ainfi, quand vous examinez un homme, ce ne font point les chofes étrangères qu'il faut confidérer ; c'eſt l'homme même dénué de tout, comme notre Socrate ; car j'appelle étranger ce que nous tenons de nos pères ou de la fortune, & nulle de ces chofes n'entre dans les louanges que je donne à Socrate. Il n'y entre ni rang ni nobleffe, ni fuite d'ayeux illuftres, ni amas de richeffes que l'on puiffe envier ; car tout cela, comme j'ai déjà dit, lui eſt étranger. Lorfque vous dites, fils de Prothanius, c'eſt Prothanius que vous louez, en faifant voir que fon nom ne fait point de déshonneur à fes defcendans. Vous pourrez de même parcourir tous les autres avantages. Cet homme eſt d'un fang illuſtre, direz-vous ; vous faites l'éloge de fes aïeux. Il eſt puiffamment riche, ne vous fiez pas à la fortune ; il eſt fort & vigoureux, une maladie peut l'affoiblir ; il eſt léger à la courfe, la vieilleffe l'appéfantira ; il eſt tout-à-fait bel homme, donnez-vous patience, il ceffera de l'être. Mais, dites-vous, il eſt parfaitement inſtruit dans toutes fortes de difciplines, & il a toute la fageffe & toute la conduite qu'un homme peut avoir. Ho, voilà qui eſt bien, vous faites son éloge préfentement ; car ces qualités ne lui viennent point par voie de fucceffion, elles ne dépendent point du hafard, elles ne lui font point données à terme, elles ne périront point avec fa fanté & ne changeront point avec l'âge. Ce font là les dons que Socrate a poffédés, & qui lui ont fait méprifer les autres.

Que ne vous donnez-vous donc tout entier & fans différer à l'étude de la fageffe, fi vous voulez que vos louanges vous foient propres, & que celui qui voudra les célébrer, puiffe vous louer de la même manière qu'Accius loue Ulyffe au commencement de fa tragédie de Philoctète :

> Héros plus renommé que ton propre pays,
> Fameux par ton grand cœur, fameux par ta fageffe,
> Redoutable fléau du parti de Pâris,
> Et févère vengeur des affronts de la Grèce,
> Sage fils de Laërte, &c.

Vous voyez qu'il nomme fon père le dernier, & que toutes les louanges qu'il lui donne font à lui. Laërte, Anticlée, Acrife n'y ont aucune part ; & cet éloge, à proprement parler, appartient en propre à Ulyffe. Homère n'a pas prétendu nous faire remarquer autre chofe dans ce héros, lorfqu'il lui a donné pour compagne inféparable la prudence, figurée à la manière des poëtes, fous le nom de

Minerve. C'eſt avec cette heureuſe compagne qu'il a affronté toutes ſortes de dangers, & qu'il a ſurmonté toutes ſortes d'adverſités. Sous cette protection il eſt entré dans l'antre du Cyclope & en eſt ſorti ; il a vu les bœufs du ſoleil, & ne les a point profanés ; il eſt deſcendu aux enfers & en eſt revenu. Sous la conduite de cette même ſageſſe, il a paſſé pardevant Scilla & lui a échappé, il a fait le tour de Caribde ſans y être englouti, il a mis le pied chez les Lotophages ſans y reſter, & a écouté les Sirènes ſans en approcher.

FIN.

TABLE
DES OUVRAGES
CONTENUS DANS CE VOLUME.

L'ANE D'OR D'APULÉE.

Avertissement de l'Éditeur, pages	1
Préface du Traducteur,	9
La vie d'Apulée,	15
L'Ane d'Or d'Apulée, Livre Ier,	29
—————— Livre II,	57
—————— Livre III,	91
—————— Livre IV,	121
—————— Livre V,	159
—————— Livre VI,	191
—————— Livre VII,	223
—————— Livre VIII,	255
—————— Livre IX,	295
—————— Livre X,	345
—————— Livre XI,	389
Du Démon de Socrate,	435

Fin de la Table.